생각보다 쉬운 오피스 영어

지은이 허소영
펴낸이 정규도
펴낸곳 (주)다락원

초판 1쇄 인쇄 2011년 2월 7일
초판 3쇄 발행 2019년 3월 14일

책임편집 정소연, 박은석, 오수민, 김수희
디자인 윤지은

다락원 경기도 파주시 문발로 211
내용문의: (02)736-2031 내선 523
구입문의: (02)736-2031 내선 250~252
Fax: (02)732-2037
출판등록 1977년 9월 16일 제406-2008-000007호

Copyright ⓒ 2011, 허소영

저자 및 출판사의 허락 없이 이 책의 일부 또는 전부를 무단 복제·전재·발췌할 수 없습니다. 구입 후 철회는 회사 내규에 부합하는 경우에 가능하므로 구입문의처에 문의하시기 바랍니다. 분실·파손 등에 따른 소비자 피해에 대해서는 공정거래위원회에서 고시한 소비자 분쟁 해결 기준에 따라 보상 가능합니다. 잘못된 책은 바꿔 드립니다.

값 14,000원
ISBN 978-89-277-0034-0 13740

http://www.darakwon.co.kr

• 다락원의 홈페이지를 방문하시면 자세한 어학출판 정보와 함께 동영상 강좌, MP3자료 등 다양한 어학 정보를 얻으실 수 있습니다.

생각보다 쉬운 오피스 영어 – 직장인 자신감 회복 프로젝트

안녕하세요, 영어 강사 허소영입니다.

사무실에 울려 퍼지는 전화벨 소리가 그 어떤 소리보다도 무섭게 느껴지거나, 동료 중 누군가 그 전화를 재빨리 받기를 간절히 바랬던 적이 있으신가요? 사무실에서 하루에도 몇 번씩 일어나는 이런 일들 앞에서 한없이 작아지는 자신을 바라보며 이제는 더 이상 안 되겠다 싶어서 '비즈니스 영어' 강의를 신청한 적이 있으신가요?

막상 등록한 비즈니스 영어 강의는 전문적인 분야에서 쓸 수 있는 한정된 주제라서 어렵고, 일반 회화 강의는 업무와 너무 동떨어져 있어서 동기 부여가 되지 않아 답답하셨던 분들의 고민을 "꽉꽉" 덜어 드릴 수 있는 길잡이 역할을 하는 비법 공개서를 여러분께 선보일 수 있어 정말 기쁩니다.

출근해서 전화·회의 등의 업무를 진행하고 동료들과 휴식·식사시간을 갖고 퇴근 후의 회식에 참여하기까지, 직장생활 전반에 걸쳐 의사소통이 필요한 상황들을 총망라했습니다. 모든 표현은 업무에 바로 적용 가능한 따끈따끈한 실용성 100%의 비즈니스 영어입니다. 영어로 인해 자신감 상실한 모든 직장인에게 당당하고 자신 있는 본인의 모습을 회복해 더 큰 목표를 향해 달려가는데 초석이 되는 영어책이 될 수 있기 바랍니다.

여러분, 열정이 실력입니다. 지금 현재 여러분의 영어 실력이 어느 출발점에 서있는지는 중요하지 않습니다. 영어 공부는 열정을 가지고 끈질기게 끝까지 공부하는 사람에게만 실력으로 남습니다. 마지막 페이지까지 꼭 완주해서 실력이라는 달콤한 상을 꼭 받길 바랍니다.

이 책의 100% 활용법

선생님의 강의로 시작하는 생각보다 쉬운 오피스 영어!

먼저 선생님의 강의로 시작을 해보세요. 반드시 알아야 할 어휘와 표현들을 알려주신답니다. 강의를 통해 해당 토픽의 대략적인 학습 목표와 내용을 알았다면, 이제 원어민의 음성을 통해 반복 학습 듣기와 말하기를 연습하여 어떤 상황에서도 당황하지 않고 말할 수 있도록 합니다. 이렇게 하면, 직장인 자신감 프로젝트는 성공!

Basic Expressions

본격적인 비즈니스 회화 및 리스닝 연습에 앞서, 다양한 표현에 활용할 수 있는 필수 어휘와 표현들을 익혀서 기본을 다져보세요.

SECTION 1 통근 방법 How to Commute

A Basic Expressions

- **get on** (대중교통에) 승차하다, 타다 ⇒ board, get into, take도 쓸 수 있다. '기차/비행기를 타다'는 board a train/flight, '버스/택시/지하철을 타다'는 take a bus/taxi/subway.
- **get off** (대중교통에서) 내리다 ⇒ get out of도 쓸 수 있다. '택시/버스/지하철에서 내리다'는 get out of a taxi/bus/subway.
- **transfer** 갈아타다: 환승 ⇒ '버스에서 전철로 갈아타다'는 transfer from a bus to a subway. '교통카드를 사용하면 모든 환승이 무료입니다.'는 All transfers with a transportation[transit] card are free.
- **go to work** 출근하다 ⇒ get [come] to work도 같은 표현이다. '출근카드를 찍는다'는 의미의 punch in을 이용해서 '전 9시에 출근했어요.'는 I punched in at 9 o'clock.
- **arrive at the office** 사무실에 도착하다 ⇒ get to the office 또는 reach the office도 같은 뜻이다.
- **get off work** 퇴근하다, 집에 가다 ⇒ 간단하게 go home 또는 leave the office도 같은 뜻이다. '통근하다'는 commute, '출퇴근하는 사람들'은 commuters, '통근 열차'는 a commuter train, '매일 통근시간이 얼마나 걸리죠?'는 How long does your daily commute to work?
- **be stuck in** ~에 꼼짝 못하다 ⇒ '나 교통체증에 걸려 꼼짝 못해요.'는 I'm stuck in traffic.

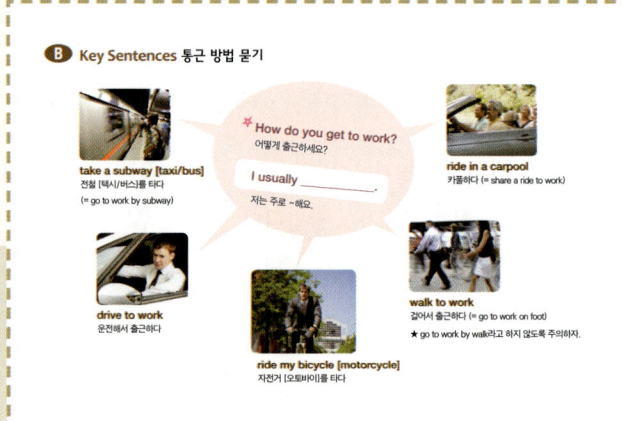

B Key Sentences 통근 방법 묻기

※ **How do you get to work?** 어떻게 출근하세요?

I usually _____. 저는 주로 ~해요.

- **take a subway [taxi/bus]** 전철 [택시/버스]를 타다 (= go to work by subway)
- **ride in a carpool** 카풀하다 (= share a ride to work)
- **drive to work** 운전해서 출근하다
- **ride my bicycle [motorcycle]** 자전거 [오토바이]를 타다
- **walk to work** 걸어서 출근하다 (= go to work on foot) ★ go to work by walk라고 하지 않도록 주의하자.

Key Sentences

해당 토픽에서 집중적으로 체크해야 할 요소들을 패턴을 통해 연습합니다.

Key Dialog Top 7

C Key Dialog TOP 7

1. A: 출근하는 데 얼마나 걸립니까?
   B: 보통 1시간 정도 걸려요.
   How long does it take to **get to work**?
   It usually takes about an hour.

2. A: 출근하기 위해 몇 시에 버스를 타요?
   B: 8시 30분쯤에 타요.
   What time do you **get on** the bus to **go to work**?
   I **take a bus** around 8:30.

3. A: 오늘 교통은 어땠어요?
   B: 끔찍했어요. 또 교통체증에 걸려 꼼짝 못했어요.
   How was the traffic today?
   It was terrible. I **was stuck in** traffic again.

4. A: 버스 대신 지하철을 이용하는 게 어때요?
   B: 그게 좋겠네요.
   Why don't you **take a subway** instead of a bus?
   Sounds good to me.

5. A: 퇴근하는 데 버스를 몇 번 갈아타야 해요?
   B: 사실 저는 자전거 타고 다녀요.
   How many times do you have to **transfer** buses to **get off work**?
   Actually, I **ride my bicycle**.

6. A: 어떻게 통근하세요?
   B: 운전해서 출근해요.
   How do you **commute** to work?
   I **drive to work**.

Key Dialog Top 7

효과적인 커뮤니케이션을 위해 실전에서 자주 사용되는 핵심적인 영어 표현 대화 7가지를 뽑았습니다. 이를 통해 실전 비즈니스에 대한 감을 익히고 다양한 상황에 자신 있게 대처하고 응용할 수 있습니다.

Tip Box

해외 근무를 하거나 해외 바이어와의 원활한 커뮤니케이션을 위해서 업무 환경 및 문화 간의 차이점을 배울 수 있는 정보를 제공합니다.

미국에서는 '지하철역'을 subway station, 영국에서는 underground station 또는 tube station이라고 부른다. 지하철 운행 시간이나 운행 구간에 대한 정보는 schedules & maps(표지판)에서 확인할 수 있고, 표는 편의를 위해 설치된 fare vending machine(승차권 발급기)에서 자동으로 발급 받을 수 있다. 지하철을 타기 위해 지나야 하는 '회전식 개찰구'는 turnstile, '카드를 개찰구에 통과시키다'는 swipe the card at the turnstile이라고 한다.

D Office Talk "어떻게 통근하세요?"

A **I was stuck in traffic** again. 또 교통체증에 걸려 꼼짝 못했어요.
B Why don't you **take the subway**? 지하철을 타지 그래요?
A Well, it takes at least three **transfers** in the subway to get here. 글쎄요, 여기 오는데 지하철을 적어도 세 번 환승해야 해요.
B It's such a hassle. 그것도 성가신 일이겠네요.
A What about you? How do you **commute** to work? How long does it take? 당신은요? 어떻게 통근하세요? 얼마나 걸리죠?
B I just **walk to work**. Normally, it takes about 3 minutes. 전 그냥 걸어서 출근해요. 보통 3분 정도 걸려요.

at least 적어도 hassle 귀찮은 일 [상황] normally 보통

Office Talk

실제 비즈니스 상황에 좀 더 익숙해지도록 상황별 연습을 제공합니다.

E Further Study 컴퓨터 바이러스의 증상

Further Study

관련 표현들을 완벽하게 이해하고 습득할 수 있도록 주요 회화 표현을 추가 연습합니다.

머리말 · 3
이 책의 100% 활용법 · 4

Chapter 1 출근하기 Tips for Getting to Work　　　10

- Section 1　통근 방법 How to Commute
- Section 2　카풀하기 Let's Ride in a Carpool
- Section 3　출근 인사 Greetings at Work
- Section 4　지각 사유 Excuses for Being Late

Chapter 2 사무기기 사용하기 Tips for Using Office Machines　　　24

- Section 1　팩스 사용하기 Using a Fax Machine
- Section 2　복사기 사용하기 Using a Copy Machine
- Section 3　컴퓨터 사용하기 Using a Computer
- Section 4　인터넷 사용하기 Using the Internet
- Section 5　문서 작성하기 Using a Word Processor
- Section 6　이메일 사용하기 Using an Email Account

Chapter 3 우편물 다루기 Tips for Mail Handling　　　44

- Section 1　우편물 부치기 Sending Documents
- Section 2　국제 발송물 International Shipments
- Section 3　우편물 배송 상태 및 지연 Status & Delays in Mail Delivery
- Section 4　배송 사고 신고하기 Reporting Claims

Chapter 4 사무용품과 사무실 관리 Office Supplies & Office Maintenance　　　58

- Section 1　사무용품 주문하기 Ordering Office Supplies
- Section 2　사무용품 명칭 알기 The Names of Office Supplies
- Section 3　사무실 관리 Office Maintenance

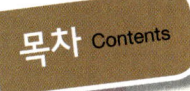

Chapter 5 업무 진행하기 Tips for Working on a Project — 68

- Section 1   업무 지시하기 Assigning the Work
- Section 2   업무 진행상황 확인하기 Confirming Work Processes
- Section 3   업무 평가하기 Evaluating Job Performances
- Section 4   업무 진행의 문제점 Obstacles to Project Implementation
- Section 5   결재 받기 Getting Approval

Chapter 6 전화 걸고 받기 Tips for Making & Answering Phone Calls — 86

- Section 1   전화 걸고 받기 Making & Answering Phone Calls
- Section 2   부재중일 때 When Someone Is Unavailable
- Section 3   메시지 남기고 받기 Leaving & Taking Messages
- Section 4   잘못 걸린 전화 Having the Wrong Number
- Section 5   통화 중 문제 발생 Unexpected Problems
- Section 6   자동 응답기 Answering Machines

Chapter 7 약속 정하기 Tips for Making Appointments — 106

- Section 1   약속 정하기 Making Appointments
- Section 2   약속 변경하기 Changing Appointments
- Section 3   약속 취소 및 확인 Canceling & Confirming Appointments

Chapter 8 사무실 방문 Tips for Visiting the Office — 116

- Section 1   방문 목적 묻기 Asking the Purpose of a Visit
- Section 2   방문객 대기시키기 Asking Visitors to Wait
- Section 3   사무실 위치 안내하기 Giving Directions
- Section 4   방문객과 인사나누기 Greeting Visitors

Chapter 9 우리 회사에 대하여 All about the Company — 130

- Section 1   회사 소개하기 Introducing a Company
- Section 2   회사의 규칙 Company Regulations
- Section 3   급여와 근로 혜택 Salaries & Benefits
- Section 4   승진과 포상 Promotion & Rewards

Section 5	차별과 희롱 Discrimination & Harassment	
Section 6	해고 및 퇴직 Discharge & Retirement	
Section 7	이직 및 입사 지원 Transference & Job Applications	

Chapter 10 다양한 인사 Tips for Various Greetings　　154

Section 1	안부 인사 Saying Hello
Section 2	명절 인사 Holiday Greetings
Section 3	신입사원 환영 인사 Greeting New Employees
Section 4	승진 및 성과 축하 인사 Congratulations on Promotions and Excellent Performance
Section 5	퇴직 인사 Greetings on Retirement

Chapter 11 사교적인 대화 Tips for Social Conversation　　172

Section 1	여가 활동과 취미 Avocations & Hobbies
Section 2	휴가 계획과 여행 Vacation Plans & Travelling
Section 3	스트레스 해소법 Some Ways to Relieve Stress
Section 4	날씨와 계절 The Weather & Season
Section 5	경제와 주식 Economics & Stocks
Section 6	연애와 이상형 Dates & Ideal Types

Chapter 12 동료 간의 감정 표현 Tips for Expressing Emotions　　192

Section 1	기쁨과 즐거움 Joy & Delight
Section 2	좌절과 위로 Frustration & Consolation
Section 3	후회와 걱정 Regret & Worry
Section 4	불쾌함과 분노 Displeasure & Anger
Section 5	긴장과 불안함 Tension & Anxiety

Chapter 13 사내 회의 Interoffice Meetings　　204

Section 1	회의 준비와 소집 공지 Preparing a Meeting
Section 2	회의 소집하기 Calling a Meeting
Section 3	회의 시작하기 Getting a Meeting Started
Section 4	의견 나누기 Sharing Opinions

Section 5	동의하거나 반대하기 Agreement or Disagreement	
Section 6	회의 마무리하기 Concluding a Meeting	
Section 7	마케팅 회의 Marketing Meetings	
Section 8	영업 회의 Sales Meetings	
Section 9	재무·회계 회의 Finance and Accounting Meetings	

Chapter 14 휴식시간 & 점심시간 Breaks & Lunch Time   232

Section 1	휴식시간 갖기 Taking Breaks
Section 2	점심 해결하기 Having Lunch
Section 3	점심 주문하기 Ordering Lunch

Chapter 15 퇴근과 조퇴 Getting off Work and Leaving Work Early   242

Section 1	퇴근과 야근 Getting off Work & Working Overtime
Section 2	사무실 뒷정리 Office Organizing Tips
Section 3	조퇴와 결근 Leaving Work Early & Absences

Chapter 16 퇴근 후의 회식 Having Staff Dinners   254

Section 1	식사 및 음주 제안 Asking Others out for Dinner or Drinks
Section 2	동료들과 저녁 식사하기 Having Dinner with Colleagues
Section 3	식사 후 계산하기 Paying for Meals
Section 4	동료들과 술자리 갖기 Having Drinks with Colleagues

Chapter 17 동료 초대하기 Inviting Co-workers   268

Section 1	파티에 초대하기 Inviting Guests to a Party
Section 2	집들이 손님맞이 Having Housewarming Parties
Section 3	파티 마치기 Ending Parties

Chapter 1

생각보다 쉬운 오피스 영어

출근하기
Tips for Getting to Work

Section 1 통근 방법 How to Commute
Section 2 카풀하기 Let's Ride in a Carpool
Section 3 출근 인사 Greetings at Work
Section 4 지각 사유 Excuses for Being Late

SECTION 1
통근 방법 How to Commute

A. Basic Expressions

get on (대중교통에) 승차하다, 타다 ➡ board, get into, take도 쓸 수 있다. '기차/비행기를 타다'는 board a train/flight, '버스/택시/지하철을 타다'는 take a bus/taxi/subway.

get off (대중교통에서) 내리다 ➡ get out of를 쓸 수도 있다. '택시/버스/지하철에서 내리다'는 get out of a taxi/bus/subway.

transfer 갈아타다; 환승 ➡ '버스에서 전철로 갈아타다'는 transfer from a bus to a subway. '교통카드를 사용하면 모든 환승이 무료입니다'는 All transfers with a transportation[transit] card are free.

go to work 출근하다 ➡ get [come] to work도 같은 표현이다. '출근카드를 찍는다'는 의미의 punch in을 이용해서 '전 9시에 출근했어요'는 I punched in at 9 o'clock.

arrive at the office 사무실에 도착하다 ➡ get to the office 또는 reach the office도 같은 뜻이다.

get off work 퇴근하다, 집에 가다 ➡ 간단하게 go home 또는 leave the office도 같은 뜻이다. '통근하다'는 commute. '출퇴근하는 사람들'은 commuters, '통근 열차'는 a commuter train, '매일 통근시간이 얼마나 걸려요?'는 How long does your daily commute to work?

be stuck in ~에 꼼짝 못하다 ➡ '나 교통체증에 걸려 꼼짝 못해요'는 I'm stuck in traffic.

B. Key Sentences 통근 방법 묻기

★ **How do you get to work?**
어떻게 출근하세요?

I usually _____.
저는 주로 ~해요.

take a subway [taxi/bus]
전철 [택시/버스]를 타다
(= go to work by subway)

ride in a carpool
카풀하다 (= share a ride to work)

drive to work
운전해서 출근하다

ride my bicycle [motorcycle]
자전거 [오토바이]를 타다

walk to work
걸어서 출근하다 (= go to work on foot)
★ go to work by walk라고 하지 않도록 주의하자.

C Key Dialog TOP 7

1. A: 출근하는 데 얼마나 걸립니까?
   B: 보통 1시간 정도 걸려요.

   How long does it take to **get to work**?
   It usually takes about an hour.

2. A: 출근하기 위해 몇 시에 버스에 타요?
   B: 8시 30분쯤에 타요.

   What time do you **get on** the bus to **go to work**?
   I **take a bus** around 8:30.

3. A: 오늘 교통은 어땠어요?
   B: 끔찍했어요. 또 교통체증이 걸려 꼼짝 못했어요.

   How was the traffic today?
   It was terrible. I **was stuck in** traffic again.

4. A: 버스 대신 지하철을 이용하는 게 어때요?
   B: 그게 좋겠네요.

   Why don't you **take a subway** instead of a bus?
   Sounds good to me.

5. A: 퇴근하는 데 버스를 몇 번 갈아타야 해요?
   B: 사실 저는 자전거 타고 다녀요.

   How many times do you have to **transfer** buses to **get off work**?
   Actually, I **ride my bicycle**.

6. A: 어떻게 통근하세요?
   B: 운전해서 출근해요.

   How do you **commute** to work?
   I **drive to work**.

7. A: 칼, 오늘은 지각 안 했네요.
   B: 네, 정시에 성공적으로 출근했어요.

   Carl, you were not late today.
   Yeah, I successfully **arrived at the office** on time.

instead 대신에 successfully 성공적으로 on time 정시에

미국에서는 '지하철역'을 subway station, 영국에서는 underground station 또는 tube station이라고 부른다. 지하철 운행 시간이나 운행 구간에 대한 정보는 schedules & maps(표지판)에서 확인할 수 있고, 표는 편의를 위해 설치된 fare vending machine(승차권 발급기)에서 자동으로 발급 받을 수 있다. 지하철을 타기 위해 지나야 하는 '회전식 개찰구'는 turnstile, '카드를 개찰구에 통과시키다'는 swipe the card at the turnstile이라고 한다.

SECTION · 1 통근 방법

D Office Talk "어떻게 통근하세요?"

A I **was stuck in traffic** again. 또 교통체증에 걸려 꼼짝 못했어요.

B Why don't you **take the subway**? 지하철을 타지 그래요?

A Well, it takes at least three **transfers** in the subway to get here.
글쎄요, 여기 오는데 지하철을 적어도 세 번 환승해야 해서요.

B It's such a hassle. 그것도 성가신 일이겠네요.

A What about you? How do you **commute** to work? How long does it take?
당신은요? 어떻게 통근하세요? 얼마나 걸리죠?

B I just **walk to work**. Normally, it takes about 3 minutes.
전 그냥 걸어서 출근해요. 보통 3분 정도 걸려요.

at least 적어도   hassle 귀찮은 일 [상황]   normally 보통

E Further Study 통근길에 일어날 수 있는 일

뭔가를 분실했을 때
I lost my wallet. How can I get to the lost-and-found?
지갑을 잃어버렸어요. 분실물센터에 어떻게 가죠?

버스를 갈아탈 때
Where should I go to transfer (to another bus)?
(다른 버스로) 갈아 타려면 어디로 가야 돼요?

자리를 양보할 때
You can have a seat here. 여기 앉으세요.

새치기를 당했을 때
Excuse me. Line up please.
저기요, 줄 좀 서 주세요.

SECTION 2
카풀하기 Let's Ride in a Carpool

A Basic Expressions

carpool (목적지가 같은 사람들이 한 차로) 합승하다, 태워주다 ⇨ 명사형인 carpooling 또는 ridesharing을 쓸 수도 있다.

ride in a carpool to work 카풀해서 출근하다 ⇨ carpool 자체를 동사로도 활용 가능하다. '나는 이웃과 카풀해서 출근해요'는 I carpool to work with my neighbors.

give someone a ride ~를 차에 태워주다 ⇨ '공항까지 태워다 줄 수 있어요?'는 Can you give me a ride to the airport?

pick up 도중에 ~를 태우다 ⇨ '출근길에 ~를 태워주다'는 pick ~ up on one's way to work.

pull over 차를 대다, 세우다 ⇨ '길가에 차를 대다'는 pull over to the side of the road.

drop off 도중에 하차시키다 ⇨ '여기서 내릴게요'는 Let me (drop) off here.

within walking distance 걸어갈 수 있는 거리에 있는 ⇨ 거리를 나타내는 표현으로, '뛰어서 갈 수 있는 거리'는 running distance.

How about ~? ~하는 게 어때요? ⇨ 제안하는 표현으로, 보통 about 뒤에는 명사나 동명사가 온다. What about ~?, Why don't you / we ~?로 쓸 수도 있다.

B Key Sentences 카풀 제안하기

Why don't we ride in a carpool?
우리 카풀하는 게 어때요?

Sounds cool [good]! 좋은데요!
That's a good idea! 좋은 생각이에요!

- **How about meeting at 8 o'clock next to the bank?**
  은행 옆에서 8시에 만나는 게 어때요?
  ★ meeting 대신에 giving me a ride / picking me up을 쓸 수 있다.

- **Can you drop me off _____?**
  = **Could you let me out _____?**
  저를 ~에서 내려주시겠어요?

at the post office 우체국에서
at the next stop 다음 정거장에서
at the (next) corner (다음) 모퉁이에서
right over there 바로 저기에서

SECTION 2 카풀하기

C Key Dialog — TOP 7

1. A: 우리 카풀해서 출근하는 게 어때요?
   B: 좋은 생각이에요.

   Why don't we **ride in a carpool to work**?
   That's a good idea.

2. A: 저희 집은 걸어서 갈 수 있는 거리에 있어요.
   B: 저는 여기서 두 블록 떨어진 곳에 살아요.

   My home is **within walking distance**.
   I live two blocks from here.

3. A: 몇 시에 데리러 올래요?
   B: 8시 어때요?

   What time are you going to **pick** me **up**?
   How about 8 o'clock?

4. A: 어디서 내려드릴까요?
   B: 바로 저기에서 내려주세요.

   Where do you want me to **drop** you **off**?
   Right over there, please.

5. A: 내일 저 좀 태워줄 수 있어요?
   B: 좋아요. 내일 오전 7시에 만나는 게 어때요?

   Can you **give me a ride** tomorrow?
   Okay. **How about** if I meet you tomorrow morning at 7:00?

6. A: 태워줘서 고마워.
   B: 별거 아니야. 친구 좋다는 게 뭐야.

   Thanks for **giving me a ride**.
   It's nothing. That's what friends are for.

7. A: 거의 다 왔어요. 옆에 차를 세워주세요.
   B: 좋아요. 내일 봐요.

   We're almost there. **Pull over** to the side, please.
   Okay. See you tomorrow.

distance 거리 That's what friends are for. 친구 좋다는 게 뭐야.

미국은 HOV (High-Occupancy Vehicle) lane, 즉 다인승 차량 전용차선이 있어서 출퇴근 시간대 (rush hour)의 혼잡함을 피할 수 있다. 보통 2인 이상이 타고 있어야 이용할 수 있으며, carpool lane(카풀 전용차선)이나 bus-only lane(버스 전용차선)도 HOV lane에 속한다. 왼쪽에 다이아몬드 심볼이 들어간 교통표지판이 다인승 차량 전용차선을 의미한다.

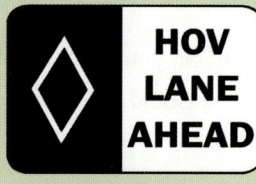

D Office Talk "우리 카풀하는 게 어때요?"

A Hey, Brian. Do you live around here? 브라이언, 이 근처에 살아요?
B Yeah, just two blocks from here. 네. 여기서 두 블록만 가면 돼요.
A For real? My home is **within walking distance**. 정말이요? 우리집도 걸어갈 수 있는 거리에요.
B I've got a good idea. **How about carpooling**? 내게 좋은 생각이 있어요. 우리 카풀하는 게 어때요?
A Sounds cool! We can save money on the parking fees. 그거 좋네요! 주차료도 아낄 수 있고요.
B Then I'll **pick** you **up** tomorrow morning at 8:00. 그럼 내일 아침 8시에 데리러 갈게요.
A Thanks, buddy. 고마워요, 친구.

for real 진짜 [진심의]   save 절약하다   buddy 친구, 짝

E Further Study 카풀의 혜택

What are the benefits of carpooling?
= What are the benefits of sharing a ride to work?
카풀하면 무슨 혜택이 있어요?

We can save money on the _____.
~을 절약할 수 있어요.

parking fees
주차료

tolls
통행료

gas expenses
주유비

- We can escape from the stress of driving. 운전 스트레스에서 벗어날 수 있다.
- We don't need to search endlessly for a parking spot. 주차 공간을 계속해서 찾지 않아도 된다.
- It's one way to ensure a healthy environment. 환경 보호에 도움이 되는 방법 중 하나이다.
- We can make friends. 친구를 만들 수 있다.

SECTION 3
출근 인사 Greetings at Work

A Key Sentences 상황별 표현 및 대답 표현

How are you doing today?
오늘 기분 어때요?

I feel _____ after a fabulous weekend.
근사한 주말 이후에 기분이 ~해요.

- **Ordinary Day** 평범한 날
  pretty good 꽤 좋은
  all right 좋은
  great 좋은
  okay 괜찮은

  > I have another typical [ordinary] day.
  > 특별할 것 없는 평범한 날이죠.

- **After Vacation** 휴가 뒤에
  relaxed 편안해진
  refreshed 기분이 전환된
  high 기운찬 ⇒ 환각 상태를 high라고도 하기 때문에 natural high가 더 좋은 표현이다.

  > It's a great getaway and I feel refreshed.
  > 멋진 휴가여서 기분 전환이 됐어요.

- **Special Occasion** 특별한 경우
  fantastic 굉장히 좋은
  terrific 굉장히 좋은
  excellent 아주 좋은
  incredible 믿을 수 없이 좋은

  > It couldn't have been any better.
  > 더 이상 좋을 수가 없었죠.

- **Illness** 아픈 경우
  miserable 괴로운
  horrible 불쾌한
  awful 형편없는
  terrible 끔찍한 ⇒ bad → awful → terrible (나쁜 정도)
  nasty 기분 나쁜 ⇒ 거친 표현이니 주의해서 사용하자.

  > I had suffered terrible injuries.
  > 끔찍한 부상을 당했어요.

B Key Dialog — TOP 7

1. A: 좋은 아침이에요. 오늘 기분 어때요?
   B: 아주 좋아요. 당신은요?

   Good morning. **How are you doing today**?
   I'm **great**. How about you?

2. A: 휴가 어땠어요?
   B: 더 이상 좋을 수 없었죠.

   How was your vacation?
   It couldn't have been better.

3. A: 안녕하세요, 스티브. 어떻게 지냈어요?
   B: 직장에서 일상적인 날을 보냈죠.

   Hello, Steve. How have you been?
   I just had **another typical day** at work.

4. A: 무슨 일이야?
   B: 끔찍한 부상을 당했어요.

   What's wrong?
   I had suffered terrible injuries.

5. A: 좋은 아침이에요, 존. 몸은 나아졌어요?
   B: 약 먹고 나니 편안해졌어요.

   Good morning, John. Are you getting better?
   I **feel relaxed** after taking some medicine.

6. A: 짧은 휴가는 어땠어?
   B: 기분 전환이 됐어.

   How was your short break?
   I feel refreshed.

7. A: 무슨 일 있어요?
   B: 알레르기 때문에 안 좋네요.

   What's the matter with you?
   I **feel terrible** because of my allergy.

typical 일반적인, 보통의   get better 좋아지다, 호전되다   take medicine 약을 먹다   allergy 알레르기

What's up (with you)?은 What's new (with you)?처럼 서로 잘 아는 사이에 주고 받는 인사 표현이다. 가끔은 상황에 따라서 '무슨 용건입니까?'라는 질문이 될 수 있다. 대부분 '별일 없어요'라는 의미의 Not much, Nothing much, Nothing particular, Same as usual, Busy as usual 등으로 대답할 수 있다.

SECTION 3 출근 인사

C Office Talk "좋은 아침입니다."

A Good morning! John, how was your vacation? 좋은 아침입니다! 존, 휴가는 어땠어요?
B It's great. I revitalized my body and mind. How have you been?
   아주 좋았어요. 심신에 활력을 되찾았죠. 어떻게 지냈어요?
A It's been pretty hectic. 꽤 정신 없이 바빴답니다.
B Take it easy. Hey, Paul, what's up? 쉬엄쉬엄 해요. 폴, 잘 지내요?
C I **feel fabulous**. 아주 좋아요.
B What's going on? 무슨 일 있어요?
C I'm going on my first official date with her. 그녀와 정식으로 첫 데이트를 할 거예요.
A You're going to have an incredible time, huh? 굉장히 좋은 시간 보내겠네요. 그렇죠?

revitalize 생기를 회복시키다   hectic 몹시 바쁜

D Further Study 가벼운 출근 인사와 대답

Hey, dude. You look gorgeous today.
친구. 오늘 진짜 근사하다.

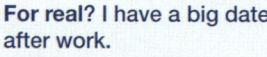

For real? I have a big date after work.
정말? 오늘 퇴근하고 중요한 데이트가 있거든.

How was your honeymoon?
신혼여행 어땠어요?

What's up, man?
잘 지내?

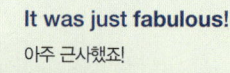

I feel awful. I lost my wallet.
기분이 별로야. 지갑 잃어버렸어.

It was just fabulous!
아주 근사했죠!

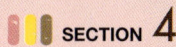

SECTION 4
지각 사유
Excuses for Being Late

A Basic Expressions

be late 지각하다 ⇒ '학교에 지각하다'는 전치사 for를 넣어 be late for school. be대신 come을 쓸 수도 있는데 '나 오늘 회사에 지각했어요'는 I came to my office late today.

be in one's office on time 정시에 사무실에 도착하다 ⇒ on time은 '정시에, 제시간에'라는 뜻이다. '제시간에 도착하거나 이루어내다'는 make it on time.

rush hour 출퇴근 시간, 붐비는 시간 ⇒ '출퇴근 시간 교통체증에 걸렸어요'는 I'm stuck in rush hour traffic.

break down (기계가) 고장 나다 ⇒ be out of order로 표현할 수도 있다.

have a bad cold 심한 감기에 걸리다 ⇒ 보통 감기는 cold로 표현하며, have 대신 get이나 catch를 쓰기도 한다. 그래서 '감기에 걸렸어요'는 I got a cold. 또는 I caught a cold.

get injured 다치다 ⇒ '나 다리를 다쳤어요'는 I got injured in my leg.

miss 놓치다 ⇒ '버스를 놓치다'는 miss the bus.

take + 시간 (시간)이 걸리다 ⇒ '30분 이상이 걸린다'는 It takes more than 30 minutes.

B Key Sentences 지각 사유 말하기

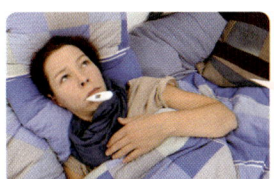
I have a bad cold
심한 감기에 걸리다

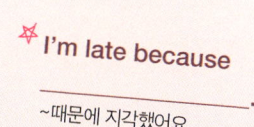
★ **I'm late because** _____.
~때문에 지각했어요.

my car is broke down
차가 고장 났다

I was stuck in traffic
교통체증에 걸렸다

I missed the subway
전철을 놓쳤다

SECTION • 4 지각 사유

C Key Dialog TOP 7

1. A: 죄송하지만 10분 정도 지각할 것 같아요.
   B: 이유를 물어봐도 될까요?

   I'm afraid **I'll be late** by about 10 minute.
   Do you mind if I ask the reason?

2. A: 차가 고장 났어요.
   B: 심각한 문제가 아니었으면 좋겠네요.

   My car is broke down.
   I hope it's not a major problem.

3. A: 전철을 놓쳤어요.
   B: 흠, 그럼 몇 시에 사무실에 도착할 수 있죠?

   I missed the subway.
   Hmm, what time can you get to the office?

4. A: 왜 아직 안 오는 거죠?
   B: 사과 드립니다. 심한 감기에 걸렸어요.

   Why haven't you shown up yet?
   I apologize for that. **I have a bad cold.**

5. A: 늦을 것 같아서 죄송합니다. 늦잠 잤어요.
   B: 어떻게 그럴 수가! 택시 타고 당장 와요.

   I'm sorry to **be late**. I overslept.
   How dare you! Take a taxi and get here right away.

6. A: 택시로 30분 넘게 걸렸어요.
   B: 출퇴근 시간에는 택시 안 타는 게 좋아요.

   It **took** more than 30 minutes by taxi.
   You'd better not take a taxi during **rush hour**.

7. A: 더 이상 이 사무실에서 지각은 용납될 수 없습니다.
   B: 사과 드립니다. 정시에 사무실에 도착할 겁니다.

   Tardiness is not tolerated in this office anymore.
   I apologize. I'll **be in the office on time**.

I'm afraid~ 유감스럽지만, 죄송하지만   Do you mind if ~? ~해도 될까요?   major 심각한, 중요한   oversleep 늦잠 자다
dare 감히   tardiness 지각   tolerate 참다

요금, 비용 등에 대한 표현에는 여러가지가 있다. 택시요금이나 버스 등의 교통요금을 말할 때는 fare를 써서 taxi fare, bus fare라고 한다. 반면에 고속도로 통행료, 다리 통행료, 주차료 등 교통 시설물에 대한 요금은 fee를 써서 toll fee, parking fee라고 한다. rate는 기준점에 따라 요금이 변동될 때 쓰이는데, 예를 들어 주차료가 한 시간 기준으로 달라진다면 hourly rate로 표시하게 된다.

D Office Talk "회사에 지각할 것 같아요."

A   I'm afraid to say this, but I'm going to **be late** for work today.
    말씀 드리기 죄송하지만, 오늘 회사에 지각할 것 같아요.

B   Everyone in the meeting room has been waiting for you. You must give us a good reason. 회의실에 있는 모든 사람들이 당신을 기다리고 있어요. 합당한 이유를 말해야 할 거예요.

A   I'm tied up in **rush hour** traffic. 극심한 출퇴근 시간 교통체증에 발이 묶였어요.

B   Hmm… when can you get to work? 흠… 언제쯤 도착할 수 있어요?

A   About 30 minutes from now on. 지금부터 약 30분 후에요.

B   I see. You'd better get ready for work as early as possible.
    알았어요. 되도록이면 출근 준비를 빨리 하시는 편이 좋겠네요.

be tied up (발이) 묶이다   from now on 지금부터   get ready 준비를 하다

E Further Study 지각에 대한 방침

엄격한 방침 / Strict Policy

If you're tardy by a total of more than 200 minutes at the end of the year, you can't _____.
연말까지 200분 이상 지각하게 되면, 당신은 ~할 수 없습니다.

get a raise 임금 인상을 받다
get a profit-share bonus 보너스를 받다
get a promotion 승진하다

경미한 방침 / Minor Policy

You should put 500 won in the piggy bank as a tardiness fine.
지각하면 벌금으로 500원을 저금통에 넣어야 해요.

You should write a report.
시말서를 써야 해요.

You will be given a verbal warning.
구두 경고를 받게 될 거예요.

Chapter

2

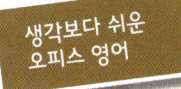

사무기기 사용하기

Tips for Using Office Machines

Section 1 팩스 사용하기 Using a Fax Machine
Section 2 복사기 사용하기 Using a Copy Machine
Section 3 컴퓨터 사용하기 Using a Computer
Section 4 인터넷 사용하기 Using the Internet
Section 5 문서 작성하기 Using a Word Processor
Section 6 이메일 사용하기 Using an Email Account

SECTION 1
팩스 사용하기 Using a Fax Machine

A Basic Expressions

send a fax 팩스를 보내다 ⇨ fax 자체가 '팩스를 보내다'라는 동사로 활용이 가능하다. '문서를 팩스로 보내주세요'는 Fax me the document, please.

fail to fax 팩스 보내는 데 실패하다

enter the fax number 팩스번호를 입력하다 ⇨ input [dial] the fax number도 같은 뜻이다.

insert a document face down 인쇄된 쪽이 아래로 향하게 넣다 ⇨ '아래로'라는 뜻의 부사로 downward 또는 upside-down을 쓸 수 있다. 반대로 '인쇄된 쪽이 위로 향하게 넣다'는 insert a document face up.

press the send button '보내기' 버튼을 누르다 ⇨ hit the button은 같은 뜻이지만 push the button이라는 표현은 쓰지 않는다.

receive a fax 팩스를 받다 ⇨ '선전용 팩스는 받고 싶지 않아요'는 I don't want to receive junk faxes.

be blank ~이 비어 있다 ⇨ blank는 '백지의, 공백의'라는 뜻이다. '백지 페이지를 팩스로 받았다'는 I received a blank page in fax.

run out of ~가 바닥나다, 떨어지다 ⇨ '토너가 떨어졌다'는 It ran out of the toner. 또는 The toner cartridge is empty.

be [get] jammed 걸리다, 꽉 차다 ⇨ '종이 몇 장이 걸렸다'는 Several sheets of paper are jammed. 또는 jam을 명사로 써서 It has a paper jam.

user manual 사용설명서 ⇨ directions 또는 instructions를 쓸 수도 있다. '사용설명서대로 따라 하다'는 follow a user manual.

B Key Sentences 팩스 사용법 묻기

How can I use this fax machine?
이 팩스를 어떻게 사용하죠?

Have you worked with this fax machine?
이 팩스를 사용해서 일해 본 적 있어요?

May I ask you the way to _____? ~하는 법 좀 물어봐도 될까요?
Can you show me how to _____? ~하는 법 좀 가르쳐 줄 수 있어요?
How can I _____? ~를 어떻게 하죠?

C Key Dialog — TOP 7

1. **A:** 팩스를 어떻게 보내는지 가르쳐 주실래요?
   Can you tell me how **to send a fax**?
   B: 팩스번호를 입력하고 '보내기' 버튼을 누르기만 하면 돼요.
   Just **enter the fax number** and **press the send button**.

2. **A:** 종이 몇 장이 걸렸는데, 제가 전혀 빼낼 수가 없어요.
   Several sheets of paper **are jammed**. But I can't remove them at all.
   B: 기술자를 불러야겠군요.
   We need to contact a technician.

3. **A:** 팩스에 문서를 넣는 올바른 방법이 뭐죠?
   What's the correct way to put documents into the fax?
   B: 인쇄된 쪽이 아래로 향하게 넣어요.
   Just **insert the documents face down**.

4. **A:** 팩스 보내는 데 실패했어요. 계속 통화 중 신호만 들리네요.
   I **failed to fax**. I keep getting a busy signal.
   B: 누가 팩스를 사용하고 있는 것 같아요.
   I think someone is using a fax machine.

5. **A:** 받은 팩스에 아무것도 안 써 있어요.
   The faxes I received **are blank**.
   B: 토너가 떨어졌네요. 토너 카트리지를 바꾸는 게 좋겠네요.
   It **ran out of** the toner. You'd better refill it.

6. **A:** 메모리에 저장된 팩스를 받을 수가 없어요.
   I can't get the faxes out of the memory.
   B: 용지가 떨어졌네요. 종이함에 종이 뭉치를 넣으세요.
   It **ran out of** paper. Put sheets of paper into the paper tray.

7. **A:** 팩스 모드로 어떻게 바꾸는지 알아요?
   Do you know how to switch it to fax mode?
   B: 사용설명서대로 따라 해봐요.
   Just follow a **user manual**.

remove 제거하다　technician 기술자　busy signal 통화 중 신호　put A into B A를 B에 넣다　switch 바꾸다, 전환하다

팩스로 문서를 보낼 때는 fax cover letter를 만들어서 보내는 것이 편리할뿐 아니라 정확하게 전달이 가능하다. 여기에는 받는 사람의 이름, 회신 팩스번호, 팩스 내용에 관한 짧은 설명을 담는다. 그밖에 보낸 날짜 (date) 및 시간 (time)과 fax cover letter를 포함한 보내는 문서의 페이지수 (pages)를 기입하면 된다.

SECTION • 1 ▥ 팩스기기 사용하기

D Office Talk "팩스 사용법을 가르쳐줄 수 있어요?"

A   Brian, do you have a minute? 브라이언, 잠깐 시간 있어요?
B   Yes, what's going on? 네, 무슨 일이에요?
A   **Can you show me how to** use the new fax machine?
    새 팩스 사용법을 가르쳐줄 수 있어요?
B   No problem. You need to switch it to fax mode at first. Then, put your report into here and **enter the fax number** of the recipient. Then, **press the send button.**
    그럼요. 먼저 팩스 모드로 바꾸고, 보고서를 여기 넣고 수신자의 팩스번호를 누르면 돼요. 그리고 '보내기' 버튼을 눌러요.
A   Thanks for your help. 도와줘서 고마워요.

recipient 수신자

E Further Study 팩스의 세부 명칭

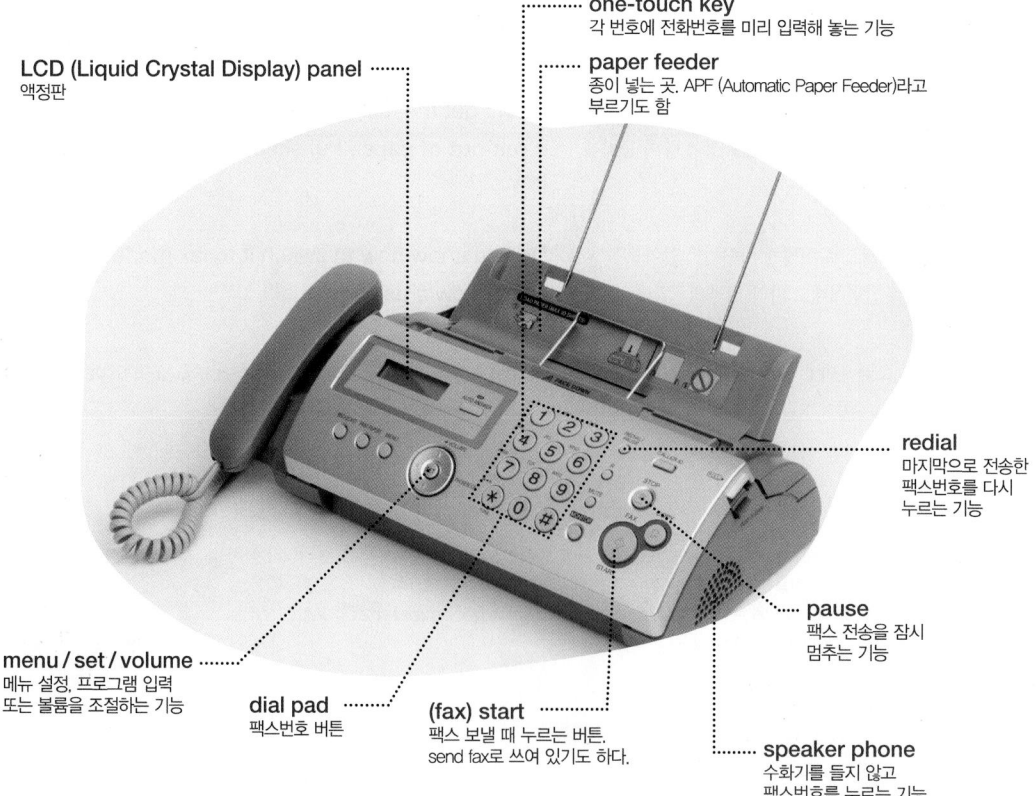

one-touch key
각 번호에 전화번호를 미리 입력해 놓는 기능

paper feeder
종이 넣는 곳. APF (Automatic Paper Feeder)라고 부르기도 함

LCD (Liquid Crystal Display) panel
액정판

redial
마지막으로 전송한 팩스번호를 다시 누르는 기능

pause
팩스 전송을 잠시 멈추는 기능

menu / set / volume
메뉴 설정, 프로그램 입력 또는 볼륨을 조절하는 기능

dial pad
팩스번호 버튼

(fax) start
팩스 보낼 때 누르는 버튼. send fax로 쓰여 있기도 하다.

speaker phone
수화기를 들지 않고 팩스번호를 누르는 기능

SECTION 2
복사기 사용하기 Using a Copy Machine

A Basic Expressions

copy 복사하다; 복사 ⇒ 명사로 '사본, 복사물'이란 뜻 외에 '(책/신문) 한 부'를 뜻하기도 한다. '(신문/잡지) 지난 호'는 back copy. '타임즈 지난 호를 어떻게 주문하나요?'는 How can I order a back copy of The Times?

make a copy 사본을 만들다, 복사하다 ⇒ copy 대신 photocopy를 쓸 수 있다. '양면 복사를 하다'는 make two-sided[double] side copies.

put A into B A를 B에 넣다 ⇒ feed, load, 또는 place을 쓸 수도 있다. '종이함에 종이 뭉치를 넣다'는 put sheets of paper into the tray. '나는 복사기에 종이를 넣고 있다'는 I'm loading papers in a copy machine.

faded 흐릿한 ⇒ '인쇄물이 흐리다'는 printouts are faded. 인쇄 상태가 너무 흐린 것은 too light 또는 too dull, 반대로 너무 진한 것은 too dark, 선명한 것은 vivid로 표현한다.

enlarge ~을 확대하다 ⇒ '문서 전체 크기를 늘리다'는 enlarge the overall size of the document 또는 enlarge the document. 반대로 '~을 줄이다'는 reduce를 쓴다.

adjust ~을 조절하다 ⇒ '복사기의 명암을 조절하다'는 adjust the default lighter/darker setting 또는 adjust the lightness and darkness.

replace ~을 교체하다 ⇒ '토너 카트리지를 교체하다'는 replace the toner cartridge.

eject 나오다, 뽑아내다 ⇒ '복사기에서 백지가 나와요'는 It ejects blank pages.

B Key Sentences 복사기 사용법 묻기

Can you make 50 copies of this document?
이 문서 50부 복사해 줄 수 있어요?

How can I _____?
어떻게 ~하죠?

enlarge[reduce] the size of the documents 문서의 크기를 확대/축소하다
set the number of copies 복사 부수를 설정하다
make two-sided copies 양면 복사를 하다
adjust the lightness and darkness of the copies 복사물의 명암을 조절하다

SECTION 2 복사기 사용하기

C Key Dialog TOP 7

1. A: 이 문서 좀 복사해 주세요.
   B: 복사물이 몇 부나 필요하세요?

   Please **make copies** of this document.
   How many **copies** do you need?

2. A: 왜 프린터가 작동하지 않는지 모르겠어요.
   B: 먼저 종이함에 종이를 넣어야 해요.

   I don't know why this printer doesn't work.
   You should **put sheets of paper into the paper tray** first.

3. A: 문서의 크기를 어떻게 축소하죠?
   B: 축소하고 싶은 비율만큼 아래쪽 방향 화살표를 누르세요.

   How can I **reduce the size of the documents**?
   Press the down arrow key to select the reduction ratio you want.

4. A: 복사기에서 백지만 나오네요.
   B: 토너 카트리지를 교체하는 게 어때요?

   The copy machine **is ejecting** blank pages.
   Why don't you **replace** the toner cartridge?

5. A: 왜 복사물이 원본보다 밝게 나오는지 알아요?
   B: 명암을 조절해 보세요.

   Do you know why copies come out lighter than the original documents?
   Try to **adjust** the lightness and darkness.

6. A: 양면 복사는 어떻게 하죠?
   B: 메뉴를 설정하면 돼요.

   How can I **make two-sided copies**?
   You may set the menu.

7. A: 프린트물이 흐릿하게 복사돼요.
   B: 토너 카트리지를 확인해보는 게 좋겠어요.

   The printouts are **faded**.
   You'd better check the toner cartridge.

keep ~ing 계속 ~하다   arrow key 화살표 키   ratio 비율, 비   print out 프린트물, 출력 인쇄물

Xerox사는 1906년, 뉴욕주 로체스터에 설립된 사무용 복사기 제조회사이다. 이 회사 이름이 동사로는 '복사하다', 명사로는 '복사물'로 쓰이게 된 이유는 1959년에 최초로 건식 복사기 (plain paper photocopier)를 판매했기 때문이다. Xerox사 측은 광고와 언론 매체를 통해서 사람들에게 회사 상호를 다른 용도로 사용하지 않도록 캠페인을 하고 있지만 옥스포드 영어 사전에도 등재될 만큼 대중에게 널리 사용되고 있다.

D Office Talk "흐릿하게 복사돼요."

A I have a problem with this copy machine. Can you give me a hand?
복사기에 문제가 있네요. 좀 도와주실래요?

B Okay. What's wrong? 그러죠. 뭐가 문제죠?

A The paper is not feeding into the photocopier properly. 종이가 복사기에 제대로 들어가지를 않아요.

B Try to open the paper tray and reload the paper correctly.
종이함을 열고 종이를 똑바로 다시 넣어보세요.

A Oh, there is one more thing. The printouts are **faded**. 아, 하나 더 있어요. 프린트물이 흐릿하게 복사돼요.

B Take out the toner cartridge and gently shake it to evenly distribute the toner.
토너 카트리지를 꺼내서 토너가 골고루 퍼지게 살살 흔드세요.

properly 제대로   correctly 바르게   reload 다시 넣다   take out ~을 제거하다, 빼다   evenly 골고루, 고르게   distribute 나누어 퍼뜨리다 [분포시키다]

E Further Study 복사기 이용 순서와 세부 명칭

1. Lift the lid of the copier.
복사기 뚜껑을 올린다.

↓

2. Place the document face down on the glass.
복사기 유리판 위에 문서가 아래로 향하도록 올려놓는다.

↓

3. Select the number of copies to be made.
복사할 부수를 정한다.

↓

4. Select the proper size paper.
적절한 복사용지 크기를 정한다.

↓

5. Adjust the lightness and darkness if you need.
필요하다면 명암을 조절한다.

↓

6. Press the start button.
'시작' 버튼을 누른다.

LCD (Liquid Crystal Display) Panel
복사물의 크기 용지 종류, 부수 등을 표시하는 기능

up / down
복사물의 크기 · 부수 · 명암을 올리거나 내리는 기능

enlarge / reduce
복사물의 크기를 확대하거나 축소하는 기능

direct
복사물의 원래 크기로 맞추는 기능

paper select
용지 종류를 선택하는 기능

reset
모든 기능을 다시 설정하는 기능

SECTION 3
컴퓨터 사용하기 Using a Computer

A Basic Expressions

set up ~을 설치하다 ⇨ '컴퓨터를 설치하다'는 set up a computer 또는 install a computer.

plug in 코드를 플러그에 꽂다, 콘센트에 연결하다 ⇨ 반대로 '코드를 뽑다'는 unplug. '전기를 아끼기 위해 컴퓨터 플러그를 뽑아놓는다'는 I'm unplugging my computer to save electricity.

turn on ~을 켜다 ⇨ 컴퓨터를 켜는 것은 start 또는 boot로 표현할 수 있다.

run 실행하다 ⇨ '프로그램을 실행하다'는 run a program. 'CD가 자동으로 실행돼요'는 The CD runs automatically.

freeze (컴퓨터 시스템이) 정지하다, 멈추다 ⇨ 동사 crash 또한 컴퓨터나 프로그램이 다운되는 것을 의미한다.

shut down (컴퓨터나 프로그램을) 닫다, 종료하다 ⇨ 'OS를 종료하다'는 shut down an operating system.

reboot 컴퓨터를 재시동하다 ⇨ reset button(재설정 버튼)을 눌러서 재시동할 수도 있다.

click 마우스를 누르다 ⇨ '터치 패드에서 더블 클릭이 안 된다'는 I can't double click on the touch pad.

display 화면 표시 ⇨ display가 동사로 쓰일 때는 '화면에 표시하다, 전시하다'라는 뜻이 된다.

laptop 랩톱컴퓨터 ⇨ 흔히 노트북이라고 하며, 무릎 위에 올려놓을 수 있을 정도 크기의 휴대용 컴퓨터를 말한다.

B Key Sentences 컴퓨터 사용법 묻기

Can you show me how to _____?
~을 어떻게 하는지 가르쳐 주시겠어요?

install MS Word onto my computer MS 워드를 내 컴퓨터에 설치하다
back up my files 파일을 백업하다
connect the printer to my laptop 노트북에 프린터를 연결하다
burn some files onto a CD 파일을 CD에 굽다

C. Key Dialog — TOP 7

1. A: 컴퓨터 설치하는 것 좀 도와줄래요?
   B: 그럼요. 언제 할 건데요?

   Can you help me **set up** the computer?
   Sure. When are you going to do it?

2. A: 화면보호기 바꾸는 법 좀 가르쳐 줄래요?
   B: 전혀 몰라요. 저 컴맹이거든요.

   Can you show me how to change my screen saver?
   Beats me. I'm computer illiterate.

3. A: 왜 컴퓨터가 느리게 작동하죠?
   B: 과열된 것 같은데요.

   Why is my computer **running** slowly?
   It seems to be overheating.

4. A: 노트북 키보드에 물을 엎질렀어요.
   B: 우선, 노트북을 즉시 끄세요.

   I spilled some water on my **laptop** keyboard.
   First, turn off your laptop immediately.

5. A: 포토샵을 설치하려면 어떻게 해야 하죠?
   B: CD롬에 CD를 넣고 지침대로 따라 하면 돼요.

   What should I do to **install** Adobe Photoshop?
   Insert the CD into the CD-ROM and just follow the directions.

6. A: 모니터 화면이 나타나지 않아요.
   B: 모니터 연결선이 단단하게 연결되었는지 확인하세요.

   There is no **display** on the monitor.
   You'd better check on the monitor connections and see if they are tight.

7. A: 컴퓨터가 갑자기 멈췄어요.
   B: '재설정' 버튼을 눌러서 재시동 해보는 게 어때요?

   My computer is suddenly **freezing**.
   Why don't you **reboot** it by pressing the reset button?

---

help + 동사원형 ~하는 것을 도와주다 screensaver 화면보호기 beats me 전혀 모른다, 금시초문이다 computer illiterate 컴맹 overheat 과열되다 spill 쏟다

'He's a computer geek.'이라는 표현이 있다. '그는 컴퓨터 광이다.'라는 뜻인데, 비슷한 표현으로는 computer nerd 또는 computer freak이 있다. 또한 '난 컴맹이야.'는 'I'm computer illiterate.'라고 표현한다. 반대로 'I'm computer literate.'라고 하면 '난 컴퓨터를 잘 다뤄.'라는 뜻이다.

SECTION 3 컴퓨터 사용하기

D Office Talk "컴퓨터를 어떻게 설치하죠?"

A Can you give me a hand **setting up** the computer?
컴퓨터 설치하는 것 좀 도와줄래요?

B Sure. You need to plug the keyboard and the mouse cables into the connectors.
그럼요. 키보드와 마우스 케이블을 커넥터에 꽂으세요.

A I did that. How can I connect this monitor? 했어요. 이 모니터는 어떻게 연결해요?

B Hook the power cord up and attach the cable to the monitor.
전원 코드를 꼽고 케이블을 모니터에 연결해요.

A Is it simple? Let me **turn on** the computer to see how it works.
그렇게 간단해요? 컴퓨터를 켜서 잘 작동되는지 볼게요.

connect 연결하다   hook up 연결하다   attach 붙이다

E Further Study 화면보호기 바꾸기 & 다운된 컴퓨터 작동시키기

Do you know how to change my screen saver?
화면보호기를 어떻게 바꾸는지 아세요?

1. Right-click on your mouse.
   마우스 오른쪽을 클릭하세요.
2. Click properties. '속성'을 클릭하세요.
3. Click the screen saver tab.
   '화면보호기' 탭을 클릭하세요.
4. Select one of the screen savers in the drop-down box by clicking on it. 선택박스의 화면보호기 중 하나를 클릭해서 선택하세요.

Attempt to end the task program by pressing Ctrl + Alt + Del.
Ctrl키, Alt키, Del키를 눌러서 프로그램을 끝내도록 해보세요.

This computer went down suddenly.
컴퓨터가 갑자기 다운이 됐어요.

SECTION 4
인터넷 사용하기 Using the Internet

A Basic Expressions

search on the Internet 인터넷을 검색하다

surf the Internet 인터넷을 돌아다니다 ⇒ 동사 surf 대신 browse나 explore로 대신할 수 있다.

access the Internet 인터넷에 접속하다 ⇒ connect to the Internet 또는 get online도 쓸 수 있다.

download a file 파일을 내려받다 ⇒ 반대로 '파일을 올리다'는 upload a file.

search engine 검색엔진 ⇒ Google, Yahoo 등을 예로 들 수 있다. '어떤 종류의 검색엔진을 사용하나요?'는 What kind of search engine do you use?

update 갱신하다, 업데이트하다 ⇒ upgrade는 버전을 최신의 것으로 교체하는 것과 같이 격상시키는 것을 나타내는 표현이므로 update(새로운 내용으로 갱신하다)와 혼동하지 않도록 하자.

be infected with a virus 바이러스에 감염되다 ⇒ 참고로 바이러스 감염을 막기 위한 '바이러스를 검사하다'는 scan for viruses.

Internet traffic 인터넷 이용량[통신량] ⇒ '현재 인터넷 이용량이 너무 많다'는 the current level of Internet traffic volume to the site is too high.

ISP (Internet Service Provider) 인터넷 서비스 공급회사 ⇒ '어떤 인터넷 서비스 공급회사가 가장 빠르고 좋은 요금이죠?'는 Which ISP is fastest and best-rated?

B Key Sentences 인터넷 이용하기

How can I find information on the Internet?
인터넷에서 어떻게 정보를 찾죠?

- You need to _____. ~해야 해요.

    be connected to the Internet 인터넷에 접속하다

    open / select a search engine 검색 엔진을 열다 / 선택하다

    type a specific or relevant keyword into the search box
    검색창에 구체적이거나 연관성 있는 핵심어를 입력하다

    access and select your results 접속하여 결과물을 고르다

    download / save the files 파일을 다운로드 하다 / 저장하다

SECTION 4 인터넷 사용하기

C Key Dialog  TOP 7

1. A: 파일 내려받는 데 너무 오래 걸리네요.
   B: 지금 인터넷 이용량이 너무 많은 것 같아요.

   It takes too long to **download a file**.
   Maybe **Internet traffic** is too heavy at this time.

2. A: 파리의 인구가 얼마나 돼요?
   B: 인터넷으로 검색해보지 그래요?

   What's the population of Paris?
   Why don't you **search** for that **on the Internet**?

3. A: 제 컴퓨터 인터넷이 끊겼어요.
   B: 인터넷 서비스 공급회사에 연락해야 해요.

   My computer is disconnected from the Internet.
   You'd better contact your **ISP**.

4. A: 제 컴퓨터가 바이러스에 감염된 것 같아요.
   B: 안티 바이러스 프로그램을 쓰는 게 좋겠어요.

   I think my computer **is infected with a virus**.
   You need to use an anti-virus program.

5. A: 내 컴퓨터가 경고없이 재시동돼요.
   B: 바이러스에 감염된 것 같아요.

   My computer reboots itself without warning.
   Your computer may **be infected with a virus**.

6. A: 당신 웹사이트에는 오래된 자료들이 많네요.
   B: 내일 새 자료를 업데이트할 거예요.

   Your website contains so many old data.
   I'll **update** new data tomorrow.

7. A: 이것은 국내에서 가장 유명한 검색엔진이에요.
   B: '즐겨찾기'에 등록할 겁니다.

   It is the country's most popular **search engine**.
   I'll register it as a favorite.

population 인구 be disconnected from ~와 연결이 끊어지다 warning 경고 contain ~이 들어있다 register 등록하다

 TIP BOX

컴퓨터 바이러스의 종류를 살펴보자.
browser hijackers(브라우저 하이재커): 스파이웨어의 일종으로 특정 웹사이트를 공격하여 에러 페이지나 기타 황당한 화면으로 교체시킨다.
worms(웜 바이러스): 자기복제를 하여 컴퓨터 시스템을 파괴하거나 작업을 지연·방해하는 악성 프로그램이다.
spyware(스파이웨어): 사용자가 원치 않는 광고 화면을 띄우는 프로그램이다. 혹은 중요한 사용자 정보를 빼가는 프로그램을 지칭하기도 한다.

D Office Talk "팝업 차단기를 사용하세요."

A How can I eliminate these annoying pop-up ads? 짜증나는 팝업 광고들을 어떻게 제거하지요?

B It's simple. Use a pop-up blocker. 간단해요. 팝업 차단기를 사용해보세요.

A Can you go into a little more detail? 좀 더 상세히 설명해 줄 수 있어요?

B Sure, Launch your browser and click the tools menu. And then click pop-up blocker.
그럼요, 브라우저를 작동하고 '도구' 메뉴를 클릭해요. 그리고 팝업 차단기를 선택하면 되요.

A Thanks. Now, I can remove pop-up ads. As you know, some pop-up windows contain inappropriate content.
고마워요. 이제 팝업 광고를 제거할 수 있겠네요. 알다시피 어떤 팝업창은 부적절한 내용이 담겨 있기도 하죠.

eliminate 제거하다   blocker 차단기, 방해하는 사람   launch 내보내다, 시작하다   inappropriate 부적절한

E Further Study 컴퓨터 바이러스의 증상

Your computer may be infected with a virus.
당신 컴퓨터가 바이러스에 감염된 것 같아요.

My computer is shutting down spontaneously.
내 컴퓨터가 저절로 멈췄어요.

Some Obvious Symptoms of a Virus 눈에 띄는 바이러스 증상
- A computer reboots itself. 컴퓨터가 저절로 재시동된다.
- A computer crashes unexpectedly. 예상치 못하게 컴퓨터가 멈춘다.
- A computer slows down. 컴퓨터 속도가 느려진다.
- Hard disk data are corrupted. 하드디스크 데이터에 오류가 생긴다.

SECTION 5
문서 작성하기 Using a Word Processor

A Basic Expressions

click on ~을 클릭하다 ⇒ '폴더를 클릭하다'는 click on the folder. '아이콘을 더블 클릭하다'는 double-click the icon.

type 글자를 입력하다, 타자를 치다 ⇒ 참고로 '오타'는 typo. '오타가 너무 많다'는 There are too many typos.

copy 복사하다 ⇒ '선택한 텍스트를 복사하다'는 copy the selected text.

paste 붙여 넣다 ⇒ 'Ctrl키와 V키를 눌러서 복사된 텍스트를 붙여 넣으세요.'는 press Ctrl-V to paste the copied text.

insert A into B A를 B에 삽입하다 ⇒ '표를 워드 문서에 삽입하다'는 insert a chart into the Word document.

set a font 서체를 설정하다 ⇒ 서체 크기 (font size)를 확대하는 것은 enlarge, 축소하는 것은 reduce.

increase the space 간격을 늘리다 ⇒ '행간을 늘리다'는 increase the space between lines, '자간을 줄이다'는 decrease the space between the text.

scroll down 스크롤해서 내리다 ⇒ 반대로 '스크롤해서 올리다'는 scroll up. '페이지 상단으로 스크롤해서 올리세요'는 scroll up to top of the page.

save a file 파일을 저장하다 ⇒ 'C 드라이브에 파일을 저장하다'는 save a file to the C drive.

print out 인쇄 출력하다 ⇒ '판매보고서 2부를 출력해 주시겠어요?'는 Can you print out two copies of the sales report?

hard copy 출력물 ⇒ 화면의 내용을 종이에 인쇄 것을 말한다.

restore 복구하다 ⇒ '삭제된 파일을 복구하다'는 restore the deleted file.

B Key Sentences 문서 작성 방법

Can you show me how to use a word processor?
워드프로세서 사용법 좀 알려주실래요?

You need to _____.
~해야 해요.

create a document 문서를 작성하다
type the document 문서의 글을 입력하다
edit the document 문서를 수정하다
save the file 파일을 저장하다
print the document 문서를 출력하다

C Key Dialog TOP 7

1. A: 텍스트가 너무 빽빽해요.
   B: 글자 사이의 간격을 좀 더 넓히세요.

   The text is too close together.
   Increase the space between the texts.

2. A: 이 페이지 맨 아래에는 무엇이 있나요?
   B: 화면을 스크롤해서 내려볼게요.

   What's at the bottom of this page?
   Let me **scroll down** the page.

3. A: 실수로 중요한 문서를 삭제했어요.
   B: 걱정 말아요. 휴지통에서 가져와 복구할 수 있어요.

   I accidentally deleted an important document.
   Don't worry. You can **restore** it from the recycle bin.

4. A: 어떻게 MS워드 프로그램을 시작하죠?
   B: 아이콘을 클릭하세요.

   How can I start the MS Word program?
   Just **click on** the icon.

5. A: 제가 이 보고서 출력물 가져도 돼요?
   B: 잠깐만요. 출력해서 드릴게요.

   Can I have a **hard copy** of this report?
   Wait a minute. I'll **print** it **out** for you.

6. A: 제가 입력한 것이 모두 사라졌어요!
   B: 그래서 주기적으로 파일을 저장해야 해요.

   Everything that I've **typed** has gone!
   That's why you need to **save** your **files** periodically.

7. A: 글자가 읽기에 너무 작은 것 같아요.
   B: 서체 크기를 설정할게요.

   I think the letters are too small to read.
   Let me **set the font** size.

close 빽빽한, 촘촘한 bottom 맨 아래 (부분) accidentally 실수로, 우연히 delete 삭제하다 recycle bin (컴퓨터) 휴지통 periodically 주기적으로

Microsoft사 하면 Bill Gates를 가장 먼저 떠올리게 된다. 2008년 은퇴한 후, 그는 자선 사업재단인 The Bill & Melinda Gates Foundation의 일에 전념하고 있다. 1994년에 the William H. Gates Foundation으로 시작된 이 재단은 1999년에 지금의 이름으로 바뀌게 되었다. 매년 Bill Gates는 재산의 5퍼센트를 기부하는데, 그 금액만 적어도 1.5 billion dollars, 즉 15억 달러 정도다. 이 기부금은 극빈층의 의료와 교육 혜택에 쓰인다. 2006년에는 Warren Buffett이 300억 달러에 가까운 주식을 이 재단에 기부하기도 했다.

D Office Talk "그래프를 어떻게 삽입하죠?"

A Can you tell me how I can **insert this graph into the Word document**?
워드 문서에 이 그래프를 어떻게 삽입해야 되는지 말해줄 수 있어요?

B It's simple. Select the entire chart and **copy** it by pressing Ctrl-C. Then, place your cursor where you want your graph to be positioned. And **paste** it by pressing Ctrl-V.
간단해요. 전체 차트를 선택하고 Ctrl키와 C키를 눌러서 복사하세요. 그리고 그래프를 넣을 자리에 커서를 놓으세요. 그다음 Ctrl키와 V키를 눌러서 붙여 넣으세요.

A I got it! Thanks.
알겠어요! 고마워요.

entire 전체의   position …의 자리를 잡다   press 누르다

E Further Study 모니터 화면의 세부 명칭

icon 아이콘
cursor 커서
monitor screen 모니터 화면
scroll bar 스크롤 바
　　vertical scroll bar 상하로 움직이는 스크롤 바
　　horizontal scroll bar 좌우로 움직이는 스크롤 바
pop-up window 팝업창
recycle bin 휴지통
folder (파일 보관용) 폴더
toolbar 툴바, 도구 모음
favorites [bookmark] 즐겨찾기
URL (Uniform Resources Locator) 웹사이트 주소
wallpaper 바탕화면

SECTION 6
이메일 사용하기
Using an Email Account

A Basic Expressions

send an email 이메일을 보내다 ⇨ '~을 이메일로 보내다'는 send ~ by email.

attach files 파일을 첨부하다 ⇨ '첨부파일'은 attached file 또는 attachment.

compress 압축하다 ⇨ '파일을 압축하다'는 compress a file, '압축파일'은 compressed file.

receive an email 이메일을 받다 ⇨ '이메일을 확인하다'는 check an email.

reply 답장하다; 답장 ⇨ '~의 이메일에 답장하다'는 reply to one's email 또는 answer one's email.

forward A to B A를 B에게 전달하다, 전송하다 ⇨ '계약서를 전송해 줄래요?'는 Can you forward the contract to me?

be returned 반송되다 ⇨ bounce back, get rejected로도 표현할 수 있다. '첨부파일이 너무 커서 이메일이 반송되었다'는 The email message bounced back because of a large attachment.

mistype 잘못 입력하다 ⇨ 참고로 typo, misspelling은 '오자'를 뜻한다.

be filled with ~로 가득 차다 ⇨ '내 편지함이 광고성 메일로 가득 찼어요.'는 My mailbox is filled with junk mail.

empty 비우다 ⇨ '편지함을 비우다'는 empty the mailbox.

recover a deleted mail 삭제된 메일을 복구하다 ⇨ '영구 삭제하다'는 delete permanently.

junk mail 광고성 메일 ⇨ spam mail, bulk mail도 같은 뜻이다.

set one's password 비밀번호를 입력하다

B Key Sentences 이메일 주소 불러주기

Can you attach the files to an email message?
이메일에 파일을 첨부해서 보내줄래요?

Sure. Let me have your email address, please.
그러죠. 이메일 주소 알려주세요.

Okay. angel@xyz.com.
네, angel@xyz.com이에요.

★ angel@xyz.com
  @는 at이라고 읽고,
  .는 dot이라고 읽는다.

SECTION 6 이메일 사용하기

C Key Dialog  TOP 7

1. A: 신속한 답변을 기대하겠습니다.
   B: 확인하고 바로 회신할게요.

   I'm looking forward to your prompt response.
   I'll check and **reply** to your email right away.

2. A: 왜 이메일이 반송됐는지 모르겠어요.
   B: 제 편지함이 가득 찼네요. 비울게요.

   I don't know why the email was returned.
   My mailbox is full. I'll **empty** it.

3. A: 계약서를 이메일로 받았어요.
   B: 제게 그 이메일을 전달해줄래요?

   I received the contract by email.
   Can you **forward** it **to** me?

4. A: 보낸 첨부파일이 너무 커서 다운로드 받기 힘드네요.
   B: 파일을 압축해서 재전송할게요.

   I have a hard time downloading a large attachment you sent.
   I'll **compress** the files and resend it.

5. A: 아직 당신 이메일을 못 받았어요.
   B: 미안해요. 이메일 주소를 잘못 입력했네요.

   I haven't **received** your **email** yet.
   I'm sorry. I **mistyped** your email address.

6. A: 삭제된 메일을 복구하고 싶어요.
   B: 만약 영구 삭제하면 복구는 불가능해요.

   I want to **recover a deleted mail**.
   If you delete it permanently, it's impossible to recover it.

7. A: 광고성 메일 삭제하는 데 질린다.
   B: 스팸 필터를 사용해봐.

   I'm tired of deleting **junk mail**.
   Try to use a spam filter.

look forward to ~을 기대하다   permanently 영구적으로, 완전히   be tired of~ ~에 싫증나다

요즘은 MSN, 네이트온 등 메신저(Messenger)가 활성화되어서 메일을 이용하지 않고도 간편하게 필요한 데이터를 주고 받을 수 있다. 메신저를 이용하려면, 먼저 사용자명을 만들어서 (create a user name) 계정을 등록하고 (register an account), 로그인한다 (log in to Messenger). 메신저로 필요한 자료를 받고 싶다면 'Can you send me the files over the MSN Messenger? (파일들을 MSN 메신저로 보내줄래요?)' 라고 말하면 된다.

D Office Talk "확인하고 바로 회신할게요."

A John, can you check your mailbox? Email I sent to you bounced back.
   존, 편지함 좀 확인해 줄 수 있어요? 당신에게 보낸 이메일이 반송됐어요.

B Oh no, my mailbox is filled with a lot of junk mail. I'll delete it right away. Can you resend it?
   이런, 제 편지함이 광고성 메일로 가득 찼네요. 당장 지울게요. 재전송 해줄 수 있어요?

A Sure, I'm looking forward to your prompt response.
   그럼요, 신속한 답변을 기대하겠습니다.

right away 즉시, 당장   prompt 신속한

E Further Study 이메일의 세부 명칭

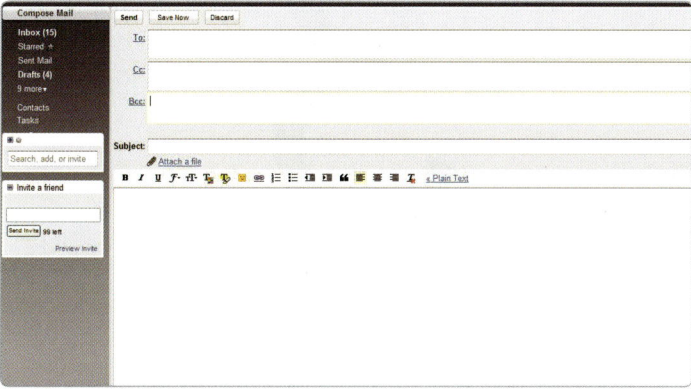

To 수신인
Cc (Carbon copy) 참조
Bcc (Blind carbon copy)
숨은 참조(수신인에게 알리지 않고 메일을 받는 제 3자)
Save 저장
Subject 제목
Inbox 메일 보관함

Save as a draft 임시보관
Index 메일 목록
Compose 작성
Delete / Discard 삭제, 폐기
Reply 답장
Forward 전달
Send 전송

Chapter 3

생각보다 쉬운 오피스 영어

우편물 다루기
Tips for Mail Handling

Section 1 우편물 부치기 Sending Documents
Section 2 국제 발송물 International Shipments
Section 3 우편물 배송 상태 및 지연 Status & Delays in Mail Delivery
Section 4 배송 사고 신고하기 Reporting Claims

SECTION 1
우편물 부치기 Sending Documents

A Basic Expressions

mail 우편물 ⇨ 운송 시간을 기준으로 regular mail(일반 우편)과 express mail(빠른 우편)이 있고, 운송 방법을 기준으로 airmail(항공 우편), ship mail(선박 우편), surface mail/ground mail(육상 우편)이 있다.

package[parcel] 소포

postage 우편 요금 ⇨ '우편 요금이 얼마에요?'는 What's the postage rate?

packet 한 묶음, 한 다발 ⇨ '서류 묶음'은 a packet of documents.

stamp 우표 ⇨ 미국에서는 우표를 20장씩 묶어서 파는데 이를 a book of stamps, 100장씩 묶은 것은 a roll of stamps라고 한다.

have ~ insured ~를 보험에 들다 ⇨ '이 소포를 보험에 드시겠어요?'는 Would you like to have this parcel insured? 또는 명사형 insurance를 써서 Would you like to add [buy] insurance to your package?

weight 무게 ⇨ '무게를 확인하다'는 check the weight

business day (국경일, 명절, 주말을 제외한) 영업일, 업무일 ⇨ '영업일로 3일 내에 배송될 것입니다'는 It'll be delivered in 3 business days.

B Key Sentences 우편물 부치기

I'd like to send this letter to 장소.
이 편지를 ~로 부치고 싶습니다.

How much does it cost? 편지 부치는 비용이 얼마죠?
= How much should I pay for the letter?
= What is the postage for the letter?

How long does it take to send the letter ⬚?
~로 편지를 부치는 데 얼마나 걸립니까?

to Seoul by express mail 서울까지 빠른 우편으로
to England by registered mail 영국까지 등기 우편으로
to Japan by certified mail 일본까지 배달 증명 우편으로

C Key Dialog

1. A: 이 소포를 어떻게 보내시겠어요?
   B: 항공 우편으로 보낼게요.
   How do you want this **package** sent?
   I'll go by airmail.

2. A: 항공 우편 요금은 얼마예요?
   B: 비용은 소포 무게와 목적지에 따라 다릅니다.
   How much does airmail **cost**?
   The cost depends on the **weight** and destination of the **package**.

3. A: 일본으로 편지 부치는 데 얼마나 걸리나요?
   B: 영업일로 이틀 정도 걸립니다.
   How long does it take to send a letter to Japan?
   It takes about two **business days**.

4. A: 다른 필요한 것 있으신가요?
   B: 20장짜리 우표 묶음을 살 수 있나요?
   Do you need anything else?
   Can I buy a book of **stamps**?

5. A: 육상 우편은 싸지만 항공 우편보다 오래 걸립니다.
   B: 그럼, 항공 우편은 얼마나 빠른가요?
   Surface **mail** is cheaper but it takes longer than airmail.
   Well, how fast is airmail?

6. A: 이 소포를 보험에 드시겠습니까?
   B: 우편 보험은 어떤 식으로 적용되는데요?
   Would you like to **have** this **parcel insured**?
   How does postal insurance work?

7. A: 이 편지를 영국에 배달 증명 우편으로 보내고 싶어요.
   B: 배달 증명 우편 관련 서류를 작성해주세요.
   I'd like to send this letter to England by certified mail.
   Please fill out this certified mail form.

depend (up)on ~에 따라 다르다 destination 목적지 postal 우편의 scale 저울

registered mail(등기 우편)과 certified mail(배달 증명 우편)의 공통점은 수취 확인이 가능하다는 점이다. 부피가 작고 비싼 물건을 보낼 때는 registered mail을 이용하는 게 더 유용한 선택이 된다. 또한, certified mail은 일반 우편물과 함께 발송되고 보험을 들고 싶으면 비용을 따로 지불해야 하는 반면, registered mail은 일반 우편물과 구별되어 따로 발송되고 우편물 분실 시 미국에서는 최대 $25,000까지 보험금을 청구할 수 있다.

SECTION 1 우편물 부치기

D Office Talk "특급 우편으로 할게요."

A   What is an effective way to send an urgent **packet** of documents to Korea?
    한국으로 급한 서류 소포를 보내는 효과적인 방법은 뭔가요?

B   If you are in a hurry, I recommend you to use express mail service.
    급하시다면, 특급 우편 서비스를 추천합니다.

A   **How long does it take**? 얼마나 걸리죠?

B   It usually takes 7 to 10 **business days**. 보통 영업일 기준으로 7일에서 10일 정도 걸립니다.

A   What is the **postage** rate? 우편 요금은 얼마에요?

B   Just a minute. Let me check the **weight**. It's $10.00. 잠시만요. 무게 좀 확인하고요. 10달러입니다.

A   That's perfect. I'll go by express mail. 아주 좋네요. 특급 우편으로 할게요.

effective 효과적인 urgent 급한

E Further Study 우편 봉투 쓰기

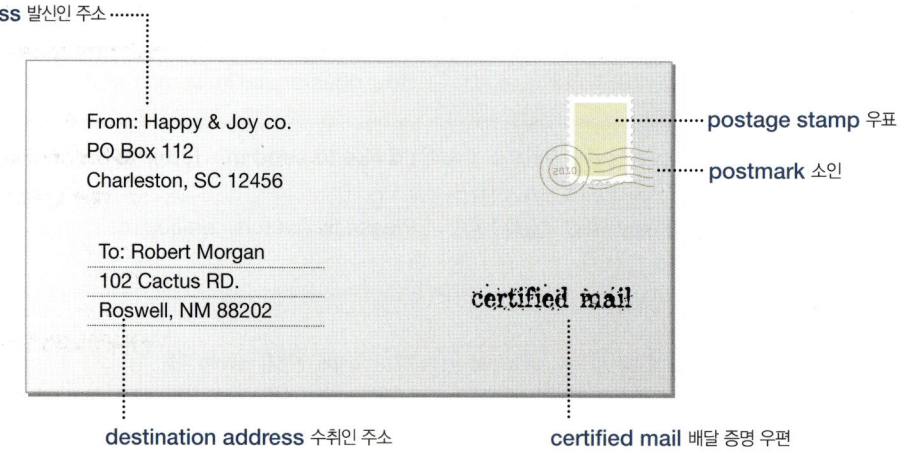

집 주소는 house number(집 번호) + street name(길 이름) + street type(길 종류)를 쓴 후에, 다음 줄에 city(도시) + state(주) + zip code(우편번호) 순으로 쓴다.

★ 작은 단위에서 큰 단위로 적는다는 것에 유의하자. 주 이름은 첫 글자만 따서 대문자로 표기한다. (NM = New Mexico)

길 종류(street type)의 약자	
Ave. - Avenue	Blvd. - Boulevard
Cir. - Circle	Ct. - Court
Dr. - Drive	Ln. - Lane
Pkwy. - Parkway	Pl. - Place
Rd. - Road	Sq. - Square
St. - Street	Wy. - Way

SECTION 2
국제 발송물 International Shipments

A Basic Expressions

international courier 국제 우편 운송 회사 ⇨ 대표적인 회사로는 FedEx, DHL, UPS가 있다.

freight 화물 운송, 화물 수송 ⇨ 항공 화물 운송은 air freight, 해양 화물 운송은 ocean freight, 육상 화물 운송은 surface freight. freight는 '화물'의 뜻도 있어서 shipment나 goods를 쓸 수도 있다.

shipment 화물, 선적, 발송 ⇨ 배로 수송하는 것 외에 육로나 항공을 이용하여 수송하는 것 모두 shipment라고 할 수 있다.

schedule a pickup 화물 픽업의 일정을 잡다, 예약하다

shipping document 운송 서류 ⇨ '운송 서류들을 작성하다'는 fill out the shipping documents.

customs declaration form 세관 신고서 ⇨ '세관 신고서를 첨부하다'는 attach the customs declaration form.

contents 내용물 ⇨ '발송 화물의 내용물을 자세히 서술하셔야 합니다'는 You need to describe the contents of your shipment.

estimated weight 추정 무게 ⇨ estimate는 동사로 '추정하다'라는 뜻이다.

tracking 조회하기, 추적하기 ⇨ 화물의 현재 도착지를 tracking system을 통해 확인하는 것을 tracking options라고 한다.

B Key Sentences 화물 픽업 예약하기

> I'd like to schedule a pickup for an international shipment.
> 국제 화물 픽업 일정을 잡고 싶습니다.

> When will your shipment be ready to pick up?
> 언제 화물을 픽업하러 가면 되나요?
>
> What's your pickup address and contact number?
> 픽업할 주소와 연락처가 어떻게 되죠?
>
> What's the total number of shipments?
> 화물이 총 몇 개인가요?
>
> What's the total estimated weight of your shipment?
> 화물의 전체 추정 무게는 얼마인가요?

SECTION 2 국제 발송물

C Key Dialog TOP 7

1. A: 안녕하세요. ABC 운송 회사입니다.
   B: 국제 화물 픽업 일정을 잡고 싶습니다.

   Good morning. This is the ABC Carrier.
   I'd like to **schedule a pickup for some international shipments.**

2. A: 언제 화물을 가지러 갈까요?
   B: 오후 2시 이전에 와주세요.

   When do you want us to **pick up the shipments**?
   No later than 2:00 p.m., please.

3. A: 국제 화물 픽업 일정을 취소하고 싶습니다.
   B: 픽업을 요청한 날짜가 언제죠?

   I'd like to cancel a pickup for some **international shipments**.
   When is your requested pickup date?

4. A: 어떤 서류 작업이 필요하죠?
   B: 운송 서류들을 작성하셔야 합니다.

   What paperwork do I need?
   You need to fill out some **shipping documents**.

5. A: 세관 신고서를 어떻게 작성해야 되나요?
   B: 먼저 화물 내용물의 간단한 명칭을 수량과 함께 적어주세요.

   How do I fill out the **customs declaration form**?
   First of all, you need to write down a brief description of the **shipment contents,** including the quantity.

6. A: 화물이 총 몇 개인가요?
   B: 잠깐만요. 지금 세고 있습니다.

   What's the total number of **shipments**?
   Just a minute. I'm counting them now.

7. A: 믿을 만한 국제 우편 운송 회사 고르는 법 아세요?
   B: FedEx처럼 잘 알려진 회사를 선택하는 게 안전할 거예요.

   Do you know how to choose a reliable **international courier**?
   I think it's safe to pick a well-known courier such as FedEx.

brief 간단한   description 설명   quantity 양   reliable 믿을 수 있는

무역 거래에 관계된 용어 몇 가지를 살펴보자.

Tariff / Duty Charge: '관세'를 의미하는 것으로, 수입국의 기준에 따라 판매 목적으로 수입되는 모든 물건에 부과되는 세금을 말한다.

HS Code: 'HS 협약에 의해 분류된 상품 분류 코드'를 의미하며, Tariff Code, Tariff Head, Tariff Number(관세 번호)라고 쓰이기도 한다.

Certificate Origin: '수입품 원산지 증명서'를 의미하는데, 수출국에서 물건을 제조 또는 생산했다는 것을 증명하는 공문서이다.

SED (Shipper's Export Declaration): 수출할 때 the U.S. Census Bureau(미국 통계국)에 제출해야 하는 서류이다.

D Office Talk "세관 신고서를 작성하시면 됩니다."

A   I'd like to **schedule a pickup** for **international shipments** tomorrow at 3:00 p.m.
국제 화물 픽업 일정을 내일 오후 3시로 잡고 싶습니다.

B   Sure. Do you have any instructions regarding the pickup?
그러죠. 픽업과 관련해서 특별히 설명할 사항이 있으신가요?

A   Not really, but I'm not sure which **international shipping documents** I need to fill out.
아니요, 그렇지만 어떤 국제 운송 서류를 작성해야 하는지는 잘 모르겠어요.

B   Are these commercial items? 판매를 목적으로 한 물건들인가요?

A   No, they're commercial samples. 아니요. 판매할 상품 샘플들입니다.

B   You need to fill out a **customs declaration form** and a waybill form.
세관 신고서와 화물 운송장을 작성하시면 됩니다.

A   Do you provide insurance and **tracking** options? 보험과 화물 상태를 조회할 수 있는 옵션이 있나요?

commercial 상업적인   instruction 설명   regarding ~에 대하여

E Further Study 화물 운송 서류

You need to fill out a _____.
~을 작성하셔야 합니다.

If you are sending a commercial shipment, you need to attach _____ as well.
상업용 화물을 보내시려면, ~ 또한 첨부하셔야 합니다.

- 상업용 화물일 때 첨부해야 하는 서류
  waybill form 화물 운송장
  customs declaration form 세관 신고서
- 일반용/상업용 화물 공통 서류
  commercial invoice 상업 송장
  Shipper's Export Declaration (SED)
  수출 운송 신고서

- 일반 화물의 종류
  commercial samples 판매할 상품 샘플
  repair or return 수리품 또는 반납품
  gifts / donations 선물/기증품

- 세관 신고서 내용
  Exporter's name 수출하는(보내는) 사람 이름
  _____ **of each piece** 각각의 ~
  Type / Description 종류 (예: a book)
  Number 개수 (예: two)
  Value 가격 (예: $20.00)
  Weight 무게 (예: 2kg)

SECTION 3
우편물 배송 상태 및 지연
Status & Delays in Mail Delivery

A Basic Expressions

receive ~을 받다 / **arrive** 도착하다 / **deliver** 배달하다 ⇨ '소포를 아직 받지 못했다'를 수취인 입장에서 말할 때는 I haven't received my package yet. 소포를 주어로 말할 때는 arrive 또는 deliver를 써서 My package hasn't arrived [been delivered] yet.

be delayed ~가 지연되다, 지체되다 ⇨ delay는 명사로 '지연, 지체'라는 뜻도 있다.

tracking number 조회번호 ⇨ 조회번호로 화물의 배송 상태를 확인해 볼 수 있다.

expected delivery date 배송 예정일 ⇨ estimated arrival [delivery] date로 표현하기도 한다.

current status 현재 (배송) 상태 ⇨ '현재 배송 상태를 알고 싶습니다'는 I'd like to check the current status of the shipment.

attempt to deliver 배달하려고 시도하다 ⇨ 배송지에 아무도 없어 전달하지 못한 경우는 fail (실패하다)을 사용하기보다는 attempt를 활용해서 We attempted to deliver it. (우리는 배송하려고 시도했다)라고 표현한다.

carrier 배달원, 운반인, 운송 업자 ⇨ '해운회사'는 shipper, '수령인'은 recipient.

notification 통지서 ⇨ 배송지에 사람이 없어서 우편물을 전달하지 못하면 배달원은 통지서를 남기고 가는데, 여기에 수취 가능한 날짜를 적거나 본인이 배송회사로 찾아갈 것이라는 표시를 해야 한다.

B Key Sentences 배송 지연 문의하기

The package hasn't arrived yet. Can you check _____?
소포가 아직 도착 안 했습니다. ~을 확인해 주시겠어요?

when the shipment will be delivered
언제 화물이 배달되는지

why the shipment is delayed
화물이 왜 지연되는지

how long it will take for the shipment to arrive
화물이 도착할 때까지 얼마나 걸릴지

What's your tracking number? 조회번호가 어떻게 되시죠?

When is your expected delivery date? 배송 예정일이 언제죠?

May I have your name and contact number? 성함과 연락처를 알려 주시겠어요?

C Key Dialog TOP 7

1. A: 아직 소포를 못 받았어요.
   B: 배송 예정일이 언제죠?

   I haven't **received** my package yet.
   When is the **expected delivery date**?

2. A: 왜 소포가 해운 회사로 반송되었나요?
   B: 수령인이 그 주소지에 살고 있지 않았어요.

   Why was the package **returned to the shipper**?
   The recipient was not located at the address.

3. A: 왜 화물이 지연되는지 확인해 주실래요?
   B: 조회번호를 알 수 있을까요?

   Can you check **why the shipment has been delayed**?
   May I have your **tracking number**?

4. A: 현재 화물의 상태를 알고 싶습니다.
   B: 지금 뉴욕에 있습니다. 내일까지 목적지에 배송될 겁니다.

   I'd like to find out the **current status** of the shipment.
   Your shipment is in New York now. It will **be delivered** to your destination by tomorrow.

5. A: 각 화물에 자동으로 조회번호가 주어지나요?
   B: 아뇨. 추가 비용을 지불하셔야 합니다.

   Does each shipment automatically get assigned a **tracking number**?
   No. You need to pay extra money for it.

6. A: 화물이 도착할 때까지 얼마나 걸릴지 확인해 주실래요?
   B: 그 소포를 배송하려고 했었어요. 저희가 남긴 통지서 못 보셨나요?

   Can you check **how long it will take for the shipment to arrive**?
   We **attempted to deliver** the package. Didn't you check the **notification** we left?

7. A: 조회번호를 잃어버렸어요.
   B: 성함과 전화번호를 알려 주시겠어요?

   I lost my **tracking number**.
   May I have your name and phone number?

be located at ~에 있다   automatically 자동적으로   get assigned 주어지다, 배당되다

혹시 FOE (Forwarding Order Expired)라고 들어본 적이 있는가? 이사 가는 사람은 우체국에 가서 Forwarding Address Form (전송 주소 서류)을 작성한다. 그러면 일정 기간 (최대 1년) 동안 우체국에서는 이사 가기 전 주소지로 오는 우편물을 새 주소지로 배달해 준다. 그러나 그 기간이 지나게 되면 우체국에서 이전 주소지로 오는 우편물을 더 이상 새 주소지로 보내주지 않는다는 뜻으로, FOE를 전한다.

SECTION 3 우편물 배송 상태 및 지연

D Office Talk "현재 배송 상태를 알아볼게요."

A The **estimate delivery date** has passed and the shipment hasn't arrived yet.
예상 배송일이 지났는데 화물이 아직 도착하지 않았어요.

B I'll check the **current status** of your shipment. (later) According to the tracking information, we attempted to **deliver** your shipment in Korea at 1:00 p.m. January 3, 2011. Our **carrier** left a **notification** at your door.
현재 화물 상태를 알아볼게요. (잠시 후) 조회정보에 따르면 화물을 한국 시간으로 2011년 1월 3일 오후 1시에 배송을 했었네요. 저희 배달원은 문에 통지서를 남겼고요.

A Okay. I'd like to pick up the shipment this afternoon. How late does your office open?
알겠어요. 오늘 오후에 화물을 가지러 가고 싶어요. 언제까지 영업을 하시죠?

E Further Study 반송된 우편물 & 조회번호 이용법

• 반송된 우편물
수취인에게 전달될 수 없는 우편물은 "RETURN TO SENDER"라는 도장이 찍혀서 반송된다. 이때 다음과 같이 반송 사유가 체크된다.

RETURN TO SENDER
- ☐ MOVED — 이사 감
- ☐ FOE — 본 주소로 더 이상 우편물 배달 서비스 불가
- ☐ UNCLAIMED — 소유주 불명
- ☐ REFUSED — (수취인에 의해) 거절됨
- ☐ NO SUCH STREET — 해당 도로가 없음
- ☐ NO SUCH NUMBER — 해당 번호가 없음
- ☐ INSUFFICIENT ADDRESS — 불명확한 주소

• 현재 배송 상태를 확인
In order to check the current status of your package, you just _____.
현재 배송 상태를 확인하려면 ~하면 됩니다.

→ go on the carrier's website and enter your tracking number
운송 회사 웹사이트로 가서 조회번호를 입력하면 됩니다.

SECTION 4
배송 사고 신고하기
Reporting Claims

A Basic Expressions

be [get] lost ~가 분실되다 ➡ 사람을 주체로 표현할 땐 miss를 쓴다.

be [get] damaged ~가 손상되다 ➡ 명사형 damage는 '손상, 피해'를 의미한다.

have a dent ~가 움푹 파이다 ➡ '움푹 들어간 곳'은 dent. '이 찻주전자는 한 군데가 찌그러졌다'는 This teapot has a dent.

inspect 조사하다 ➡ '손상 피해 조사'는 a damage inspection 또는 an inspection of the damage.

make [report] a claim 배상을 청구하다 ➡ claim은 보상금에 대한 '청구 신청'을 의미한다. '분실 사고에 대한 보상을 요구하고 싶습니다'는 I'd like to make a claim for a loss.

file a claim form 배상 청구서를 제출하다 ➡ file 대신 submit을 쓸 수 있다. '배상 청구서 제출하는 법 좀 알려 주실래요?'는 Can you tell me how to file[submit] a claim form?

get compensation for ~에 대한 보상금을 받다 ➡ 'A에게 B에 대해 보상하다, 배상하다'는 compensate A for B로 쓴다. compensate 대신 pay 또는 make up도 활용 가능하다.

B Key Sentences 배송 문제점 말하기

The package was lost in transit. 소포가 운송 도중 분실됐습니다.
I haven't received my package. 소포를 받지 못했습니다.
I received the damaged package. 손상된 소포를 받았습니다.

Could you describe the damage accurately?
손상에 대해 정확히 설명해 주시겠어요?

Okay. The products _____. 네, 물건들이 ~해요.
　　　　　are broken 부서지다
　　　　　have dents 움푹 파이다
　　　　　have some scratches 긁힌 자국들이 있다
　　　　　are smashed 산산 조각이 나다
　　　　　are wet 젖다

SECTION 4 배송 사고 신고하기

C Key Dialog TOP 7

1. A: 손상된 곳이 없는지 확인해 봅시다.
   Let's check if there is any damage.
   B: 아, 옷이 전부 젖었어요.
   Oh, all the clothes **are wet**.

2. A: 손상된 소포를 받았어요.
   I received the damaged package.
   B: 운송 회사에 손상을 알려야 해요.
   You need to inform the carrier of the damage.

3. A: 오늘 배달된 제품이 손상되었어요.
   The product delivered today **has been damaged**.
   B: 손상의 원인을 규명할 수 있게 포장된 전부를 보내주실 수 있나요?
   Can you send us all of the packing to determine the cause of damage?

4. A: 제 소포가 운송 도중 분실됐습니다.
   My package **was lost in transit**.
   B: 분실 소포에 대한 배상 청구서를 제출하세요.
   You need to **file a claim** on a lost package.

5. A: 손상에 대해 정확히 설명해 주시겠어요?
   Could you **describe the damage** accurately?
   B: 그러죠, 책장 윗부분이 움푹 파였어요.
   Sure, the bookcase **has a dent** on the top.

6. A: 운송 중 발생한 손상에 대한 보상을 받으셨어요?
   Did you **get compensation for** the damage incurred during shipping?
   B: 아니오, 변명만 잔뜩 늘어놓네요.
   No, they're making lots of excuses.

7. A: 손상된 소포는 어떻게 배상 청구를 하죠?
   How can I **make a claim** on a damaged package?
   B: 먼저 손상 검사를 해야 합니다.
   First of all, a damage inspection must be performed.

inform A of B A에게 B를 알리다   **accurately** 정확하게   **incur** 발생하다, 초래하다   **perform** ~을 행하다

소포의 손상을 막기 위해 포장 상자에 간단한 메모를 쓰거나 스티커를 붙여서 '취급 주의' 경고를 하는 것이 좋다.
- Handle with care 조심스럽게 다루세요
- Do not stack (위에) 적재하지 마세요
- Keep dry 건조한 상태를 유지하세요
- Keep upright 상하가 바뀌지 않도록 유지하세요
- Do not drop 떨어뜨리지 마세요
- Protect from heat 화기 엄금
- Fragile 깨지기 쉽습니다

D Office Talk "화물을 받았는데 문제가 있어요."

A Has the shipment of cameras arrived? 카메라가 든 화물이 도착했어요?
B Yes, but several cameras **got damaged**. 네, 그런데 카메라 몇 대는 손상됐습니다.
A Really? We need to **make a claim** immediately. Contact the shipping company and request an inspection of the damage, please.
정말이요? 당장 배상 청구를 해야겠군요. 운송 회사에 연락해서 손상 조사를 요청하세요.
B Can't we just submit the documents right away? 당장 서류를 제출할 수는 없나요?
A Unfortunately not. Depending on the results of the inspection, we can **file a claim form**.
불행히도 안돼요. 조사결과에 따라서 배상 청구서를 제출할 수 있어요.

E Further Study 배상 청구 과정 & 조사 과정

How does the claim / inspection process work on damaged package?
손상된 소포와 관련된 배상 / 조사 과정은 어떻게 이루어지나요?

- **Claim Process** 배상 청구 과정

    A sender will _____.
    발송인이 ~한다.

    1 inform the carrier of the damage
    운송회사에 손상을 알린다
    2 request an inspection of the damage
    손상 검사를 의뢰한다
    3 file a claim with the carrier
    운송회사에 배상 청구를 한다
    4 get compensation after the claim is settled
    합의한 후에 보상금을 받는다

- **Inspection Process** 조사 과정

    An inspector will _____.
    조사관이 ~한다.

    1 record the strength rating for the boxes 상자의 강도를 기록한다
    2 look at the packaging 포장 재료를 살펴본다
    3 ask a sender to pinpoint the locations of all defects
    발송인에게 모든 결함을 찾아내라고 한다
    4 take pictures of the packaging and the sender
    포장 재료와 발송인의 사진을 찍는다

Chapter 4

생각보다 쉬운 오피스 영어

사무용품과 사무실 관리
Office Supplies & Office Maintenance

Section 1   사무용품 주문하기 Ordering Office Supplies
Section 2   사무용품 명칭 알기 The Names of Office Supplies
Section 3   사무실 관리 Office Maintenance

SECTION 1
사무용품 주문하기 — Ordering Office Supplies

A. Basic Expressions

(make an) order 주문하다 ⇒ place an order 또는 put in an order도 같은 표현이다.

give [offer] a discount 할인해주다 ⇒ '30퍼센트 할인을 해주다'는 give 30% discount, '30퍼센트까지 할인해주다'는 give discounts up to 30%. 반대로 '할인을 받다'는 get a discount.

account number 고객번호 / **item number** 상품번호 / **purchase order number** 주문번호

bulk [quantity] purchase 대량 구매 ⇒ purchase는 명사와 동사의 형태가 같다. '~을 대량으로 구매하다'는 buy ~ in bulk [quantity].

be out of stock 재고가 바닥나다, 품절되다 ⇒ 반대로 '상품을 보유 중이다'는 be in stock.

How much does it cost? 얼마예요?, 얼마죠? ⇒ How much is it?, What's the price of this?와 같은 뜻이다.

shipping and handling charge 배송료 ⇒ shipping charge [fee]라고도 쓴다. 참고로 '(각종 요금을) 면제해주다'는 뜻인 동사 waive도 알아두자.

B. Key Sentences 사무용품 주문하기

★ **I'd like to order +**
물품 (개수+색/크기+품명).
~을/를 주문하고 싶습니다.

five yellow binders
노란색 바인더 5개

ten small-sized sticky notes
작은 사이즈 포스트잇 10개

two boxes of assorted thumbtacks
여러 색상이 섞여 있는 압정 두 상자

Do you have our membership card?
저희 회원카드 있으신가요?

You'll get discounts of up to 30%.
30퍼센트까지 할인 받을 수 있습니다.

It's out of stock. Can I make an order for you?
재고가 없습니다. 주문해 드릴까요?

C Key Dialog TOP 7

1. A: 사무용품을 주문하려고요.
   B: 고객번호가 어떻게 되십니까?
   I'd like to order some office supplies.
   What's your **account number**?

2. A: 상품번호들을 알려 주시겠습니까?
   B: 대신 상품명을 말해도 될까요?
   Can you tell me the **item numbers**?
   Can I give you the name of products instead?

3. A: 대량 구매에 대한 할인을 해주시나요?
   B: 20퍼센트까지 할인해 드립니다.
   Do you **offer discounts** on **bulk purchases**?
   We **offer discounts** up to 20%.

4. A: 중간 크기의 포스트잇 5개를 주문하고 싶어요.
   B: 재고가 없습니다. 주문해 드릴까요?
   I'd like to order five medium-sized sticky notes.
   It **is out of stock. Can I make an order for you?**

5. A: 저희 회원카드 있으신가요?
   B: 네, 할인 받을 수 있나요?
   Do you have our **membership card**?
   Yes. Can I **get a discount**?

6. A: 박스 하나 가격은 얼마죠?
   B: 구입하시는 수량에 따라 가격이 달라집니다.
   How much does a box **cost**?
   The price varies depending on the quantity purchased.

7. A: 배송료를 면제해주실 수 있나요?
   B: 100달러 이상 사시면 무료 배송의 자격이 되십니다.
   Can you waive the **shipping and handling charge**?
   If you spend more than 100 dollars, you will qualify for free shipping.

vary (상황에 따라) 달라지다, 서로 다르다   qualify 자격을 갖추다

미국은 판매세 (sales tax)가 주 (state)마다 다르다. 대도시 대부분이 판매세가 비싼 편이나, 그 중 Oregon주는 많은 쇼핑객들을 불러들여 경제에 활력을 불어넣고자 판매세를 전혀 부과하지 않는다. 또한 대부분의 주에서는 식료품에는 판매세를 부과하지 않고 있다. 고가의 물건을 현금으로 살 때, 만일 본인이 다른 주 주민이라면 거주하는 주의 판매세를 물건에 적용해 달라고 하면 반영해 주기도 한다. 단 물건을 운전면허증에 적힌 주소로 배송 받아야 한다.

SECTION · 1 　사무용품 주문하기

D　Office Talk "사무용품을 주문하려고요."

A　**I'd like to order** some office supplies. 사무용품을 주문하려고요.
B　What's your **account number**? 고객번호가 어떻게 되십니까?
A　It's KBD111. Two packing-box bundles and 20 binders.
　　KBD111입니다. 포장용 상자 두 묶음이랑 파일 바인더 20개요.
B　Can you tell me what your **item number** is one at a time? 상품번호를 하나씩 말씀해 주시겠어요?
A　Wait a minute. Uh… MMC12 and BMA41. 잠깐만요. 어… MMC12와 BMA41입니다.
B　We have every item in stock. They'll be delivered there in 3 business days. You are lucky to qualify for free shipping. So your total comes $50.00.
　　모든 물건이 재고가 있네요. 영업일로 3일 내에 배송될 겁니다. 다행히 무료 배송에 해당되시네요. 그래서 총액이 50달러입니다.
A　Thanks. Can I get my **purchase order number**? 감사합니다. 제 주문번호가 어떻게 되죠?

packing-box 포장용 상자 　bundle 묶음, 다발

E　Further Study 사무용품 빌리기

Hey, Brenda! Can I borrow a stapler?
브렌다! 스테이플러 좀 빌려줄래요?

★ 돌려줄 것을 전제로 빌리는 것은 borrow, 일정 기간 돈을 내고 대여하는 의미일 때에는 lend를 쓴다.

No problem. I have some of those.
괜찮아요. 나한테 있어요.

Here you are, but it's out of staples.
여기 있어요. 그런데 스테이플러의 침이 없네요.

Please put it back on my desk after using it.
사용 후 제 책상 위에 놓아주세요.

★ '~을 돌려주다'라는 의미인 put back 대신 return 또는 turn in도 쓸 수 있다.

SECTION 2
사무용품 명칭 알기 — The Names of Office Supplies

A Basic Expressions

● 사무용품 (Office Supplies)

- monitor 모니터
- keyboard 키보드
- hole punch 구멍 뚫는 기구
- calculator 계산기
- tape dispenser 테이프 자르는 기구
- binders 바인더
- business card file 명함 파일
- organizer 일정 다이어리
- paper shredder 종이 파쇄기

● 캐비닛 안 (Inside a Cabinet)

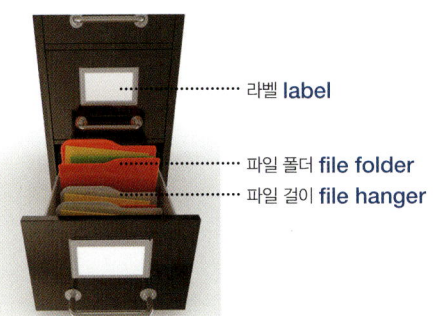

- 라벨 label
- 파일 폴더 file folder
- 파일 걸이 file hanger

● 문구류 (Stationery)

스테이플러 **stapler**	(스테이플러의) 침 **staples**	제침기 **staple remover**

압정 **thumbtack**	포스트잇 **sticky notes**	봉투 **envelope**

종이 집게 **paper clips**	연필 깎이 **pencil sharpener**

- **establish a file folder** 파일 폴더를 만들다
- **depose of paper** 문서를 폐기하다
- **seal an envelope** 봉투를 봉하다
- **remove a staple** 스테이플러 침을 빼내다 (= extract staples)
- **sharpen a pencil** 연필을 깎다
- **put a sticky note on the desk** 포스트잇을 책상에 붙이다

SECTION 2 ■ 사무용품 명칭 알기

B Key Sentences 사무용품 사용하기

1 그분의 전화번호를 포스트잇에 적어놨어요.
   I wrote down his phone number on a **sticky note**.

2 남는 파일 걸이 있어요?
   Do you have an extra **file hanger**?

3 새 고객들 파일을 좀 만들어야겠어요.
   We need to **establish some file folders** for our new clients.

4 계산기 좀 빌려 주시겠어요?
   Do you have a **calculator** I can borrow?

5 제침기가 어디에 있나요?
   Where can I find a **staple remover**?

6 모든 지원서를 다 넣었어요. 이제 봉투를 봉해도 됩니다.
   I put all the applications in it. Now the **envelope** is ready to be sealed.

7 문구류를 주문하려고 하는데, 뭐 필요한 거 있어요?
   I'm putting in an order for **stationery**. Is there anything you need?

8 종이들을 같이 묶어놓는 종이 집게가 필요해요.
   I need a **paper clip** to hold several sheets of paper together.

9 이것을 제 게시판에 붙이게 압정 몇 개 빌려줄래요?
   Can I borrow some **thumbtacks** so that I can stick this on my bulletin board?

10 종이 파쇄기를 써서 이 문서 좀 폐기해 주세요.
   Please dispose of this document by using the **paper shredder**.

종이 파쇄기는 왜 필요할까? 은행 이용자들이 잘못 기재하였거나 현금인출기에서 인출 후 발급된 거래명세서를 은행 내 쓰레기통에 버리고 가면 그 종이를 몰래 빼내어 개인정보를 불법으로 습득한 후 범죄에 사용한 사건들이 실제로 발생하였다. 이에 일부 은행에서는 전표가 발급되는 곳 옆에 종이 파쇄기를 설치하여 거래명세서를 완전히 분쇄하여 개인정보를 보호하는 데 도움이 되도록 하였다. 최근에는 현금인출기에서 나오는 거래명세표와 통장은 물론 신용카드까지 잘게 분쇄할 수 있는 기능을 가진 파쇄기도 있다.

SECTION 3
사무실 관리 Office Maintenance

A Basic Expressions

be out of order 고장 나다 ⇒ 이상이 생겨 제 기능을 하지 않는 것을 말한다.

mop the floor 대걸레로 바닥을 닦다 ⇒ '빗자루로 쓸다'는 sweep with a broom.

vacuum up dirt 청소기로 먼지를 빨아들이다 ⇒ '카펫이 깔린 바닥을 진공청소기로 청소하다'는 vacuum a carpeted floor.

empty trashcans 쓰레기통들을 비우다 ⇒ '쓰레기 봉투'는 trash bag.

leak 누출; 새다 ⇒ '누수를 고치다'는 fix a water leak.

switch / replace 교체하다 ⇒ '전등을 교체하다'는 switch a light.

repairman 수리공 ⇒ 참고로 건물 관리원은 maintenance staff [guy], 수도나 가스의 배관을 고치는 배관공은 plumber.

remove a stain 얼룩을 제거하다 ⇒ '제거하다'라는 뜻으로 remove 대신 get rid of를 쓸 수 있다.

run 가동하다 ⇒ '에어컨을 가동하다'는 run [turn on] the air conditioner.

a funny smell 이상한 냄새 ⇒ '꽤 이상한 냄새가 난다'는 smell을 동사로 써서 (It) Smells so funny.

B Key Sentences 관리사무소에 요청하기

> Maintenance office. How can I help you?
> 관리사무소입니다. 어떻게 도와 드릴까요?

A window is **broken**.	There's **a stain** on the carpet.	The heater is **out of order**.
창문이 깨졌어요.	카펫 위에 얼룩이 있어요.	히터가 작동하지 않아요.

⬇

Please **replace** the window.	Please **remove** the stain.	Please **check** the heater.
창문을 바꿔주세요.	얼룩을 제거해 주세요.	히터를 점검해 주세요.

 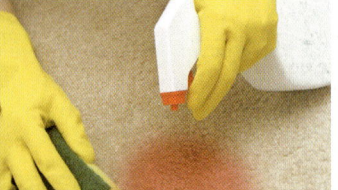 

SECTION 3 사무실 관리

C Key Dialog  TOP 7

1. A: 사무실 전등이 너무 침침해요. 교체해야 겠어요.
   B: 관리사무소에 연락합시다.

   The lights in the office are too dim. We need to **switch** them.
   Let's contact the **maintenance office**.

2. A: 사무실 환기가 잘 안 되네요.
   B: 팬을 가동해서 사무실 안 공기를 순환시켜야 겠어요.

   This office is poorly ventilated.
   You need to **run** the fan to circulate the air in the office.

3. A: 점점 추워지네요. 히터를 켜는 게 어때요?
   B: 히터가 고장 났어요.

   It's getting colder. Why don't we turn the heater on?
   The heater **is out of order**.

4. A: 관리사무소입니다. 어떻게 도와 드릴까요?
   B: 깨진 창문들을 모두 교체해 주시겠어요?

   Maintenance office. How can I help you?
   Can you **replace** all of the broken windows?

5. A: 누군가가 바닥에 커피를 흘렸어요.
   B: 그래요? 대걸레로 닦아낼게요.

   Someone spilled some coffee on the floor.
   Really? I'm going to **mop the floor**.

6. A: 여기 주변 냄새가 너무 이상해요.
   B: 아, 쓰레기통들 비우는 걸 깜박했네요.

   It smells so funny around here.
   Oh, I forgot to **empty the trashcans**.

7. A: 수도꼭지가 계속 새요. 어떻게 고치죠?
   B: 배관공에게 전화해보는 게 좋겠어요.

   The faucet keeps **leaking**. How can I fix it?
   You'd better call a **plumber**.

dim 침침한   ventilate 환기시키다   circulate 순환하다   faucet 수도꼭지

가전제품부터 화장실 문까지 '고장 났다'고 할 때는 기본적으로 out of order라는 표현을 쓰는 것이 일반적이다. 그밖에 익혀두면 두루 활용할 수 있는 다양한 표현들도 알아보자.
'작동이 멈추다'라고 직설적으로 표현할 때는 stop → stop operating [functioning].
'기능을 상실하다, 죽다'라는 의미로 die → The car **died** on the road. (차가 길에서 고장 났다.)
'결함이 있어 망가진다'는 의미로 **break down** → The bus **broke down** on the highway. (버스가 고속도로에서 고장 났다.)
'제 기능을 다하지 못한다'는 의미로 fail → The engine **failed**. (엔진이 고장 났다.)

D Office Talk "전등을 교체해 주세요."

A The lights in the office are too dim.
사무실 전등이 너무 침침하네요.

B I think so too. Let me contact to the **maintenance office**.
그러게요. 관리사무소에 연락할게요.

C Maintenance office, **how can I help you?**
관리사무소입니다. 어떻게 도와드릴까요?

B This is Brian Kim of the Personnel Department. Can you come to our office and **switch the lights?** 인사부의 브라이언 김입니다. 저희 사무실에 오셔서 전등 좀 교체해 주시겠어요?

C No problem, I'll be there in half an hour. 그럼요. 30분 안에 가겠습니다.

E Further Study 사무실 환경을 위해 업무 분담하기

We'll have some important clients here this afternoon. Why don't we work together to clean the office?
오늘 오후 여기에 중요한 손님이 오실 거예요. 함께 사무실 청소를 하는 게 어떨까요?

All you guys, **neaten** your spaces at first.
여러분 모두 본인이 사용하는 공간을 먼저 깔끔히 정리해 주세요.

Brenda, **vacuum** the carpeted floor, please.
브렌다, 카펫 바닥을 진공청소기로 청소해 주세요.

Kelly, **sweep** and **mop** the stairs, please.
켈리, 계단을 쓸고 닦아주세요.

John and Tom, **dust** the cabinet and **clean out** the desk in the conference room.
존과 톰, 회의실에 있는 캐비닛 먼지를 털고 책상 정리를 해주세요.

Lisa, **refill** the toilet paper roll and liquid hand soap in the restroom, please.
리사, 화장실에 휴지와 손 씻는 물비누를 채워주세요.

Chapter 5

업무 진행하기

Tips for Working on a Project

생각보다 쉬운 오피스 영어

Section 1   업무 지시하기 | Assigning the Work
Section 2   업무 진행상황 확인하기 | Confirming Work Processes
Section 3   업무 평가하기 | Evaluating Job Performances
Section 4   업무 진행의 문제점 | Obstacles to Project Implementation
Section 5   결재 받기 | Getting Approval

SECTION 1
업무 지시하기 Assigning the Work

A Basic Expressions

handle (업무를) 처리하다 ⇒ manage, take care of, deal with를 대신 사용할 수 있다. '이 업무를 처리할 수 있어요?'는 Can you handle this job [work]?

take responsibility for ~에 대한 책임을 지다 ⇒ responsibility는 주어진 일에 대해 의무나 책임을 뜻한다. be in charge of로 표현하기도 한다.

do one's best 최선을 다하다 ⇒ put all one's effort into something 또는 give one's best shot을 쓸 수 있다.

take over 인계하다, 떠맡다 ⇒ take on도 같은 뜻이다. '누가 존슨의 업무를 인계 받을 건가요?'는 Who's going to take over Johnson's job?

Absolutely! 그럼요!, 물론이죠! ⇒ 강한 호응 및 동의를 나타내는 부사 표현이다. Of course 또는 Sure 등으로도 대답할 수 있다.

be [make] sure to do 반드시 ~하세요 ⇒ 잊지 말고 하기를 당부할 때 쓰는 표현이다. '이번 금요일까지는 반드시 마쳐주세요'는 Be sure to complete this by this Friday.

capture 포착하다 ⇒ '~의 생각을 충분히 파악하다'는 capture one's thought adequately.

overload (과중하게) 부과하다 ⇒ '업무량이 과중하다'는 overloaded with assignments.

B Key Sentences 업무 맡기기

I'd like you to work on the business expansion plan.
당신이 사업 확장 계획 업무를 진행해 줬으면 좋겠어요.

You're _____ this job.
당신이 이 일에 / 일을 ~입니다.

the only one (who) can handle
해낼 수 있는 유일한 사람

in charge of / taking charge of
담당해서 맡는

taking responsibility for
책임을 지는

the right person for
적임자

I'll give it my best shot! / I'll do my best!
최선을 다하겠습니다!

I hope I have captured your thoughts adequately.
제가 당신의 생각을 충분히 파악했길 바라요.

I'll put all my effort into it.
모든 노력을 쏟겠습니다.

I'll show I can do it. 제 능력을 보여 드릴게요.

You won't regret it. 후회하지 않으실 겁니다.

C Key Dialog TOP 7

1. A: 회의 계획서를 검토해 주시겠어요?
   Can you review plans for meeting?
   B: 물론이죠. 그게 제가 여기 있는 이유잖아요.
   Absolutely. That's why I'm here.

2. A: 당신이 AES사에 이 계약서를 발송해 주면 좋겠어요.
   I'd like you to send out this contract to the AES Company.
   B: 알겠습니다. 오늘 중에 하겠습니다.
   I see. It'll be done by today.

3. A: 당신이 이 일을 해낼 수 있는 유일한 사람이라고 생각해요.
   I think you're **the only person who can handle** this job.
   B: 최선을 다하겠습니다!
   I'll give it my best shot!

4. A: 이 인터넷 프로젝트를 맡아줄 수 있어요?
   Can you **take over** this Internet project?
   B: 모든 노력을 쏟겠습니다.
   I'll put all effort into it.

5. A: 이번 금요일까지 현재 맡고 있는 업무를 반드시 마쳐주세요.
   Be sure to complete your current assignment by this Friday.
   B: 최선을 다하겠습니다.
   I'll do my best.

6. A: 누가 존의 업무를 인계 받았죠?
   Who **took over** John's job?
   B: 톰이 책임을 맡은 것 같아요.
   I think Tom **took responsibility for** it.

7. A: 이 업무의 적임자는 당신이라고 생각합니다.
   I think you're the **right person for** this job.
   B: 후회하지 않으실 겁니다.
   I bet **you won't regret** it.

complete 완료하다 current 현재의, 지금의 regret 후회하다

한국 회사에서는 서로를 부를 때 이름보다는 직함을 많이 쓴다. 하지만 미국 회사에서는 공식 행사 석상에서 소개할 때나 처음 만났을 때는 직함을 부르고 직함 소개도 하지만 일상적인 직장 생활 속에서는 이름을 부른다. 문화적으로 평등주의와 개인주의 성향이 강해서도 그렇지만, 기업 구조가 상사의 지시를 무조건 따르는 종적인 구조 (line-structure)가 아닌 각각의 직원이 한 분야의 전문가로서 각자의 업무를 개인의 재량으로 처리하고 결정하는 횡적인(matrix) 개념이 보편적이기 때문이기도 하다.

SECTION • 1 　 업무 지시하기

D Office Talk "프로젝트를 주도해 주세요."

A   Listen up, everyone. I have couple of things to remind you all. Linda, our clients will arrive at the airport tomorrow morning around 10:00. Can you pick them up?
모두 잘 들어주세요. 여러분이 기억해야 할 몇 가지 사항이 있어요. 린다, 내일 아침에 고객들이 공항에 10시쯤 도착 예정이에요. 당신이 그들을 픽업해 주실 수 있죠?

B   No problem. I'll go directly to the airport. 문제 없습니다. 공항으로 바로 갈게요.

A   We plan to have a joint project with the AGW Company. James, I want you to take the lead in the running of this project.
AGW사와 공동 프로젝트를 할 계획입니다. 제임스, 당신이 이 프로젝트 진행을 주도해 주셨으면 좋겠어요.

C   Thank you for giving me this opportunity. 기회를 주셔서 감사합니다.

A   In conclusion, Mike, did you finish reviewing the plans for the meeting?
끝으로, 마이크, 회의 계획서 검토 끝내셨나요?

D   Of course. I already put them on your desk. 당연하죠. 책상 위에 올려 놓았습니다.

directly 바로 …에, 곧장   joint 공동의, 합동의   lead 이끌다, 주도하다

E Further Study 동료간 업무 협조

I'm sorry to bother [trouble] you. The deadline is approaching.
방해해서 미안한데요. 마감기한이 다가오고 있어서요.

• Can you give me a hand? / Can I ask you a favor?
저 좀 도와줄 수 있어요?

• Do you have any spare time to help me?
저를 도와줄 시간 있어요?

• Can you give me some ideas how to solve this problem?
이 문제를 해결할 수 있는 아이디어 좀 주실래요?

Sure. Tell me what you need.
그럼요. 필요한 것을 말해 주세요.

Just a minute. Let me finish this one first.
잠깐만요. 이거 먼저 끝내고요.

I'm sorry. I'm overloaded with assignments.
미안해요. 제 업무량도 너무 과중해서요.

You'd better ask the boss to tell you the priorities of your assignment.
상사에게 우선 순위로 처리해야 되는 업무가 무엇인지 말해 달라고 하는 편이 낫겠어요.

SECTION 2
업무 진행상황 확인하기 Confirming Work Processes

A Basic Expressions

complete ~ on time 제시간에 ~을 끝마치다 ⇨ wrap ~ up on time도 같은 뜻이다. '시간에 맞게, 정시에'는 on time.

meet [make] the deadline 마감기한을 맞추다 ⇨ '마감일'은 due date 또는 closing date. '보고서를 마감기한까지 끝내다'는 finish the report by the deadline.

be on the right track 본궤도에 올라있다 ⇨ 업무 진행에 대해 이 표현을 쓰면, 문제없이 수월하게 진행 중임을 나타낸다. '제대로 진행 중이군요'는 You're on the right track.

make an effort 노력하다, 애쓰다 ⇨ '제시간에 일을 완료하도록 노력하겠다'는 to부정사를 써서 I'll make an effort to complete the work on time.

How far ~? 얼마 만큼 ~?, 어느 정도 ~? ⇨ 거리나 정도를 물을 때 뿐만 아니라 일의 진행 정도를 물을 때 쓸 수도 있다. '어느 정도 진행 중이죠?'는 How far is it going?

be done by ~ ~까지 마치다, 끝내다 ⇨ 일(업무)을 주어로 하여 It'll be done [finished] by ~로 표현할 수도 있다.

B Key Sentences 업무 진행상황 파악하기

How is the project going?
프로젝트 진행은 어때요?

How far have you gotten?
얼마나 진행됐어요?

How's it proceeding?
프로젝트가 어떻게 되어가고 있나요?

It's being processed. 진행 중입니다.
I've done about half of it. 반 정도 끝냈습니다.
It is almost done. / I'm almost finished.
거의 끝나갑니다.

It's going well so far.
Everything looks [seems] okay.
I'm on the right track.
문제없이 진행되고 있습니다.

When do you expect it to be done?
프로젝트가 언제 끝날 거라고 예상해요?

Can you finish the project by the due date?
마감일까지 프로젝트를 마칠 수 있나요?

Can you meet [make] the deadline?
마감기한을 맞출 수 있나요?

It will be done by Wednesday.
수요일까지 끝낼 겁니다.

I will try to get it done by Tuesday.
화요일까지 마치도록 애쓰겠습니다.

I'll make an effort to complete the work on time.
제시간에 완료하도록 최선을 다하겠습니다.

SECTION 2 ▒ 업무 진행상황 확인하기

C Key Dialog TOP 7

1. A: 예산 계획안은 어떻게 진행되고 있나요?
   B: 문제없이 잘 진행되고 있어요.
   How is the budget plan **going**?
   Everything seems okay.

2. A: 시장 조사는 시작했어요?
   B: 네, 진행 중입니다.
   Did you start the market research?
   Yes, **it's being processed.**

3. A: 언제 서류 작업이 끝날 거라 예상해요?
   B: 다음 주까지는 끝날 겁니다.
   When do you expect to finish the paperwork?
   It'll **be done by** next week.

4. A: 어느 정도 진행됐나요?
   B: 반 정도 끝냈습니다.
   How far have you gotten?
   We've done about half of it.

5. A: 제안서 제출 마감기한까지는 몇 일이나 남았습니까?
   B: 하루 더 남았어요. 그때까지는 끝낼 거에요.
   How many days are left until the deadline for the submission of the proposal?
   One more day. It'll **be done by** then.

6. A: 계약서 초안을 작성했나요?
   B: 아직이요. 제시간에 마치려고 노력 중입니다.
   Have you drafted a contract?
   Not yet. I'm trying to **complete** everything **on time**.

7. A: 제시간에 완료할 수 있게 최선을 다하세요.
   B: 반드시 마감기한을 맞추겠습니다.
   Make an effort to complete the work on time.
   I'll **make the deadline** for sure.

submission 제출   proposal 제안서   draft 초안을 작성하다; 초안

직장인들은 업무 마감기한을 지키기 위해 야근까지 하며 아주 열심히 일하지만 형편없는 대우와 낮은 급여로 인해 불평할 때도 있다. '형편없는 급여를 지불하다, 쥐꼬리만큼 돈을 주다'라고 할 때는 pay peanuts 또는 pay crunch라는 표현을 쓸 수 있다. 그밖에 업무를 완벽하게 수행하기 위해서 최선을 다하지만 일의 실적이 좋지 않았을 때 I had had enough, so I threw in the towel.(난 할 만큼 했으니 패배를 인정한다)라고 한다. 이는 권투 경기에서 패배를 인정하고 경기를 포기할 때 수건을 링에 던지는 것에서 시작된 말이다.

D Office Talk "지금 진행 중입니다."

A Did you finish analyzing the customer feedback on our new product?
신제품에 대한 고객 피드백 분석을 끝냈나요?

B **It's being processed.** I also need to track the sales of our new product.
지금 진행 중입니다. 신제품 판매 상황도 확인해 봐야 할 것 같아요.

A **When do you expect to** finish it? 언제 끝날 거라 예상해요?

B **It'll be done by** this Friday for sure. 반드시 이번 금요일까지 마칠 겁니다.

A Sounds good. Have you drafted a contract? 좋아요. 계약서 초안은 작성했나요?

B **I've done** the job as you asked. 지시하신 대로 완료했습니다.

A Thanks for spending time on Saturdays to meet the deadline without complaint.
토요일마다 마감기한을 맞추려고 불평 없이 시간 내줘서 고마워요.

E Further Study 업무 점검하기

Hey guys, we have a very important meeting tomorrow.
여러분, 내일 아주 중요한 회의가 있습니다.

Supervisor 상사	Staff Member 팀원
Make sure to formulate the agenda. 회의 안건을 확실히 해주세요.	I'm working on it now. 지금 작업 중입니다.
Did you contact the guest speaker? 초청 연사에게 연락했습니까?	Yes, I received an email confirmation from him. 네, 그에게서 이메일로 확답을 받았어요.
Don't forget to prepare some finger food! (손으로 집어먹을 수 있는) 간단한 음식 준비하는 거 잊지 마세요!	Okay. I think it will help people feel comfortable. 알겠습니다. 그게 사람들을 편안하게 하는 데 도움이 될 거라 생각해요.
Think about some warm-up activities. (회의 전에) 긴장을 풀 수 있는 활동들을 생각해 보세요.	John will be an ice-breaker. 존이 어색한 분위기를 푸는 역할을 할 거예요.

SECTION 3
업무 평가하기 Evaluating Job Performances

A Basic Expressions

appreciate 고마워하다, 감사하다 ⇒ thank보다 좀더 격식을 갖춘 감사를 표현한다. appreciate 뒤에는 사람이 아닌 사실이 목적어로 온다. '당신의 노고에 감사드립니다'는 We appreciate your hard work.

Good job. 잘했어요. ⇒ 일이나 성과를 칭찬하는 표현으로 'You did a good [magnificent / fantastic / exceptional] job'을 줄인 말이다.

be satisfied with ~에 만족하다 ⇒ '당신의 업무 처리가 아주 만족스러워요'는 I'm completely satisfied with your work.

mess up 망치다 ⇒ screw up도 같은 뜻이다. 어떠한 실수를 저질러 안 좋은 결과를 가져올 때 쓴다.

make an apology for ~에 대하여 사과하다 ⇒ I'm sorry 보다 격식을 갖춘 사과 표현이다.

pay for a mistake 실수에 대한 대가를 치르다 ⇒ '실수를 만회하다'는 make up for one's mistake.

B Key Sentences 긍정적인 업무 평가

You did a pretty good job! 훌륭히 잘해 줬어요!
I'm completely satisfied with your work.
당신의 업무 처리가 아주 만족스러워요.
You've done _____. ~을 해냈군요.
  magnificent work 훌륭한 업무 처리
  an exceptional job 우수한 일 처리
  a fantastic job 멋진 일

Thank you, I'm happy to hear it.
감사합니다. 그 말을 들으니 기쁘군요.

We appreciate you for your _____ to our division's success.
우리 부서 발전을 위한 당신의 ~에 감사 드립니다.
  hard work 노고
  commitment / devotion 헌신
  thoroughness 철저함
  outstanding performance 뛰어난 업무 실적
  significant contribution 큰 (중요한) 공헌
  enthusiasm and extra effort 열정과 노력
  expertise and diligence 전문성과 근면

C Key Dialog TOP 7

1. A: 자네가 훌륭한 일을 해냈군.
   You've done a **magnificent job**.
   B: 제 업무 처리가 마음에 드셨다니 기쁩니다.
   I'm glad you like my work.

2. A: 이번 달 판매 목표치를 초과했군. 잘했어!
   You surpassed this month's sales goals. **Good job!**
   B: 당신의 도움 없이는 불가능한 일이었어요.
   I couldn't have accomplished it without your help.

3. A: 당신의 업무 처리가 아주 만족스러워요.
   I'm completely satisfied with your work.
   B: 모든 지원에 감사 드립니다.
   Thanks for all your support.

4. A: 이것이 가장 좋은 광고 테마라고 생각합니다.
   I think this is the best advertising theme.
   B: 맞아요. 훌륭히 잘해 줬어요.
   That's right. **You did a good job.**

5. A: 당신의 헌신에 감사드립니다.
   We **appreciate** your **commitment**.
   B: 감사해요. 완벽히 하려 노력할 뿐이죠.
   Thanks. I just try to be perfect.

6. A: 큰 공헌을 해줘서 고마워요.
   Thank you for a **significant contribution**.
   B: 진심 어린 조언 항상 감사 드립니다.
   I always appreciate you for all of your heartfelt advice.

7. A: 고객 만족도를 극대화하려고 노력했어요.
   I've tried to maximize customer satisfaction.
   B: 멋진 일을 해냈군요. 더 인정받게 될 겁니다.
   You've done a fantastic job. You'll gain further recognition.

surpass 뛰어넘다, 능가하다   heartfelt 진심 어린   further 더   recognition 인정   accomplish 성취하다

'경의, 감사'등을 표현 할 때 appreciate 라는 단어를 쓰기도 하지만, 때로는 칭찬이나 긍정적인 면을 과도하게 부각시키는 미국 문화에서는 직원의 업무 성과를 칭찬할 때 '거수경례를 하다'란 뜻의 salute를 쓰기도 한다. 예를 들어 '당신의 전문적인 일 처리 방식에 경의를 표하고, 당신이 우리의 일원이라는 것을 매우 자랑스럽게 여긴다'는 'We salute you for your professional approach and are proud to have you as part of our staff.' 라고 한다.

SECTION·3 업무 평가하기

D Office Talk "능동적으로 행동하세요."

A It's better than the old ads but still not good enough. I want you to put the positive impact of modern technology on the advertising.
지난번 광고보다는 나아졌지만 아직 흡족하지 않아요. 당신이 광고에 현대 기술의 긍정적인 영향을 반영하기를 원해요.

B Can I go back to the drawing board? 처음부터 다시 시작해도 될까요?

A Please do so. Don't expect I'll tell you everything you need. Take the initiative and a professional approach to your work.
그렇게 해주세요. 제가 당신이 필요한 모든 걸 알려줄 거라는 기대는 하지 말아요. 결단력을 갖고 전문가적인 방식으로 업무에 접근하세요.

B Thanks for all of your heartfelt advice. I'll do my best to make it very successful.
진심 어린 충고 감사합니다. 이 일을 성공시키기 위해 최선을 다하겠습니다.

impact 영향, 충격   go back to the drawing board 처음부터 다시 시작하다   initiative 결단력

E Further Study 실수에 대한 책망

I'm sorry to mess up again. 또 다시 일을 망쳐서 죄송합니다.	**Saying sorry is not enough.** 죄송하다는 말로는 충분하지 않아요.
I make an apology for a big mistake. 큰 실수를 저지른 것에 대해 사과 드립니다.	**You should pay for a mistake.** 실수에 대한 대가를 치뤄야겠죠.
The deal is off! I don't know what to say. 거래가 깨졌어요! 뭐라 말씀드려야 할지 모르겠어요.	**Find a way to make it up.** 만회할 수 있는 방법을 찾아내세요.
I don't know where to start. I didn't mean to ruin your hard work. 어디서부터 시작해야 할지 모르겠군. 당신의 노고를 망칠 생각은 없었어요.	**Just let me know how you can avoid this kind of a huge mistake in the future.** 앞으로 이런 종류의 엄청난 실수를 어떻게 방지할지 내게 알려주기만 하면 돼요.

SECTION 4
업무 진행의 문제점 Obstacles to Project Implementation

A Basic Expressions

be [come] up against ~에 직면하다, 어려움에 처하다 ⇒ '프로젝트가 예상치 못한 문제에 직면했다'는 We came up against some unexpected problems with our project.

be short-handed 인력이 부족하다 ⇒ be short of hands, be understaffed도 '인력 부족'을 나타내는 표현이다.

feel the squeeze from ~ ~로 인해 압박을 느끼다 ⇒ feel pressure from을 쓸 수도 있다.

heavy workload 과중한 업무량 ⇒ '우리는 과중한 업무에 시달려요'는 be swamped with(~에 파묻히다, 헤어나지 못하다)를 써서 We're swamped with heavy workload.

temporary worker 임시 직원 ⇒ 약어인 temp를 쓰기도 한다. '임시 직원을 좀 더 고용하다'는 hire more temporary workers.

tide over some difficulties (곤경을) 헤쳐 나가다 ⇒ '어려움 [위기]를 헤쳐 나가다'는 tide over some difficulties [crisis].

conflict 불화 ⇒ 사람들 사이의 갈등, 대립을 표현하는 것이다. '불화를 해결하다'는 resolve [manage] the conflict.

B Key Sentences 업무 진행의 애로사항 말하기

We are having some difficulties working on the project.
프로젝트 진행에 몇 가지 어려움이 있어요.

Problem 문제점	Solution 해결책
We are up against a tight deadline. 마감기한이 너무 빡빡해서 궁지에 몰리고 있어요.	I'll extend the deadline. 마감기한을 연장해 줄게요.
We are short-handed. 인력이 부족해요.	I'll hire [take on] some temporary workers. 임시 직원을 채용하겠습니다.
We are feeling the squeeze from a short budget. 예산 부족으로 압박감을 느끼고 있어요.	I'll request a supplementary budget. 추가 예산을 요청하겠습니다.
We're swamped with a heavy workload. 과중한 업무에 시달리고 있어요.	I'll reassign the work. 업무를 다시 배정할게요.
The conflict on our team is causing us to give a poor performance. 팀 내의 불화가 좋지 못한 실적의 원인이에요.	It takes some thought to pinpoint the exact sources of the conflict. 불화의 정확한 원인을 집어내기 위해 곰곰이 생각해봐요.

SECTION 4 업무 진행의 문제점

C Key Dialog TOP 7

1. **A:** 과중한 업무를 감당하느라 힘든 시간을 보내고 있어요.
   We are having a hard time managing a **heavy workload**.
   B: 업무를 다시 배정하도록 할게요.
   I'll try to **reassign some work**.

2. **A:** 인력이 부족해요.
   We are short-handed.
   B: 임시 직원을 더 채용하겠어요.
   I'll hire more **temporary workers**.

3. **A:** 빡빡한 마감기한 때문에 어려움에 처했어요.
   We **are up against a tight deadline**.
   B: 그럼, 기한을 다시 정하도록 하죠.
   Then, let's set the time limit again.

4. **A:** 예산 부족으로 압박을 느끼고 있어요.
   We **are feeling the squeeze from** a short budget.
   B: 곧 추가 예산 지원을 받을 거예요.
   We'll receive some additional budget support soon.

5. **A:** 팀원들 간의 불화를 어떻게 해결하죠?
   How can I **manage conflicts** among the team members?
   B: 팀원들과의 1대 1의 대화가 필요해요.
   You need to have a one-on-one discussion with the team members.

6. **A:** 마감기한을 연장해 주실 수 있나요?
   Can you **extend the deadline**?
   B: 며칠이 더 필요하세요?
   How many more days do you need?

7. **A:** 우리 프로젝트가 예상치 못한 문제에 직면했어요.
   We have **come up against** some unexpected problems with our project.
   B: 자세히 좀 얘기해 봐요.
   Tell me the details.

set the time limit 기한을 정하다   one-on-one 1대 1의

상사는 직원들이 업무에 관련되어 생긴 문제점을 자유롭게 이야기할 수 있는 분위기를 조성해 주는 것도 중요하다. 즉, 어떻게 이런 것도 모를 수 있느냐는 식의 말은 삼가는 게 좋다. 상사는 A good portion of solving this problem is in just having the insight to ask the question. So you're halfway home/done!(문제를 풀기 위해서는 질문할 수 있는 식견을 갖는 것이 중요하다. 그러면 반은 해결된 거야!) 등과 같은 표현으로 직원들의 마음을 편안하게 해줄 필요도 있다.

D Office Talk "마감기한을 연장해 줄게요."

A John, how's the project going? 존, 프로젝트는 어떻게 되어 가고 있어요?

B I'm about to visit your office. Can you help us **tide over some difficulties**?
당신 사무실에 막 찾아가려고 했어요. 어려움을 헤쳐 나가도록 도와주시겠어요?

A Sure. I always encourage your team to maintain the excellent performance.
당연하죠. 저는 당신 팀이 좋은 업무 실적을 유지하도록 항상 격려하잖아요.

B We feel we are close to burnout from our **heavy workloads**. It will be difficult to meet the deadline if we remain in these dire work circumstances.
과중한 업무로 인해 체력이 거의 바닥난 것 같아요. 이런 심각한 환경이라면, 마감기한을 맞추기가 어려울 것 같습니다.

A I see. I'll **extend the deadline** and ask the manager in the HR Department to hire new employees.
알겠어요. 마감기한을 연장하고 인사부장에게 새 직원을 채용하라고 할게요.

be about to 막 ~하려고 하다   encourage 격려하다   maintain 유지하다   burnout 에너지가 고갈된 상태   dire 심각한   circumstance 환경   HR (Human Resources) Department 인사부

E Further Study 마감기한 연장 요청하기

Can you extend the deadline?
마감기한을 연장할 수 있을까요?

Sorry. You **must work extra hours to get it done on time.**
미안해요. 초과근무를 해서라도 제시간에 마쳐야 합니다.

Can I complete the entire report by next week?
전체 보고서를 다음 주까지 완성해도 될까요?

Well, submit a condensed version of the report.
음, 그러면 요약한 보고서를 내도록 해요.

Can you postpone the closing date?
마감일을 연기할 수 있나요?

Try to meet the deadline, please.
마감기한에 맞추도록 노력해 주세요.

SECTION 5
결재 받기 Getting Approval

A Basic Expressions

get [obtain] approval 결재 받다, 승인 받다 ⇒ '부장님께 결재를 받아야 해요'는 I need to get approval from the director, '보고서에 결재 도장을 받다'는 get a seal of approval on one's report.

sign off 서명하다 ⇒ 또 다른 표현으로 signature를 활용할 수 있다.

go over 검토하다 ⇒ check, review, 또는 look over도 쓸 수 있다.

turn in 제출하다 ⇒ hand in, submit 또한 활용할 수 있다.

give A some feedback on B A에게 B에 대한 피드백을 주다 ⇒ '고객 설문 조사에 관한 피드백을 주시겠어요?'는 Can you give me some feedback on the customer survey?

option 의견 ⇒ '내게 당신의 의견을 말해주다'는 give me your opinion.

B Key Sentences 다양한 결재 요청 표현

Can you approve this _____ after you check it?
~를 검토하신 후 결재해 주시겠어요?

May I get [obtain] your approval on this _____?
~에 대해 결재를 받을 수 있을까요?

Do you have time to go [look] over this _____ to approve it?
~를 검토하고 결재하실 시간 되시나요?

Please sign off on this _____ for approval.
~에 대한 결재를 위해 서명 부탁 드립니다.

- 여러 가지 문제

business plan 사업 계획서
budget proposal 예산안
marketing plan 마케팅 계획서
monthly sales report 월간 영업 보고서
market research report 시장 조사 보고서

daily work report 업무일지
expenditure report 지출 보고서
proposal 제안서
contract 계약서
estimate 견적서

C Key Dialog

1. A: 이 제안서를 결재 받고자 합니다.
   B: 검토하고 내일 돌려주겠어요.

   I need to **get your approval** on this proposal.
   I'll review it and get back to you tomorrow.

2. A: 이 견적서를 검토하실 시간 되시나요?
   B: 그럼요. 2시쯤 제 사무실에 들러주세요.

   Do you have time to **go over** this **estimate**?
   Sure. Stop by my office around 2:00.

3. A: 제 보고서를 보셨나요?
   B: 네, 당신 보고서는 재정부에서 유용하게 쓸 거예요.

   Did you have a chance to **look over** my report?
   Yes, your report will be very valuable to the Financial Department.

4. A: 시장 조사 보고서 완료했나요?
   B: 네. 결재를 위해 책상에 올려 놨습니다.

   Did you complete the **market research report**?
   Yes. I left it on your desk for your approval.

5. A: 제 마케팅 계획서에 대해 어떻게 생각해요?
   B: 당신의 공격적인 마케팅 전략이 매우 인상적이라고 생각했어요.

   What do you think of my **marketing plan**?
   I thought your aggressive marketing strategy was very impressive.

6. A: 이 보고서에 대한 피드백을 주시겠어요?
   B: 이 프로젝트의 요지를 잘 이해했군요. 잘했어요.

   Can you **give me some feedback on this report**?
   You definitely get the gist of this project. Good job.

7. A: 시장 조사 보고서에 대한 의견을 줄 수 있나요?
   B: 효율성과 집중력이 향상됐군요.

   Can you give me your opinion on the **market research report**?
   Your efficiency and attention have been improved.

aggressive 공격적인   impressive 인상적인   gist 요지   efficiency 효율성

업무 진행 시 부하직원에게 필요한 올바른 자세에 대해 정리해보자.
Have a creative attitude about your job. (업무를 창조적인 자세로 처리한다.)
Make every effort to be positive about your job and work place. (업무와 직장을 긍정적으로 생각한다.)
Strive for clear and effective communication with your boss. (상사와 명확하고 효과적으로 소통한다.)
Try to stay in the learning. (배움의 선상에 있도록 노력한다.)
Strongly resist the temptation to shift your responsibility to co-workers. (본인의 책임을 동료에게 미루려는 유혹을 강력히 거부한다.)

SECTION 5 결재 받기

D Office Talk "결재해 주시겠어요?"

A **Can I obtain your approval on** this marketing report?
이 마케팅 보고서를 결재 받을 수 있을까요?

B Sure. I'll **look** it **over** and give you my opinion soon.
그럼요. 검토하고 곧 제 의견을 드릴게요.

A By the way, did you finish taking a customer survey?
그건 그렇고, 고객 설문 조사는 끝냈나요?

B Not yet. I'm planning to get more feedback from customers.
아직이오. 고객들에게 피드백을 더 받을 예정이에요.

A Well, I'm going to use that material in my presentation.
음, 제 발표에서 그 자료를 이용할 거라서요.

B Then, I'll complete it by the end of the week.
그렇다면, 이번 주말까지 완료하도록 하겠습니다.

E Further Study 보고서 작성하기

일반적으로 보고서는 커버 (cover), 차례 (table of contents), 개요 (executive summary), 그리고 본문 등으로 이루어진다. 커버에는 보고서 제목 (title)을 필수로, 작성자 (reporter), 날짜 (date), 연락처 등을 기입한다.

▶ 개요(Executive Summary) 작성법
- 기능: 학술 논문에 쓰이는 초록(abstracts)과 같은 기능이다.
- 목적: 원문 전체를 읽을 시간이 없는 경우를 위해 쓰는 글로, 약식 보고서라고 생각하면 된다. 그러므로 간략하지만 정확성을 띄어야 한다.
- 길이: 원문의 길이의 10퍼센트 미만으로 작성한다. 예를 들어 원문이 20장이면 2장 미만으로 작성한다.
- 내용: 보고서를 쓰게 된 목적 (objective), 배경 (background), 전체 내용 요약 (summary), 내용 관련 자료로 타당성 입증 (justification), 그리고 결론 (conclusion)을 쓴다.

▶ 결재 보고서 예: 출장 경비 지출 보고서 (Travel Expense Report)

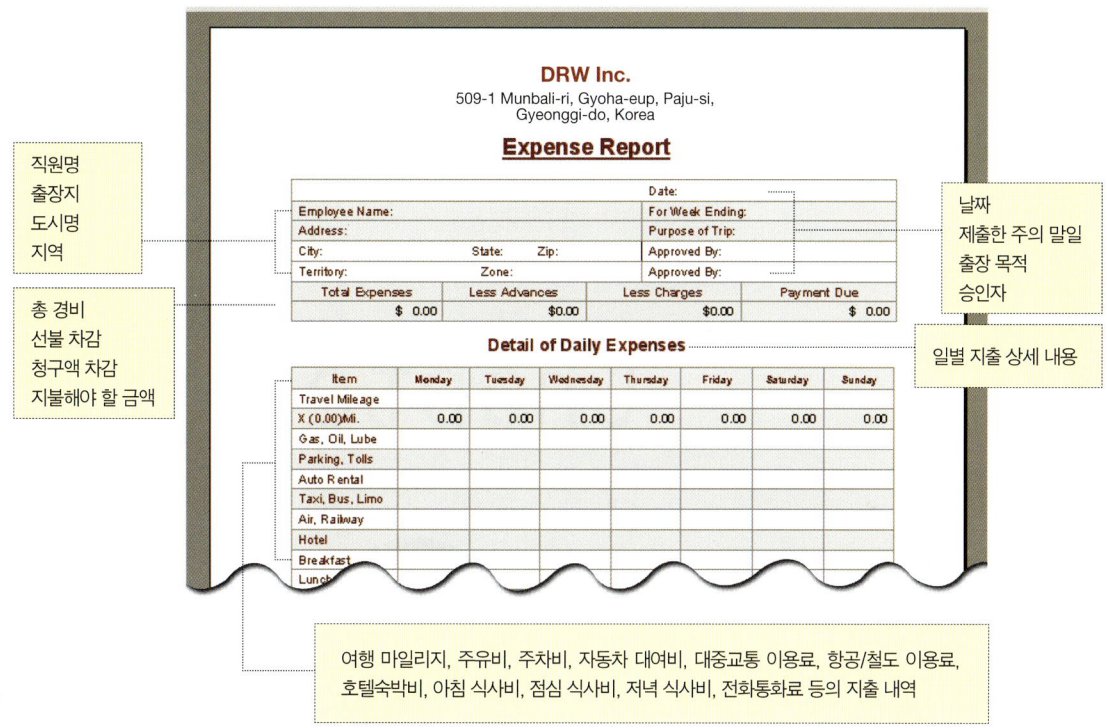

직원명
출장지
도시명
지역

총 경비
선불 차감
청구액 차감
지불해야 할 금액

날짜
제출한 주의 말일
출장 목적
승인자

일별 지출 상세 내용

여행 마일리지, 주유비, 주차비, 자동차 대여비, 대중교통 이용료, 항공/철도 이용료, 호텔숙박비, 아침 식사비, 점심 식사비, 저녁 식사비, 전화통화료 등의 지출 내역

How do I claim my travel expenses?
어떻게 출장 경비를 돌려받을 수 있나요?

Just submit a travel expense report to the Accounting Department.
출장 경비 지출 보고서를 회계부에 제출하기만 하면 돼요.

Chapter 6

생각보다 쉬운 오피스 영어

전화 걸고 받기

Tips for Making & Answering Phone Calls

Section 1   전화 걸고 받기 Making & Answering Phone Calls
Section 2   부재중일 때 When Someone Is Unavailable
Section 3   메시지 남기고 받기 Leaving & Taking Messages
Section 4   잘못 걸린 전화 Having the Wrong Number
Section 5   통화 중 문제 발생 Unexpected Problems
Section 6   자동 응답기 Answering Machines

SECTION 1
전화 걸고 받기
Making & Answering Phone Calls

A Basic Expressions

make a (phone) call 전화하다 ⇒ call 자체를 '전화하다'라는 동사로 쓸 수 있다. 구어에서는 call, ring, phone을 쓴다.

answer the phone 전화를 받다 ⇒ pick up the phone, receive [take] a call도 같은 뜻이다. '전화를 끊다'는 hang up the phone.

speak to [with] someone ~와 전화통화하다 ⇒ talk to someone, reach someone도 같은 뜻이다. '존슨 씨와 전화통화를 원합니다'는 I want to reach Mr. Johnson.

hold on the line 전화를 끊지 않고 기다리다 ⇒ stay on the line도 같은 뜻이다. '잠깐만요'는 hold on [one moment], please.

put a call through to A 전화를 A에게 연결해주다 ⇒ 간단히 I'll put you through (to A)라고 할 수도 있다.

B Key Sentences 통화 시작하기

• 수신자 요청하기

I'd like to speak [talk] to [with] 이름.
(이름)과 통화하고 싶습니다.

Could [May/Can] I speak to 이름?
(이름)과 통화할 수 있을까요?

• 본인 밝히기

It's 이름.
저는 (이름)입니다.

This is 이름 **of** 회사명.
(회사명)의 (이름)이라 합니다.

My name is 이름 **of** 회사명.
저는 (회사명)의 (이름)입니다.

• 발신자 및 용건 확인하기

Could [May/Can] I ask who is calling?
전화 하신 분은 누구십니까?

Could [May/Can] I have your name?
성함을 여쭤봐도 될까요?
★ 간단히 Who's calling, please?라고 물어볼 수 있다.

May I ask what this is about?
무슨 용건인지 여쭤봐도 될까요?

• 통화 연결하기

Who would you like to speak to?
어느 분과 통화하고 싶으세요?

I'll put a call through to 사람/직책.
= **I'll transfer a call to** 사람/직책.
= **I'll connect a call with** 사람/직책.
전화를 (사람/직책)에게 연결해 드리겠습니다.

One moment, please.
잠시만 기다려 주세요.

Hold on, please.
(끊지 말고) 기다려 주세요.

Can I put you on hold?
잠시 기다려 주시겠어요?

Please pick up the phone on line 3.
3번 전화를 받아주세요.

C Key Dialog TOP 7

1. A: 파커 씨와 통화할 수 있을까요?
   B: 전화하신 분은 누구시죠?

   Can I speak to Mr. Parker?
   May I ask **who's calling**?

2. A: 존슨 씨와 통화하고 싶습니다.
   B: 잠시만 기다려 주세요. 존슨 씨께 연결해 드리겠습니다.

   I'd like to talk to Mr. Johnson.
   One moment, please. I'll **put your call through to** Mr. Johnson.

3. A: ST사에 전화 주셔서 감사합니다. 무엇을 도와 드릴까요?
   B: 전화를 인사부로 연결해 주시겠어요?

   Thanks for calling the ST Company. How can I help you?
   Could you **transfer** this call **to** the Personnel Department?

4. A: 무슨 용건인지 여쭤봐도 될까요?
   B: 저는 CT사의 제이크 김입니다. 점심 약속을 미루려고 전화했어요.

   May I ask what this call is about?
   This is Jake Kim **of** the CT Company. I'm calling to get a rain-check on lunch.

5. A: 어느 분과 통화하고 싶으세요?
   B: 고객 서비스부의 직원과 통화할 수 있을까요?

   Who would you like to speak to?
   Can I speak with someone in the Customer Service Department?

6. A: 기다리게 해서 죄송합니다. 전화를 그분께 연결해 드리겠습니다.
   B: 정말 감사합니다.

   I'm sorry to have kept you waiting. I'll **connect a call with** him.
   Thank you very much.

7. A: 5번 전화를 받아주세요.
   B: 알겠어요. 그런데 누가 전화대기 중이죠?

   Pick up the phone on line 5, please.
   Okay, but who's on the phone?

get [take] a rain-check 미루다, 다음을 기약하다   be on the phone 통화 중이다

미국의 몇몇 주에는 서민들을 위해 가정용 전화 설치 비용과 기본 요금을 매달 정부가 보조해 주는 프로그램이 있는데, Low-Income Telephone Assistance 또는 Lifeline Telephone Program이라고 부른다. 이때 총 연소득으로 해당자를 결정하는데, California주를 기준으로 한다면 1~2인 가족당 소득이 $24,000 미만, 3인 가족은 $28,200 미만, 4인 가족은 $34,000 미만이 되어야 이 프로그램의 서비스 혜택을 받을 수 있다.

SECTION · 1 전화 걸고 받기

D Office Talk "약속 확인차 전화했습니다."

A Good morning. The ABC Associate. How can I help you?
좋은 아침입니다. ABC조합입니다. 어떻게 도와 드릴까요?

B Hello. **May I speak to** Mr. Park, please?
안녕하세요. 박 선생님과 통화할 수 있을까요?

A One moment, please. I'll **connect your call with** Mr. Park.
잠시만 기다려 주세요. 박 선생님께 전화를 연결해 드리겠습니다.

B Thank you for your help.
도와주셔서 감사합니다.

C Hello. **This is** Jason Park. **May I ask who's calling?**
여보세요. 제이슨 박입니다. 실례지만 전화하신 분은 누구시죠?

B Good morning, sir. **This is** John Kim **of** the DD Company. I'm calling to confirm your appointment with Mr. Brown tomorrow at ten.
선생님, 안녕하세요. DD사의 존 김입니다. 내일 10시에 브라운 씨와의 약속 확인차 전화했습니다.

E Further Study 전화를 직접 받았을 때

A: **Hello. KA Store.** 여보세요. KA 상점입니다.
B: **Is Susan Kim there?** 수잔 김 계세요?
A: **This is she.** / **This is Susan speaking.** 전데요. / 제가 수잔입니다.
B: **I'm calling because I want to know how to apply for a part-time job.**
시간제 근무에 지원하는 방법을 알고 싶어서 전화했어요.

★ 전화상에서 자신을 밝힐 때는 I am ~이 아니라 This is ~ 또는 It is ~로 시작한다.
★ 사무실로 걸려온 전화를 받을 때는 짤막하게 인사를 한 후 본인 이름, 회사, 부서명을 말한다. 때로는 이름과 회사, 부서명 중 하나만 말하기도 한다.

SECTION 2
부재중일 때 When Someone Is Unavailable

A Basic Expressions

be available 바쁘지 않고 (통화가) 자유롭다 ⇒ '그분은 지금 전화받을 수 없어요'는 He's not available right now.

I'm afraid (that)~ 유감이지만, 안타깝게도 ~ ⇒ 부정적인 내용의 말을 전할 때 I'm afraid that ~를 앞에 붙여서 어투를 부드럽게 한다. '~라고 말씀 드리게 되어 미안합니다'는 I'm sorry to tell you that ~.

convenient time 편한 시간 ⇒ '당신에게 전화하기 적당한 시간대'는 a convenient time to call you.

be out of the office 사무실을 비우다 ⇒ 간단히 '그녀가 자리에 없다'는 She is not in. '잠깐 자리를 비웠습니다'는 I'm away from my desk at the moment.

put someone on hold ~를 대기 상태에 놓다, ~를 기다리게 하다

give someone a buzz ~에게 전화를 하다 ⇒ '(내게) 전화해'라는 뜻으로 Give me a call., Give me a buzz. 또는 Give me a ring이 자주 쓰인다.

B Key Sentences 부재 사유 말하기

I'm afraid he is _____. 죄송하지만 그분은 ~ 이십니다.

- **in a meeting** 회의 중이다
- **on vacation** 휴가 중이다
- **be not in** 자리에 없다
- **leave one's work [office]** 퇴근하다
- **be [go] on a business trip** 출장 중이다
- **on another line** 통화 중이다
- **out of the office** 부재 중이다
- **be out to lunch** 점심식사하러 나가다
- **call in sick** 전화로 병결을 알리다
- **get [be] transferred to ~** ~로 전근 가다

SECTION · 2 부재중일 때

C Key Dialog  TOP 7

1. A: 브라운 씨가 통화 가능한가요?
   B: 그분은 런던 지사로 전근 가셨어요.

   Is Mr. Brown **available** now?
   He has **been transferred to** the London branch.

2. A: 캠벨 씨와 전화연결이 너무 힘드네요.
   B: 그분은 사무실에 안 계세요.

   I am having a hard time to reaching Mr. Campbell.
   He **is out of the office.**

3. A: 파커 씨와 통화할 수 있을까요?
   B: 죄송하지만 그분은 5시에 퇴근하셨어요.

   Could I speak to Mr. Parker?
   I'm afraid he **left his work at 5**.

4. A: 우드 씨와 통화할 수 있나요?
   B: 잠깐만요. 통화 가능한지 확인해 볼게요.

   May I talk to Mr. Wood?
   Just a moment. Let me check if he's **available**.

5. A: 그분은 지금 휴가 중이세요.
   B: 언제쯤 사무실에 나오시나요?

   She**'s on vacation** now.
   When do you expect her back?

6. A: 존슨 씨는 지금 사무실에 안 계세요.
   B: 그에게 다시 전화 하기 가장 편한 시간이 언제지요?

   Mr. Johnson **is not in the office** right now.
   When is the most **convenient time** to call him back?

7. A: 박 선생님께 전화가 와있어요. 받을 수 있어요?
   B: 잠깐 대기시켜 주실래요?

   Mr. Park is on the phone. Can you get it?
   Can you **put him on hold**?

branch 지사, 분점 **reach** 연락하다, 닿다 **(the) most** 가장, 최고의

 TIP BOX

미국에서 휴대폰 요금은 보통 월 정액제로 부과된다. 예를 들면 한 달에 $39.99를 내고 정해진 무료 통화 시간인 450분을 이용하고, 그것을 초과하면, 추가비용 (additional fee)이 1분 단위로 부과된다. 한국은 수신 전화에는 사용료가 부과되지 않지만, 미국에서는 수·발신 전화 모두에 요금이 부과된다는 차이점이 있다. 그리고 통화량이 많지 않은 시간 (off-peak time)인 평일 9 p.m.에서 6 a.m. 사이, 그리고 주말에는 24시간 내내 시간 제한 없이 (unlimited time) 무료로 통화할 수 있다.

D Office Talk "지금 출장 중이세요."

A May I speak to John Kim? 존 김과 통화할 수 있나요?

B He**'s on a business trip** from February 1 to February 14.
그분은 2월 1일부터 14일까지 출장 중이십니다.

A Can I talk to Mr. Smith then? 그럼 스미스 씨와 통화할 수 있나요?

B **I'm afraid** he's not **available** now. He's **in a meeting**.
죄송하지만 그분은 통화가 불가능합니다. 지금 회의 중이세요.

A How long will the meeting take to finish? 회의 끝나는 데 얼마나 걸릴까요?

B I think it'll be over in an hour. 한 시간 안에 끝날 것 같은데요.

A I'll call him back later. 나중에 다시 전화하겠습니다.

E Further Study 찾는 분이 자리에 있는 경우 & 편한 사이의 통화

Mr. White **is on the phone**.
화이트 씨께 전화가 와있어요.

There's a call for you, John.
존, 당신에게 온 전화예요.

I have Mr. White **on the line** for you.
화이트 씨가 통화 기다리고 계세요.

Can you **get** it now?
지금 받을 수 있어요?

I can't take a call now.
지금 전화 못 받아요.

Okay. I'll **take** it now.
네, 지금 받을게요.

Can you **put** him **on hold**?
잠깐 대기시켜 주시겠어요?

A: It's me, Steve. Is John there?
나 스티브야. 존 있어?

B: He just stepped out. I'll tell him to call you back.
방금 나갔어. 너한테 전화하라고 말할게.

A: No. I'll give him a buzz later.
아니야. 나중에 다시 전화하지 뭐.

B: Okay, dude.
알았어, 친구.

SECTION 3
메시지 남기고 받기 — Leaving & Taking Messages

A Basic Expressions

call back 나중에 다시 전화 걸다 ➡ '나중에 다시 전화해줄 수 있어요?'는 Can you call back later?

leave a message 메시지를 남기다 ➡ 반대로 '메시지를 받다'는 take a message.

leave one's contact number ~의 연락처를 남기다 ➡ '사무실 번호를 남겨주세요'는 Leave your work number, please. 참고로 내선번호는 'extension + (번호)'로 나타낸다.

give someone a message ~에게 메시지를 전하다 ➡ 비슷하게 page를 동사로 활용해서 '존에게 메시지를 전할게요'는 I'll page John with your message.

ask someone to (동사) ~에게 …하라고 요청하다 ➡ '제인에게 전화하라고 할게요'는 I'll ask Jane to call you back.

return a call 회신전화를 하다

B Key Sentences 메시지 남기고 받기

• **메시지 남기고 받기**

May I leave a message?
메시지를 남겨도 될까요?

May I take a message?
메시지를 받아둘까요?

Would you like to leave a message?
메시지를 남기시겠습니까?

• **전화 회신 요청하기**

Could you ask him to call me back?

Can you have her return my call?
그분께 저한테 다시 전화해달라고 전해 주시겠어요?

• **이름 묻기**

Can I have your name?
성함을 말씀해 주시겠어요?

Could you spell your name?
성함의 철자를 말씀해 주시겠어요?

• **전화번호 받기**

Can I have your contact number?
연락처를 남겨 주시겠어요?

Do you mind leaving your number?
전화번호를 남겨 주시겠어요?

• **연락처 남기기**

My contact number is (전화번호).
제 연락처는 (전화번호)입니다.

Someone can reach me at (전화번호).
(전화번호)로 연락하시면 돼요.

• **용건 묻기**

Can I ask what this call is about?

May I ask what this is regarding?

Could you tell me the reason for your call?
어떤 용건으로 전화하셨는지 여쭤봐도 될까요?

• **메시지 전달 약속하기**

I'll hand your message to him/her.

I'll make sure he/she gets the message.
그분께 메시지를 전해 드리겠습니다.

C Key Dialog TOP 7

1. A: 메시지를 남겨도 될까요?
   May I leave a message?
   B: 그럼요. 성함과 전화번호를 말씀해 주시겠어요?
   Sure, can you give me your name and number?

2. A: 제게 회신전화 달라고 전해 주시겠어요?
   Can you **ask her to return my call**?
   B: 물론이죠. 제가 메시지를 직접 전할게요.
   Of course, I'll personally give **her** your message.

3. A: 메시지를 남기시겠습니까?
   Would you like to leave a message?
   B: 사무실 번호가 212-1234이고, 내선번호는 307이에요.
   My office number is 212-1234. Extension 307.

4. A: 용건이 무엇인지 여쭤봐도 될까요?
   May I ask what this is regarding?
   B: 신제품 관련해서 전화했어요.
   I'm calling with regard to our new products.

5. A: 그분은 오후 5시까지는 여기 안 계실 거예요. He won't be here until 5 p.m.
   B: 그분께 저한테 다시 전화해달라고 전해 주시겠어요?
   Could you ask him to **call** me **back**?

6. A: KH사의 켈리 한입니다. 제 연락처는 655-5512입니다.
   This is Kelly Han of the KH Company. **My contact number is** 655-5512.
   B: 그분께 메시지를 전해 드리겠습니다.
   I'll hand your message to him.

7. A: 메시지를 받아둘까요?
   May I take a message?
   B: 부탁해요. 222-1234로 연락하시면 돼요.
   Yes, please. He **can reach me at** 222-1234.

personally 직접, 개인적으로   with regard to ~과 관련하여 [~에 대하여]

'제인에게 전화하라고 할게요'라는 표현의 뉘앙스가 동사 ask / have / get의 차이로 어떻게 달라지는지 살펴보자.
I'll ask Jane to call you back. → ask(요청하다)를 쓴 가장 일반적인 표현이다.
I'll have Jane call you back. → have(~를 시키다, ~하게 하다)를 쓰면, 제인에게 전화를 반드시 하라고 '지시'하겠다는 뉘앙스를 풍긴다.
I'll get Jane to call you back. → get은 ask와 have의 중간 정도에 해당하는 강도의 뉘앙스로, 말하는 이가 제인에게 지시를 내리겠다거나, 본인이 반드시 메시지를 전하겠다는 의지를 강하게 표현한다.

SECTION 3 메시지 남기고 받기

D Office Talk "메시지 남기시겠어요?"

A Mr. White is not in the office right now. **May I take a message**?
화이트 씨는 지금 사무실에 안 계십니다. 메시지 받아 둘까요?

B Yes, please. This is Monica Park. Can you **ask him** to **call** me **back**?
부탁해요. 저는 모니카 박인데요, 제게 다시 전화 좀 해달라고 전해 주시겠어요?

A Certainly. **May I have** your contact number?
그럼요. 연락처를 알려 주시겠어요?

B I'm sure he knows my number. And this call is regarding the new contract.
제 번호는 그분이 알고 계실 거예요. 그리고 전화를 한 건 새 계약에 관한 것 때문이에요.

A Okay. I'll personally give Mr. White your message when he gets in.
알겠습니다. 화이트 씨가 들어 오시면 직접 메시지를 전해 드리겠습니다.

B Thanks. Have a nice day.
감사합니다. 좋은 하루 보내세요.

contract 계약서, 계약   get in 도착하다

E Further Study 전화 메모 양식

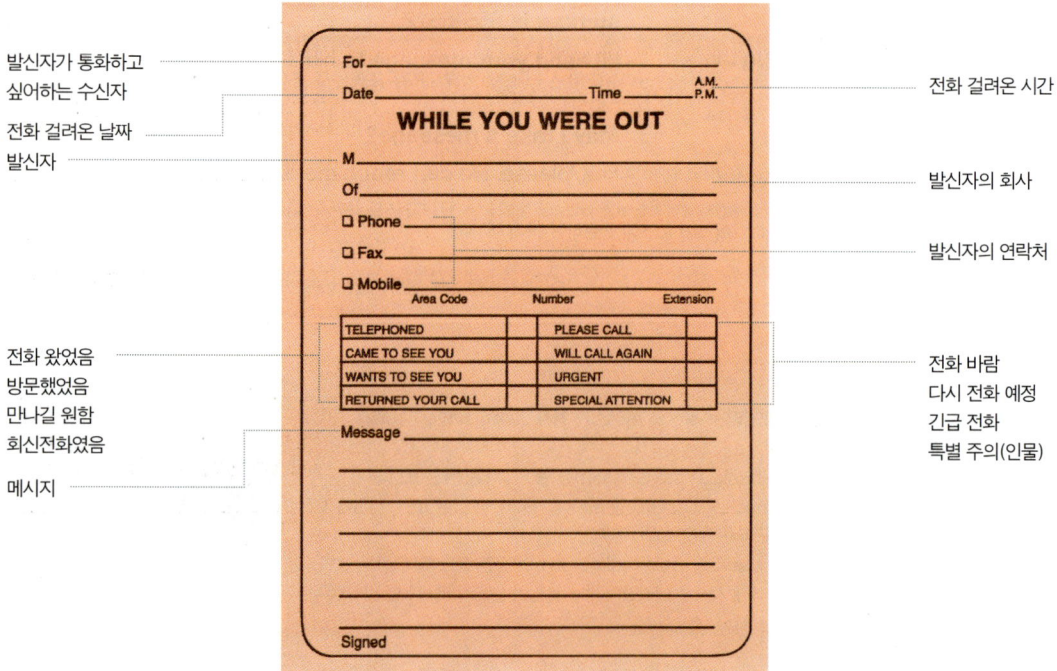

발신자가 통화하고 싶어하는 수신자
전화 걸려온 날짜
발신자

전화 왔었음
방문했었음
만나길 원함
회신전화였음

메시지

전화 걸려온 시간
발신자의 회사
발신자의 연락처

전화 바람
다시 전화 예정
긴급 전화
특별 주의(인물)

SECTION 4
잘못 걸린 전화 — Having the Wrong Number

A Basic Expressions

dial 전화를 걸다, 다이얼을 돌리다 ⇒ 다이얼을 돌려 전화를 거는 다이얼식 전화기에서 나온 표현이다.

wrong number 잘못 걸린 전화, 틀린 전화번호 ⇒ '전화 잘못 거신 것 같아요.'는 I think you have a wrong number.

have not heard of ~ ~를 들어본 적이 없다 ⇒ 경험을 말할 때는 'have + 과거완료형'을 써서 '~한 적이 있다'를 표현한다.
'그런 이름을 들어본 적이 없어요.'는 I haven't heard of that name.

bother 성가시게 하다 ⇒ '폐를 끼쳐 죄송합니다'는 I'm sorry to bother you.

unsolicited phone call 불필요한 전화 ⇒ unsolicited는 '요구 받지 않은, 불필요한'을 의미한다.

digit 0~9까지의 숫자 ⇒ a four-digit number는 '네 자리 수'를, the last digit of your telephone number는 '당신 전화번호의 마지막 자리 수'를 말한다.

B Key Sentences 잘못 걸린 전화에 대응하기

- 번호 확인하기

What number are you dialing?
몇 번으로 전화하셨어요?

Can you tell me the number you dialed?
전화 거신 번호를 말씀해 주실래요?

- 찾는 이가 없음을 알리기

There is no one named John here.
여기 존이란 이름 가진 분 없어요.

There's no one here by that name.
여기 그런 이름 가진 분 없어요.

I haven't heard of him/her.
그분에 대해 들어본 적이 없는데요.

- 잘못 걸었음을 알리기

You have [dialed] a wrong number.
= **You've got a wrong number.**
= **You have reached a wrong number.**
전화 잘못 거셨습니다.

SECTION ·4 ▓ 잘못 걸린 전화

C Key Dialog

1. A: 브라운 씨와 통화할 수 있나요?
   B: 여기 그런 이름 가진 분 없습니다.
   May I speak to Mr. Brown?
   There is **no one** here **by that name**.

2. A: 전화 잘못 거신 것 같은데요.
   B: 영업부에 전화한 것 같은데요. 맞죠?
   I think you **have a wrong number**.
   I'm pretty sure I called the Sales Department, right?

3. A: 몇 번으로 전화하셨나요?
   B: 231-8061이요.
   What number are you **dialing**?
   Two three one - eight oh six one.

4. A: 546-1607로 전화한 것 같은데요.
   B: 번호는 맞지만 여기 수잔이란 이름을 가진 분은 안 계세요.
   I think **I dialed** 546-1607.
   The number is **correct**, but there is **no one named** Susan here.

5. A: 저희 신제품을 소개할 기회를 주실수 있을까요?
   B: 우리 회사는 불필요한 전화는 받지 않습니다.
   Can you **give me a chance** to introduce our new product?
   Our company does not **accept unsolicited phone calls**.

6. A: 오류가 있는 제품을 교환하고 싶습니다.
   B: 전화 잘못 거셨어요.
   I'd like to replace a defective product.
   You have **reached a wrong number**.

7. A: 죄송하지만 전화 잘못 거신 것 같아요.
   B: 귀찮게 해서 죄송합니다.
   I'm afraid you **dialed wrong**.
   I'm sorry to have **bothered** you.

correct 맞는, 올바른   accept 받다   replace 교체하다   defective 오류가 있는, 잘못된

광고성 전화 (telemarketing calls)에 대한 대응책으로 미국에서는 the Federal Trade Commission (FTC)에서 운영하는 The National Do Not Call Registry 프로그램이 있다. 이는 받기 싫은 전화가 왔을 때 상대방에게 'Don't call me.' 대신 '나를 전화 걸지 말아야 될 리스트에 넣어달라'는 뜻으로 'Can you place me on your do not call list?'라고 말하는 것이다. 정부 기관에서 운영하는 프로그램으로, 사용료 없이 간단히 웹사이트에 방문해서 전화번호와 이메일을 입력하여 등록할 수 있다.

D Office Talk "여기 그런 분 안 계세요."

A May I speak to Mr. Brown? 브라운 씨와 통화할 수 있나요?
B **There's no one here by that name**. 여기 그런 이름 가진 분 안 계세요.
A Isn't this the Sales Department? 영업부 아닌가요?
B Unfortunately not. **What number are you dialing?** 아닙니다. 몇 번으로 전화하셨죠?
A Two three one - eight four six one. 231-8461이요.
B I think you have a **wrong number**. 전화 잘못 거신 것같아요.
A I'm sorry to have bothered you. 귀찮게 해서 죄송합니다.
B That's okay. Have a good day. 괜찮아요. 좋은 하루 보내세요.

E Further Study 전화번호 읽는 법

1. 전화번호는 한자리씩 끊어 읽는다.
   231-8061 → Two three one - eight oh six one
2. 지역번호를 먼저 읽는다.
   (408) 231-5061 → Four oh eight, two three one - five oh six one
3. '0'는 'zero' 혹은 'oh'로 읽는다.
   2031 → two oh three one
4. 백이나 천의 단위가 맨 끝에 올 경우에는 두 자리씩 끊어서 읽기도 하고, 그 이하를 함께 읽기도 한다.
   3600 → three-six hundred   9000 → nine thousand
5. 같은 숫자가 반복될 경우에는 double을 이용하여 읽는다.
   2455 → two four double five

A: Tell me the number you dialed, please.
지금 전화 거신 번호를 말씀해 주세요.

B: Two oh six - three eight forty.
206-3840이요.

A: I'm afraid you dialed wrong. The last digit here is seven.
전화 잘못 거신 것 같네요. 여기는 마지막 자리가 7이거든요.

B: Oh, I'm sorry to have bothered you.
아, 귀찮게 해서 죄송합니다.

SECTION 5
통화 중 문제 발생 Unexpected Problems

A Basic Expressions

speak louder 크게 말하다 ⇨ '크게 말씀해 주세요'는 Speak louder [up], please.

hardly 거의 ~하지 않다 ⇨ '소리가 잘 들리지 않는다'는 I can hardly hear you. 또는 I have a hard time hearing.

static 잡음 ⇨ '잡음이 들려요'는 There's some static.

be cut off 통화가 끊기다 ⇨ '전화가 저절로 끊겼다'는 I was cut off. 또는 I got disconnected.

run out of batteries 배터리가 떨어지다 ⇨ '배터리가 막 떨어지려고 한다'는 'be about to부정사'(지금 막 ~하려고 하다)를 활용하여 It's about to run out of batteries.

break up 통화음이 끊기다 ⇨ 통화음이 일관되게 들리지 않고 중간에 끊김이 생기는 것은 break up으로 표현한다.

be crossed 혼선되다 ⇨ '전화가 혼선되었어요'는 The lines are crossed [mixed].

B Key Sentences 통화 중 문제점 말하기

There's some static.
잡음이 들려요.

I'm running out of the batteries.
배터리가 다 떨어져 가요.

The lines are crossed.
전화가 혼선됐어요.

It keeps breaking up.
말소리가 계속 끊겨요.

I'll call you right back.
바로 다시 걸게요.

May I give you a call later?
나중에 다시 걸어도 될까요?

C Key Dialog TOP 7

1. A: 소리가 잘 안 들려요.
   B: 조금 크게 말할게요.

   I can **hardly** hear you.
   I'll **speak** a little **louder**.

2. A: 거기가 몹시 시끄럽군요.
   B: 바로 다시 걸게요.

   It's very noisy out there.
   I'll **call you right back**.

3. A: 전화가 혼선됐어요.
   B: 그럼 나중에 전화해 주세요.

   The lines are crossed.
   You can give me a call later then.

4. A: 잡음이 심한데요.
   B: 정말요? 다른 전화기로 전화할게요.

   There is a lot of static.
   Really? Let me use another phone.

5. A: 실례합니다만, 다른 전화가 걸려와요.
   B: 괜찮아요. 나중에 다시 걸어도 될까요?

   Excuse me. There's a call coming in.
   That's okay. **May I give you a call later**?

6. A: 배터리가 막 떨어지려고 해요.
   B: 뭐라고요? 목소리가 끊겨서 들려요.

   It's about to **run out of my batteries**.
   Excuse me? It**'s breaking up**.

7. A: 왜 자꾸 전화가 끊기는지 모르겠네요.
   B: 당신이 통화 불가능 지역에 있는 것 같네요.

   I'm not sure why it was **cut off**.
   I think you're in the no-service area.

come in 들어오다   no-service 서비스가 안 되는

우리가 일상에서 쉽고 편리하게 쓰고 있는 휴대전화(cellular phone 또는 mobile phone)는 1983년 Motorola에서 Dyna TAC8000x라는 모델로 처음 출시되었다. 물론 이전에도 휴대폰의 상품화를 위한 여러 시도는 있었으나 휴대가 쉬운 크기로 상품화된 것은 이것이 처음이었다. 가격도 만만치 않아서 전화기 값만 무려 $3,995라는 거액이었다. 2009년 Motorola는 총 이익금 30 billion dollars의 2/3를 휴대폰 판매로 거두어 들였다.

SECTION 5 통화 중 문제 발생

D Office Talk "소리가 잘 안 들려요."

A Excuse me. I can **hardly** hear you. Can you **speak** a little **louder**?
실례합니다. 소리가 잘 안 들려요. 조금만 크게 얘기해 줄래요?

B I see. Can you hear me now?
알았어요. 지금은 들리세요?

A Not really. It's very noisy out there.
아니요. 거기가 너무 시끄럽네요.

B Okay. I will move to another place and **call you back**.
알았어요. 제가 자리를 옮겨서 다시 전화할게요.

A That's a good idea. I'll wait for your call then.
그게 좋겠네요. 그럼 전화 기다릴게요.

E Further Study 통화 후 전화를 끊을 때

I'd better go. 이만 끊어야겠어요.
I have to go back to the office. 사무실로 돌아가야 해요.
I gotta go now. Talk to you later. 이제 가야 해요. 다음에 또 이야기해요.
I'll let you go now. 이제 보내드려야죠. (전화통화 그만해도 돼요.)
I have to hang up now. 이제 전화 끊어야겠어요.

Okay, talk to you later. 그래요. 다음에 이야기해요.
Okay, I'll call you next week. 그러죠. 다음 주에 전화할게요.
All right. We can talk again another time.
좋아요. 다음에 다시 이야기하도록 하죠.
Have a nice day. 좋은 하루 보내세요.
Goodbye. 안녕히 계세요.

SECTION 6
자동 응답기 Answering Machines

A Basic Expressions

take one's call 전화를 받다 ⇒ get a call, receive a call도 같은 뜻이다.

be away from A A로부터 떨어져 있다 ⇒ '전 지금 자리에 없습니다'는 I'm currently away from my desk.

answering machine 자동 응답기 ⇒ '자동 응답기에 메시지를 남기다'는 leave a message on the answering machine.

voice mail 음성 사서함 ⇒ 전자 시스템을 이용해 음성 메시지를 주고받는 기능이다.

return one's call ~의 전화에 회신하다 ⇒ call back to someone이란 표현으로 대체할 수 있다.

look forward to ~를 고대하다 ⇒ '당신과 꼭 통화하고 싶습니다'는 I'm looking forward to speaking with you.

quick response 신속한 응답 ⇒ prompt response도 같은 뜻이다.

later in the day 오후 늦게 ⇒ 하루 중 뒤늦은 시간, 즉 '늦은 오후'를 가리킨다.

B Key Sentences 자동 응답기 녹음하기

This is (이름) from (회사명).
저는 (회사명)의 (이름)입니다.

I'm currently unable to take your call.
현재 전화를 받을 수가 없습니다.

I'm unable to speak with you.
통화를 할 수 없습니다.

I'm currently away from my desk.
지금 자리에 없습니다.

I'm presently out of the office.
지금 현재 사무실에 없습니다.

If you leave _____, I'll return your call soon.
~를 남겨주시면, 곧 전화 드리겠습니다.

your name, number, and a brief message
이름, 연락처와 간단한 메시지

SECTION 6 자동 응답기

C Key Dialog

1. A: 제인 존슨의 음성 사서함입니다.
   B: 존 김입니다. 다가오는 행사 때문에 전화 드렸습니다.

   You have reached the **voice mail** of Jane Johnson.
   This is John Kim. I'm calling about the upcoming event.

2. A: 고객분께 오늘 전화하셨어요?
   B: 아뇨, 자동 응답기에 메시지만 남겼어요.

   Have you called your client today?
   No, I just left a message on his **answering machine**.

3. A: 메시지를 남겨 주시면, 즉시 회신전화 드리겠습니다.
   B: 빠른 답변 기대합니다.

   If you leave a message, I'll **return your call** immediately.
   I'm expecting a **quick response**.

4. A: 너무 늦게 전화 드린 건 아니길 바라요.
   B: 전혀 아니에요. 딱 알맞은 시간이에요.

   I hope it's not too late to **return your call**.
   Not at all. It's just perfect.

5. A: 삐 소리가 나면 용건을 남겨주세요.
   B: 아직 자리에 돌아오지 않았군요. 나중에 다시 걸겠습니다.

   Please leave a message after the beep.
   You**'re** still **away from** your desk. I'll call you back later.

6. A: 어제 음성 사서함 남겼는데, 들으셨어요?
   B: 음, 아직 확인 못했어요.

   I left you a **voice mail** yesterday. Have you received it?
   Well, I haven't checked it yet.

7. A: 점심 드세요. 제가 메시지 받을게요.
   B: 신경 쓰지 마요. 자동 응답기 켜놓을게요.

   Have your lunch. I'll take a message for you.
   Don't bother. I'll turn on my **answering machine**.

upcoming 다가오는   immediately 즉시   bother 신경 쓰다

전화로 고객을 응대할 때 가장 주의해야 될 사항은 'jargon' 또는 'terminology', 즉 '전문 용어'의 사용이다. 본인도 모르게 전문 용어를 섞어 말하다 보면 이를 이해하지 못하는 고객은 당황하게 되고 심기가 불편해지기도 한다. 특히 서비스 업종에서 일하는 고객 담당자들의 첫 번째 전화 매너는 'Talk at the customer's level', 즉 고객의 눈높이에서 대화하는 것임을 잊지 말자.

D Office Talk 자동 응답기 녹음

• 자동 응답기 인사말

Hello. You have reached the **voice mail** of Katherine Jones. I **am** either on the phone or **away from** my desk. If you leave me a detailed message, I will return your call the following business day. Thank you for calling and have a great day.

안녕하세요, 캐서린 존스의 음성 사서함입니다. 저는 지금 통화 중이거나 자리에 없습니다. 자세한 메시지를 남겨주시면, 다음 영업일에 연락 드리겠습니다. 전화 주셔서 감사합니다. 좋은 하루 보내세요.

• 회사전화의 안내말

Thank you for calling the XY Company. If you know the extension of the person you are trying to reach, you may dial it now. Press 1 for sales. Press 2 for customer service. Press 3 for the Billing Department, or press 0 for the operator.

XY사에 전화해 주셔서 감사합니다. 전화 통화하실 분의 내선번호를 아시면, 지금 번호를 누르세요. 영업 관련은 1번, 고객 서비스는 2번, 청구서 담당부서는 3번, 교환원과 이야기하시려면 0번을 누르세요.

• 메시지 남기기

This is Jane Oh with DD company at 324-8276. I'm calling to discuss a project with you. I will try to reach you again **later in the day**. I **look forward to** speaking with you soon.

저는 DD사의 제인 오이며, 전화번호는 324-8276입니다. 프로젝트에 대해 의논하려고 전화했습니다. 오늘 오후 늦게 다시 연락해 보겠습니다. 곧 통화하길 기대합니다.

either or (둘 중) 어느 하나   detailed 자세한, 상세한   operator 전화 교환원

• 음성 메시지를 남길 때의 에티켓

Make it short and sweet. 짧고 상냥하게 하라.
Talk more clearly. 명확하게 말하라.
Try not to mumble. 중얼거리지 말아라.

Chapter 7

약속 정하기

Tips for Making Appointments

Section 1   약속 정하기 | Making Appointments
Section 2   약속 변경하기 Changing Appointments
Section 3   약속 취소 및 확인 Canceling & Confirming Appointments

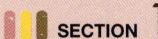

약속 정하기 Making Appointments

A Basic Expressions

make an appointment 약속을 하다 ⇨ appointment는 특정 시간을 정해서 공식적으로 누군가를 만나는 약속을 말하고, promise는 앞으로 어떠한 행동을 할 것이라는 약속을 말한다.

to-do list 할 일을 적은 목록 ⇨ '제 일정표 좀 확인해 볼게요.'는 Let me check my to-do list [day planner].

be available 시간이 있다, 여유가 있다 ⇨ '언제 시간이 되세요?'는 When are you available [free]?

tight schedule 빠듯한 일정 ⇨ busy schedule도 같은 뜻이다. '오늘 일정이 빡빡해요.'는 I have a tight schedule today.

drop by 잠깐 들르다 ⇨ 가벼운 용건으로 방문하여 짧게 머물다 가는 것을 말한다. stop by도 같은 뜻이다.

at one's convenience 편한 때에 ⇨ '편한 때에 사무실에 들르세요.'는 Drop by my office at your convenience. 참고로 for your convenience는 '당신의 편의를 위해'라는 뜻이다.

schedule a meeting 회의 일정을 잡다 ⇨ '회의 일정을 잡읍시다.'는 Let's schedule [set up / arrange] a meeting.

B Key Sentences 약속 시간 정하기

When is the best time to meet me?
언제 만나는 게 제일 좋으세요?

When are you available [free]?
언제 시간이 되세요?

When is the most convenient time for you?
언제가 가장 당신에게 편한 시간인가요?

Are you available [free] 시간?
(시간)에 가능하세요?

What time suits you best?
몇 시가 가장 좋은 시간인가요?

What time fits your schedule best?
몇 시가 일정 맞추기 가장 좋은 시간인가요?

I'm available [able] to see [meet] you _____.
~에 당신을 만날 수 있어요.

We can meet at a time that is most convenient for you.
당신이 가장 편한 시간에 만날 수 있어요.

- at [by] the beginning [end] of next month 다음달 초/말
- on Friday at 3 금요일 3시
- on the 1st (날짜) August (달) 8월 1일

C Key Dialog TOP 7

1. A: 8월 1일에 저를 만날 수 있으세요?
   B: 죄송해요. 하루 종일 회의가 있어요.

   Are you available to see me on August first?
   I'm sorry. I have a meeting all day long.

2. A: 몇 시가 일정 맞추기에 가장 좋은가요?
   B: 잠깐만요. 일정표 좀 확인할게요.

   What time fits your schedule best?
   Just a minute. Let me check my to-do list.

3. A: 우리 계약서에 대해 얘기 좀 해요.
   B: 편리할 때 사무실에 들르세요.

   We need to talk about the contract.
   Drop by my office at your convenience.

4. A: 다음 주 금요일에 시간되십니까?
   B: 네. 그게 좋겠네요.

   Are you free next Friday?
   Yes. That would be nice.

5. A: 당신이 편의에 맞춰 회의를 정할게요.
   B: 잠깐만요. 일정표 좀 확인하죠.

   We'll arrange a meeting at your convenience.
   Just a minute. Let me check **my to-do list**.

6. A: 괜찮다면, 이번 주 금요일에 당신 사무실에 방문하고 싶은데요.
   B: 다음 달까지는 스케줄이 너무 빡빡해요.

   If I may, I'd like to visit your office this Friday.
   I have a **tight schedule** until next month.

7. A: 하루 중 찾아뵙기 가장 좋은 시간이 언제세요?
   B: 오후 1시에서 3시까지 한가합니다.

   When is the best time of the day to visit you?
   I'm free between 1 p.m. and 3 p.m.

all day long 하루 종일   arrange 정리하다, 배열하다

'그녀를 만난 적이 있니?'라고 할때, 'Have you met her?'라고 해야 할까, 'Have you seen her?'라고 해야 할까? 이처럼 meet과 see의 차이는 무엇일까? 물론, 둘 다 사용이 가능하다. 그러나 영어 언어의 습관상 meet은 보통 처음 만나는 사람에게 많이 쓰고, see는 알고 지내는 사람에게 쓰는 경향이 있다. 예를 들면, 처음 만난 사람에게 'It's a pleasure to meet you.'라고 하지 'It's a pleasure to see you.'라고 하지는 않는다. 그렇지만 예외도 있는 법. 'I'm going to see a doctor. (의사에게 진찰 받으러 간다.)'에서와 같이 처음 보는 의사를 만나는 경우에 see를 쓰기도 한다.

SECTION 1 약속 정하기

D Office Talk "몇 시가 좋으세요?"

A   I'd like to visit your office to show you our new products. **When is the best time** of the day to you?
당신 사무실에 방문해서 저희 신제품을 보여 드리고 싶어요. 하루 중 가장 좋은 시간이 언제세요?

B   **I'm available to see you** next Tuesday.
다음 주 화요일에 뵐 수 있어요.

A   That's perfect. When is the most convenient time for you?
잘됐네요. 언제가 가장 당신에게 편한 시간인가요?

B   I'm free anytime after 3.
3시 이후에 아무 때나 가능합니다.

A   Sounds good. I'll drop by your office at 4:00 next Tuesday.
좋습니다. 그럼 다음 주 화요일 4시에 사무실에 들르겠습니다.

B   I'll see you then.
그럼 그때 뵙겠습니다.

E Further Study 시간 말하기 & 시간 앞의 전치사

- **시간 말하기**
  - 오전, 오후를 구분하여 표시할 때는 시간 뒤에 **a.m.** (오전) 혹은 **p.m.** (오후)을 붙인다.
  - 정각을 강조하여 표현할 때는 시간 뒤에 **sharp**를 붙인다.
    I'll see you at 9 o'clock sharp. 9시 정각에 뵙겠습니다.
  - 정확히 시각이 아닌 '~시쯤에, ~시경에'라고 표현할 때는 전치사 **around**, **about**, 또는 부사 **approximately**를 쓴다.
    I'll get there around 2 o'clock. 2시쯤 도착할 거예요.
  - 15분은 a quarter (1/4), 30분은 half (1/2)로 표현한다.
    a quarter after eight 8시 15분, **half past eight** 8시 30분
    Then, I'll see you in the lobby in half an hour. 그럼 30분 내에 로비에서 뵙겠습니다.

- **시간 앞의 전치사**
  - **at**: 구체적인 시간 앞에 쓴다.
    at 11 o'clock 11시에   **at lunchtime** 점심시간에   **at night** 밤에
  - **in**: 하루의 일부분, 월, 계절, 연도 등 비교적 긴 시간 앞에 쓴다.
    in the afternoon 오후에   **in July** 7월에   **in the summer** 여름에   **in 2011** 2011년에
  - **on**: 요일이나 날짜, 특정한 날 앞에 쓴다.
    on Monday 월요일에   **on March 12** 3월 12일에   **on Christmas Day** 성탄절에

SECTION 2
약속 변경하기 Changing Appointments

A Basic Expressions

postpone A until B A를 B로 연기하다 ⇨ postpone 대신에 put off 또는 delay도 쓸 수 있다.

keep an appointment 약속을 지키다 ⇨ '약속을 지키려고 했지만 급한 문제가 생겼어요'는 I try to keep our appointments, but I have an urgent problem.

reschedule 일정을 다시 잡다 ⇨ '회의 일정을 다시 잡을 수 있을까요?'는 Can we reschedule [rearrange / change] the meeting?

make it 어떤 일을 이루다, 해내다 ⇨ '해낼 수 있어요?'는 Can you make it?, '약속 시간에 맞춰 올 수 있습니다'는 I can make it.

move ~ up earlier ~의 일정을 앞당기다 ⇨ '회의를 한 시간 앞당기다'는 move the meeting up an hour 또는 The meeting will take place one hour earlier.

push ~ back ~의 일정을 미루다, 늦추다 ⇨ postpone을 쓸 수도 있다. '회의를 몇 시간 미루고 싶습니다'는 I'd like to push the meeting back a few hours.

B Key Sentences 약속 다시 정하기

I'm sorry. I can't keep our appointment.
죄송합니다. 제가 약속을 못 지킬 것 같아요.

Could we reschedule it for Sunday, December 19 at 10 a.m.?
약속을 12월 19일 일요일 오전 10시로 다시 잡을 수 있을까요?

May I postpone it until next Friday? 약속을 다음 주 금요일로 미룰 수 있을까요?

Can we push it back to a few days? 약속을 몇 일 미룰 수 있을까요?

Would you move it up earlier? 약속을 앞당길 수 있을까요?

_____ is good for me.
_____ will be fine.
_____ is okay with me.

- **That would be fine [okay] with me.**
  좋습니다. (찬성의 의미)

- **That time doesn't work for me.**
  시간이 안됩니다. (거절의 의미)

- **I'm not sure but I try to rearrange the schedule.**
  확실하지 않지만 일정을 재조정해볼게요. (불확실의 의미)

SECTION • 2 ▦ 약속 변경하기

C Key Dialog

1 A: 회의를 내일로 연기해도 될까요? May I **postpone** the meeting until tomorrow?
   B: 시간이 안 되는데요. **That time doesn't work for me.**

2 A: 회의를 한 시간 앞당겨도 될까요? Can I **move** the meeting **up** an hour?
   B: 괜찮아요. **That would be fine.**

3 A: 회의 시간을 10시로 재조정해도 될까요? May I **reschedule** the meeting to ten?
   B: 잘 모르겠네요, 일정을 확인해봐야겠어요. I'm not sure I need to check my schedule.

4 A: 약속 시간을 바꾸고 싶은데요. I'd like to change an appointment.
   B: 언제로 재조정하고 싶으신가요? When would you like to **reschedule** it?

5 A: 회의를 연기해도 될까요? **Would you mind delaying** our meeting?
   B: 미안하지만 일정이 빠듯해서요. 안된다고 해야겠네요. I'm sorry, but I have a tight schedule. I must say, "No".

6 A: 프로젝트에 예상치 못한 문제가 발견됐어요. We found some unexpected problems with the project.
   B: 이해해요. 새로운 약속을 잡죠. I understand. We can **make a new appointment**.

7 A: 회의를 일찍 하는 게 어떨까요? Why don't we **hold the meeting earlier**?
   B: 시간을 변경하는 이유를 물어봐도 될까요? May I ask the reason for changing the time?

would you mind~ …해도 괜찮겠습니까?(~하면 불편하신가요?)

'친구와 약속이 있다'는 표현을 'I have an appointment with my friend.'라고 한다면 친구와의 만남이 사적인 만남이 아닌 공적인, 즉 업무와 연관된 만남이라는 느낌을 줄 수 있다. 가볍게 친구와 만나는 것이라면 'I'm meeting my friend.', 'I'm planning to see my friend.' 또는 'I'm going to spend time with my friend.' 라고 표현하는 게 자연스럽다.

D Office Talk "약속을 연기해야겠어요."

A I'm sorry to tell you this, but I need to **postpone** the meeting.
말씀 드리기 죄송하지만, 회의를 연기해야겠습니다.

B **It's okay with me**. When are you available to **make it**?
저는 괜찮습니다. 언제 하는 게 가능한데요?

A I'd like to **push** the meeting **back** until this Friday.
회의를 이번 주 금요일까지 미루고 싶습니다.

B I'll go on a business trip from Wednesday to Friday. What about next Monday?
제가 수요일부터 금요일까지 출장을 갈 계획이라서요. 다음 주 월요일은 어때요?

A Yes, I can **make it**. Thanks for understanding.
네, 가능합니다. 이해해 주셔서 감사해요.

B I'll see you then.
그럼 그때 뵙죠.

E Further Study 약속 변경 사유 말하기

• Good Excuses

Something came up at work.
직장에서 갑자기 일이 생겼어요.

I've got to go on a business trip right away.
바로 출장을 가야 해요.

We found some unexpected problems with the project.
프로젝트에 예상치 못한 문제를 발견했어요.

I need to have my appendix surgically removed.
맹장 수술을 해야만 합니다.

I have an urgent problem to take care of.
급히 처리해야 될 문제가 있어요.

• Bad Excuses

I have a personal emergency.
개인적으로 급한 사정이 있어요.

I completely forgot about an appointment.
약속을 완전히 잊었어요.

I have an important appointment with some other clients.
다른 고객분들과 중요한 약속이 있어서요.

SECTION 3
약속 취소 및 확인 Canceling & Confirming Appointments

A Basic Expressions

be scheduled to ~하기로 일정이 잡혀 있다 ⇒ '~할 예정이다, ~하기로 되어 있다'라는 뜻으로 be supposed to, be expected to, be planned to도 쓰인다.

confirm an appointment 약속을 확인하다 ⇒ '약속을 확인하고자 합니다'는 I'd like to confirm our appointment.

cancel an appointment 약속을 취소하다 ⇒ cancel 대신 call off 또는 break를 쓸 수도 있다.

ask a reason 이유를 묻다 ⇒ '이유를 물어봐도 될까요?'는 Can I ask the reason?

excuse 변명, 해명; 핑계를 대다 ⇒ '핑계대지 마세요'는 Don't make an excuse.

consider the situation 상황을 이해하다 ⇒ take in the situation 또는 understand one's situation도 같은 뜻이다.

accept one's apology ~의 사과를 받아들이다 ⇒ 참고로 '~에 대해 사과하다'라는 뜻으로 apologize for를 쓴다.

B Key Sentences 약속 취소하기

죄송하지만	취소해야겠습니다	회의를 / 약속을 (내용)	금요일의 (시간)
I'm afraid that ~ I'm sorry, but	I need to cancel I've got to call off I must break	a meeting an appointment	on Friday.

• 이해와 용서 구하기
I hope you understand.
당신이 이해해 주기 바랍니다.

I hope you accept my apology.
당신이 제 사과를 받아주셨으면 좋겠어요.

I hope you consider the situation.
당신이 상황을 이해해 주시기 바랍니다.

C Key Dialog TOP 7

1. **A:** 2시 약속을 못 지킬 것 같아요.
   B: 또 취소하는군요. 놀랍지도 않네요.
   I'm afraid I can't make our 2:00 appointment.
   You have to **cancel** again. I'm not even surprised.

2. **A:** 죄송하지만 내일 뵐 수 없을 것 같습니다.
   B: 납득할 만한 이유를 대보세요.
   I'm afraid I won't be able to see you tomorrow.
   Give me a good **excuse**.

3. **A:** 이번 회의를 취소하게 돼서 정말 죄송합니다.
   B: 이유를 물어봐도 될까요?
   I'm so sorry that I have to **cancel** this meeting.
   May I **ask the reason**?

4. **A:** 상황을 이해해 주셨으면 좋겠습니다.
   B: 괜찮아요. 약속을 재조정하면 돼요.
   I hope you consider the situation.
   That's fine. We can reschedule our appointment.

5. **A:** 제 사과를 받아주셨으면 좋겠어요.
   B: 이해합니다. 급한 문제부터 해결하세요.
   I hope you **accept my apology**.
   I understand. Take cake of the urgent problems first.

6. **A:** 목요일 약속 확인차 전화했습니다.
   B: 상기시켜줘서 감사합니다.
   I'm calling to **confirm the appointment** on Thursday.
   Thank you for reminding me.

7. **A:** 월요일에 회의하기로 되어 있는거 맞죠?
   B: 그거 취소된 거 모르셨어요?
   We **are scheduled to** have a meeting on Monday, right?
   Didn't you know it was cancelled?

D Office Talk "약속을 지키지 못해 죄송합니다."

A I can't keep our appointment. I truly make an apology.
약속을 지킬 수가 없네요. 이점 진심으로 사과 드립니다.

B Is there any particular reason? 무슨 특별한 이유라도 있어요?

A All of sudden, I must go on a business trip to resolve very urgent problems in China. I don't have any other choice but to **cancel our appointment**.
갑자기 중국으로 출장을 가서 긴급한 문제를 해결해야 해요. 이 약속을 취소하는 방법밖에 없네요.

B I understand your situation. Please give me a call when you come back from China.
당신 상황 이해해요. 중국에서 돌아오시면 제게 전화주세요.

A Yes, I really appreciate your concern. 네, 이해해 주셔서 정말 감사합니다.

Chapter
8

사무실 방문

Tips for Visiting the Office

Section 1 방문 목적 묻기 | Asking the Purpose of a Visit
Section 2 방문객 대기시키기 | Asking Visitors to Wait
Section 3 사무실 위치 안내하기 | Giving Directions
Section 4 방문객과 인사나누기 | Greeting Visitors

SECTION 1
방문 목적 묻기 Asking the Purpose of a Visit

A Basic Expressions

the purpose of one's visit 방문 목적 ⇨ '방문 목적이 무엇이죠?'는 What's the purpose of your visit?

contact someone ~에게 연락하다 ⇨ '그분께 전화로 연락해 보겠습니다'는 I'll contact him on the telephone.

I'm here to ~ / I've come to ~ ~하러 왔습니다 ⇨ 방문 목적을 말할 때 말머리에 쓸 수 있는 표현이다.

be supposed to ~하기로 되어 있다 ⇨ '존슨 씨를 2시에 뵙기로 되어 있습니다'는 I'm supposed [scheduled] to meet with Mr. Johnson at 2:00.

expect someone ~을 기다리다 ⇨ '그가 당신을 기다리고 있습니다'는 He's expecting you.

have an appointment with ~와 만날 약속이 있다 ⇨ '약속을 정하다' make an appointment.

make one's way 나아가다, 가다 ⇨ '아래층으로 내려가세요'는 Please make your way downstairs.

B Key Sentences 방문 목적 묻기

May I ask what the purpose of your visit is?
방문 목적을 여쭤봐도 될까요?

I'm here to _____.
여기에 ~을 하려고 왔습니다.

- **see Mr. Johnson**
  존슨 씨를 뵈려고
- **have a job interview**
  면접을 보려고
- **attend the conference**
  회의에 참석하려고

I'll contact him/her to announce your arrival.
I'll let him/her know you're here, sir/ma'am.
~씨께 당신이 도착하셨다고 연락 드리겠습니다.

C Key Dialog TOP 7

1. A: 방문 목적을 여쭤봐도 될까요?
   B: 물론이죠. 계약서를 갱신하러 왔습니다.

   May I ask you what **the purpose of your visit** is?
   Of course. **I'm here to** renew the contract.

2. A: 마케팅부의 존슨 씨를 뵙고 싶습니다.
   B: 당신을 기다리고 계세요.

   I'd like to see Mr. Johnson in the Marketing Department.
   He is expecting you.

3. A: 저는 3시에 판매 책임자직 면접이 있습니다.
   B: 112호로 가시면 됩니다.

   I **have a job interview** for the sales manager position at 3:00.
   You may **make your way** to room 112.

4. A: 회의실 오디오 시스템을 수리하러 왔습니다.
   B: 방문자 명단에 서명해 주세요.

   I'm here to fix the audio system in the meeting room.
   Please sign our visitors' book.

5. A: 4시에 존슨 씨와 약속이 있습니다.
   B: 곧 오실 겁니다. 잠깐 앉아 계세요.

   I **have an appointment with** Mr. Johnson at 4:00.
   He'll be right with you. Have a seat, please.

6. A: 오늘 김 선생님과 계약하기로 되어 있어요.
   B: 잠깐만요. 그분께 연락해 보겠습니다.

   I'm supposed to sign a contract with Mr. Kim today.
   Just a minute. Let me **contact him**.

7. A: 광고 담당자를 만나러 왔습니다.
   B: 그분이 기다리고 계신가요?

   I've come to meet with the advertising representative.
   Is he **expecting you**?

renew 갱신하다   representative 담당자

한국 기업은 주로 특정 간부에게 담당 비서가 있어서, 비서가 수신전화(incoming calls)를 연결해 주거나 message를 받고, 방문자가 있을 시 이름과 방문 목적을 물어 상사에게 알리고, 대기하는 동안 음료를 대접하는 역할을 한다. 하지만 미국에는 각 층 사무실 입구에 이러한 역할을 하는 receptionist가 있다. 사무실에 들어가기 전 이들에게 인사와 함께 이름과 방문 목적을 말하는 것이 순서이다.

SECTION · 1 방문 목적 묻기

D Office Talk "약속 하셨나요?"

A Good morning, sir. How can I help you?
좋은 아침입니다. 어떻게 도와드릴까요?

B Hi. I'm John Kim. **I'm here to see** Mr. Park in the Sales Department.
안녕하세요, 저는 존 김입니다. 영업부의 박 선생님을 뵈러 왔어요.

A Mr. Kim, did you **have an appointment with** him?
김 선생님, 그분과 약속하셨나요?

B Yes, ma'am. It's at 2 p.m. 네, 오후 2시에요.

A Just a moment. **I'll contact** Mr. Park and let him know you are here.
잠깐만요. 박 선생님께 연락해서 오셨다고 말씀 드릴게요.

B I appreciate your help. 도와주셔서 감사합니다.

E Further Study 당사자에게 알리기

Mr. Henson, you have a visitor. His name is John Kim.
헨슨 씨, 손님이 와 계십니다. 성함은 존 김이시네요.

Send him into my office, please.
제 사무실로 보내주세요.

Can you ask him to wait for a minute?
조금만 기다리시라고 부탁해 주실래요?

Tell him I'm not here, please.
그분께 제가 여기 없다고 해주세요.

I'm not willing to see anyone who doesn't have an appointment.
약속되지 않은 사람은 만나고 싶지 않아요.

SECTION 2
방문객 대기시키기 Asking Visitors to Wait

A Basic Expressions

have a seat (자리에) 앉다 ⇒ 상대방에게 자리에 앉길 권할 때는 Have a seat, please. 또는 Please seat yourself.

be back 돌아오다 ⇒ get back 또는 come back도 같은 뜻이다.

something to drink 마실 것 ⇒ 여기서 to부정사 to drink는 something을 수식한다. '음료수 좀 드실래요?'는 Would you like something to drink?

in a moment 곧, 바로 ⇒ right away, immediately, in a minute라는 표현으로 대체할 수 있다.

come early 일찍 오다 ⇒ 반대로 '늦게 오다'는 come late.

inform A of B A에게 B를 알리다 ⇒ '그분께 당신의 도착을 알리겠습니다', 즉 '오셨다고 말씀 드리겠습니다'는 I'll inform him of your arrival.

make oneself comfortable 몸을 편하게 하다 ⇒ 상대방을 배려하여 편히 쉬라는 의미로 사용할 수 있다. take a rest 또는 relax도 같은 뜻이다.

B Key Sentences 방문객 대기시키기

Step 1. 앉아서 기다리게 하기

Please seat yourself and wait a little bit.
앉으셔서 잠깐 기다려 주세요.

Would you like to have a seat over there and wait for a few minutes?
저쪽에 앉으셔서 잠깐 기다려주시겠어요?

Step 2. 음료 제공하기

Would you like something to drink?
음료수 좀 드릴까요?

Can I get you some tea while you wait?
기다리시는 동안 차도 드릴까요?

Step 3. 곧 도착할 거라는 안내

She/He'll be with you soon [shortly]. 곧 오실 겁니다.
She/He'll get back here a moment. 잠시 후면 돌아오실 겁니다.

SECTION 2 방문객 대기시키기

C Key Dialog TOP 7

1. A: 존슨 씨가 저를 만나실 수 있나요?
   B: 지금 회의 중이세요. 대기실에 앉아서 기다려주세요.

   Is Mr. Johnson available to see me?
   He is in a meeting now. **Have a seat** in the waiting room, please.

2. A: 앉으셔서 잠깐만 기다려주세요.
   B: 알겠어요. 괜찮다면 차 좀 마실 수 있을까요?

   Please **seat yourself** and **wait a little bit**.
   Okay. May I have some tea if you don't mind?

3. A: 그분이 사무실로 언제 돌아오시는지 아세요?
   B: 점심 드시러 나가셨으니 오래 걸리지 않을 거예요.

   Do you know when he'll **be back** to the office?
   He went out for lunch. I think he won't take too long.

4. A: 기다리시는 동안 마실 것 좀 드릴까요?
   B: 아뇨, 괜찮아요.

   Would you like **something to drink** while you're waiting?
   No, thanks.

5. A: 제가 온 걸 존슨 씨께 알려 주시겠어요?
   B: 그럼요. 오셨다고 말씀 드리겠습니다.

   Could you let him know that I'm here?
   Sure. I'll **inform** him **of** your arrival.

6. A: 그가 막 회의를 끝냈어요. 곧 오실 겁니다.
   B: 도와주셔서 감사합니다.

   He just finished a meeting. He'll **be right with you**.
   I appreciate your help.

7. A: 기다리시게 해서 죄송합니다.
   B: 괜찮아요. 제가 조금 일찍 왔어요.

   I feel so sorry to make you wait.
   It's okay. I **came** here a bit early.

예의를 갖추어 고객을 상대한다는 것은 근엄하고 딱딱한 (stiff) 표정이나 냉담한 (cold) 목소리가 아닌 방문객에게 환한 웃음으로 인사하고, 그들이 소외나 무시 당하는 느낌이 들지 않도록 배려하는 것이다. 예를 들어, 방문객의 질문에 귀를 기울여 알맞은 답변을 해주고, 필요할 때는 일을 처리할 수 있는 적절한 책임자와 연결해 주고, 만약 고객이 사무실에서 기다려야 한다면 앉을 자리와 읽을 거리를 제공한다. 고객이 전화를 걸어야 하는 상황에는 전화번호를 돌려주는 배려도 필요하다.

D Office Talk "앉아서 편하게 계세요."

A I'm Tom Jackson of the DK Company. I have an appointment with Mr. Smith in the General Affairs Department at 2:00.
DK사의 톰 잭슨입니다. 총무부의 스미스 씨와 2시에 약속이 있습니다.

B Yes. I'll **inform** him **of** your arrival. *(later)* I'm so sorry, but he's in a meeting now.
네, 당신이 오셨다고 전하겠습니다. (잠시 후) 죄송하지만, 지금 회의 중이십니다.

A It's okay. I got here a little early.
괜찮아요. 제가 조금 일찍 왔어요.

B Please **have a seat** and **make yourself comfortable**. Would you like **something to drink**?
앉으셔서 편하게 계세요. 음료수 좀 드릴까요?

A May I have some coffee if you don't mind?
괜찮으시다면 커피 주실래요?

E Further Study 원활하게 안내 받기

I'm Sean Anderson of the KC Corporation. **Can I meet** Mr. Jackson, the director of the Marketing Department?
저는 KC사의 션 앤더슨입니다. 마케팅부의 잭슨 이사님을 뵐 수 있을까요?

Yes, Mr. Anderson. **I've been informed of your visit.** I'll show you to his office. **This way, please.**
네, 앤더슨 씨. 방문하실 거라는 연락 받았습니다. 그분 사무실로 안내해드릴게요. 이쪽으로 오세요.

Yes, Mr. Anderson. **I heard you would be** coming. The Marketing Department is on the third floor. **Please follow me.**
네, 앤더슨 씨. 오실 거라는 얘기 들었습니다. 마케팅부는 3층에 있습니다. 저를 따라오세요.

SECTION 3
사무실 위치 안내하기 Giving Directions

A Basic Expressions

give directions 방향을 알려주다 ⇨ 'KC사에 가는 방향을 알려주실래요?'는 Can you give me directions to the KC Company?

at the end of ~의 끝에 ⇨ '영업부는 복도 맨 끝에 있습니다'는 The Sales Department is at the end of the hallway.

next to ~의 옆에 ⇨ next to 대신 just past (~을 바로 지나서) 또는 just before (~ 바로 전에)도 쓸 수 있다. '광고부는 자판기를 지나서 바로 있습니다'는 There is the Advertising Department just past the vending machine.

go upstairs 위층으로 올라가다 ⇨ 반대로 '아래층으로 내려가다'는 go downstairs.

take the elevator 엘리베이터를 타다 ⇨ '엘리베이터를 타고 3층으로 가세요'는 You can take the elevator to the third floor. 반대로, 엘리베이터에서 내리는 것은 exit [get off] the elevator.

turn left 왼쪽으로 돌다 ⇨ 방향을 전환하는 것은 동사 turn에 왼쪽, 오른쪽을 나타내는 부사 left나 right을 붙여서 표현한다.

go straight ahead 곧장 앞으로 가다 ⇨ '곧장 앞으로 계속 가세요'는 Keep going straight ahead.

B Key Sentences 사무실 위치 묻기

This is my first visit to the KC Company. Can you tell me **how to get to** the Personnel Department?
KC사에 처음 방문하는데요. 인사부에 어떻게 가는지 말씀해주실 수 있나요?

The Personnel Department is _____.
인사부는 ~에 있어요.

- **upstairs** 위층에
- **downstairs** 아래층에
- **on one's left** 왼쪽에
- **on one's right** 오른쪽에
- **on the first floor** 1층에
- **at the corner** 모퉁이에

C Key Dialog — TOP 7

1. A: 광고부가 어디 있나요?
   B: 복도 맨 끝에 있습니다.

   Where is the Advertising Department?
   It's **at the end of** the hallway.

2. A: 스미스 씨의 사무실을 찾고 있습니다.
   B: 304호예요. 바로 엘리베이터 옆에 있어요.

   I'm looking for Mr. Smith's office.
   His office is in Room 304. It's just **next to** the elevator.

3. A: 이 주변에 화이트 씨의 사무실이 있나요?
   B: 위층으로 올라가서 왼쪽으로 돌아가세요.

   Is Mr. White's office around here?
   You may **go upstairs** and **turn left**.

4. A: 영업부로 가려면 어떻게 해야 하죠?
   B: 엘리베이터를 타고 5층으로 가세요.

   How can I get to the Sales Department?
   Take the elevator to the fifth floor.

5. A: 사이먼 씨의 사무실이 몇 층에 있죠?
   B: 1층에 있습니다. 복도를 따라 가시면 됩니다.

   What floor is Simon's office on?
   It's **on the first floor**. Just go down the hallway.

6. A: KC 사무실에 가는 방향을 알려주시겠어요?
   B: 엘리베이터에서 내려서 왼쪽으로 도세요.

   Can you **give me directions** to the KC office?
   Turn left as you exit the elevator.

7. A: 실례합니다, 화장실이 어디 있죠?
   B: 엘리베이터까지 곧장 앞으로 가세요.

   Excuse me. Where is the restroom?
   Go straight ahead until you reach the elevator.

reach ~에 도착하다   direction 방향, 지시

첫 방문하는 곳은 바로 찾을 수 없는 경우를 대비하여 약속 시간보다 여유 있게 나선다. 비즈니스와 관련된 중요한 약속이라면 약속 장소에 도착하기 전에 미리 화장실에 들르고 전화기는 꺼두는 것이 좋다. 중요한 얘기 도중에 전화가 걸려온다면 'Excuse me.'로 양해를 구한다 해도 이야기의 맥이 끊기기 때문이다. 또한 대화 도중에 시계를 자주 보는 것은 실례되는 행동이다. 모든 시간을 상대방에게 전적으로 할애한다는 느낌을 주는 것도 중요하기 때문이다.

SECTION • 3 ▦ 사무실 위치 안내하기

D Office Talk "엘리베이터를 타고 5층으로 가세요."

A Mr. Henson is expecting you. You may visit his office now.
헨슨 씨께서 당신을 기다리고 계십니다. 지금 그의 사무실로 가시면 됩니다.

B Thanks, but this is my first visit. Can you tell me **how I can get to** his office?
감사합니다. 그런데 이번이 제 첫방문이거든요. 그분 사무실에 어떻게 가는지 말해 주실 수 있어요?

A Sure. Please **take the elevator to** the fifth floor. **Turn right** as you get off the elevator and walk to the end of the hallway.
그럼요. 엘리베이터를 타고 5층으로 가세요. 엘리베이터에서 내려서 오른쪽으로 돌아 복도 끝까지 걸어가시면 됩니다.

B Thank you for your help.
도움 주셔서 감사합니다.

E Further Study 부서 위치 표현하기

Where is Mike's office?
마이크의 사무실은 어디인가요?

Go **straight ahead**. 곧장 앞으로 가세요.
Go **down to the hallway**. 복도를 따라 가세요.
It's **on your left**. / It's **on the left-hand side**.
당신 왼쪽 편에 있어요.
It's **at the end of** the hallway. 복도 끝에 있습니다.
It's **opposite to** Marketing Dept. 마케팅부 맞은편에 있어요.
It's **next to** Sales Dept. 영업부 옆에 있어요.

SECTION 4
방문객과 인사나누기 Greeting Visitors

A Basic Expressions

visit one's office ~의 사무실을 방문하다 ⇨ '스미스 씨가 언제 사무실에 방문하시죠?'는 When is Mr. Smith planning to visit our office?

give someone a chance ~에게 기회를 주다 ⇨ '만나 뵐 수 있는 기회를 주셔서 감사합니다'는 Thank you for giving me a chance to meet you.

take time 시간을 내다 ⇨ '바쁜 일정 중에 시간을 내다'는 take time out of one's busy schedule, '시간을 내어 방문해 주셔서 감사합니다'는 Thanks for taking the time to visit us.

fit someone into one's busy schedule 바쁜 일정에 ~을 끼어주다, ~에게 시간을 내주다

on behalf of ~을 대표하여 ⇨ '전직원을 대표하여, 귀하의 후원에 진심으로 감사를 표합니다'는 On behalf of the staff, I'd like to express our sincere appreciation for your support.

take care of ~을 처리하다 ⇨ handle 또는 manage를 쓸 수도 있다. '불만을 처리할 수 있나요?'는 Can you handle complaints? 그에 대한 대답으로 '네, 해결 할 수 있습니다'는 Yes, I can take care of them.

be in charge of ~을 맡고 있다 ⇨ '제가 이 프로젝트를 담당하고 있습니다'는 I'm in charge of this project. 또는 I'm responsible for this project.

business card 명함 ⇨ '명함을 건네주다'는 hand over one's business card. '명함을 받다'는 receive one's business card.

B Key Sentences 방문객과 인사나누기

I'm John Smith of the KK Company.
저는 KK사의 존 스미스입니다.

I'm Kim Brown. Thanks for _____.
저는 킴 브라운입니다. ~해 주셔서 감사합니다.

- **visiting our office**
  저희 사무실을 방문해주셔서
- **giving me a chance to meet you**
  저에게 만나 뵐 수 있는 기회를 주셔서
- **fitting me into your busy schedule**
  바쁘신 일정 중에 끼워주셔서
- **taking time out of your busy schedule**
  바쁘신 일정 중에 저에게 시간을 내주셔서

SECTION • 4 ■ 방문객과 인사나누기

C Key Dialog TOP 7

1. A: KK사의 존 스미스입니다.
   I'm John Smith **of** the KK Company.
   B: 회사를 대표하여, 귀하의 방문을 진심으로 감사 드립니다.
   On behalf of our company, I extend my sincere thanks for your visit.

2. A: 제이슨 김입니다. 주로 광고를 담당하고 있습니다.
   I'm Jason Kim. **I'm** mainly **in charge of** advertising.
   B: 김 선생님, 기다리고 있었어요.
   Mr. Kim, I've been expecting you.

3. A: 먼 길 와주셔서 감사합니다.
   Thank you for coming such a long distance.
   B: 별 말씀을요. 바쁜 일정 중에 시간 내주셔서 감사합니다.
   Don't mention it. Thank you for **fitting me into your busy schedule.**

4. A: 드디어 뵙게 되어 정말 반갑습니다.
   It's a great pleasure to finally meet you.
   B: 바쁜 일정 중에 시간을 내주셔서 감사합니다.
   Thank you for **taking time out of your busy schedule**.

5. A: 저의 회사를 위해 큰일을 해주셔서 감사 드립니다.
   Thank you for the tremendous work you have done for us.
   B: 천만에요. 당신과 다시 같이 일하게 되어서 영광입니다.
   You're welcome. Thank you for **giving me a chance to** work with you again.

6. A: 연락처를 주실 수 있나요?
   May I have your contact number?
   B: 아, 명함 드리는 것을 잊었네요.
   Oh, I forgot to give you my **business card**.

7. A: 오늘 와주셔서 감사합니다.
   Thanks for coming today.
   B: 만나 뵐 수 있는 기회를 주셔서 감사합니다.
   Thank you for **giving me a chance** to meet you.

동양 문화에서는 인사할 때 한 손으로 팔을 받치면서 악수를 하며 머리를 숙이는 경우가 있다. 이것이 동양인들의 인사 관습이라고 배운 서양인들은 때로 동양인 고객의 기호에 맞추어 똑같이 악수하려고 노력하기도 한다.
그러나 반대로, 서양인 고객의 기호에 맞추어야 한다면 그들에게 익숙하지 않은 행동으로 그들을 당황시키는 인사는 피하는 것이 좋다. 고개를 숙이는 대신 미소 띤 얼굴로 상대방과 시선을 맞추면서 한 손으로 자신감 있게 악수를 한다. 불안하거나 초조한 모습은 상대방에게 신뢰감을 줄 수 없다. 확신 있는 표정을 짓는 것이 어색하다면 '연출'하는 연습이라도 해야 한다. 손을 너무 세게 쥐지 않고 너무 오래 잡고 있지도 않는다는 것 또한 유의하자.

D Office Talk "만나서 반갑습니다."

A   Mr. Henson, let me introduce you to someone very special. This is Mr. Brown. He has been the executive director of our company since January. Mr. Brown, this is Mr. James Henson. He will manage the joint project with the CT Company.
헨슨 씨, 특별한 분을 소개해 드리겠습니다. 이분은 브라운 씨입니다. 1월부터 저희 회사의 전무이사로 재임하고 계십니다.
브라운 씨, 이분은 제임스 헨슨 씨입니다. CT사와의 합작 프로젝트를 관리해주실 겁니다.

B   Nice to meet you, Mr. Henson. 만나서 반갑습니다, 헨슨 씨.

C   I heard you did an amazing job on the XY Project. I want you to take the same approach on this project.
XY 프로젝트를 일을 아주 잘해 주셨다고 들었습니다. 이번 프로젝트도 같은 방식으로 해주시길 바랍니다.

E Further Study 다른 직원에게 소개하기

Ms. Henson, this is Mr. Watt from the Marketing Department.
헨슨 씨, 이분은 마케팅부의 와트 씨입니다.

Mr. Watt, this is Janet Henson, _____.
와트 씨, 이분은 ~인 쟈넷 헨슨입니다.

the executive director of the CT Company
CT사의 전무이사인

Mr. Smith's assistant
스미스 씨의 보좌관인

★제3자에게 상대방을 소개할 때 '이분은 ~입니다'라는 말은 This is ~로 표현한다. 소개하는 이를 두 번째로 언급할 때는 성별을 구분하여 He is ~ / She is ~로 가리키거나, Mr. Kim is ~ / Ms. Lee is ~와 같이 이름으로 지칭할 수 있다.

• 다양한 인사 표현
I'm glad [happy] to meet you. 만나서 반갑습니다.
= Thank you for seeing me. / It's a pleasure to meet you.
It's a great honor to work with you. 여러분과 함께 일하게 되어 영광입니다.
Thank you for coming today. 오늘 와주셔서 감사합니다.

Chapter 9

생각보다 쉬운
오피스 영어

우리 회사에 대하여
All about the Company

Section 1   회사 소개하기 Introducing a Company
Section 2   회사의 규칙 Company Regulations
Section 3   급여와 근로 혜택 Salaries & Benefits
Section 4   승진과 포상 Promotions & Rewards
Section 5   차별과 희롱 Discrimination & Harassment
Section 6   해고 및 퇴직 Discharge & Retirement
Section 7   이직 및 입사 지원 Transference & Job Applications

SECTION 1
회사 소개하기
Introducing a Company

A Basic Expressions

be established in (연도) ~에 설립되다 ⇒ '우리 회사는 1985년에 설립되었습니다'는 Our company was established in 1985.

specialize in ~을 전문으로 하다 ⇒ '우리 회사는 통조림 식품 생산을 전문으로 합니다'는 Our company specializes in producing canned food.

be affiliated with (기관, 회사) 제휴관계에 있다 ⇒ 'AK항공사와 제휴관계이다'는 be affiliated with AK airlines.

approximately 대략 ⇒ roughly, about, around도 같은 표현이다.

market share 시장 점유율 ⇒ 시장 점유율은 보통 퍼센트로 답한다. '작년에는 30퍼센트가 넘었습니다'는 It was over thirty percent last year.

go public 주식을 공개하다, 상장하다 ⇒ be listed on the stock market으로 표현하기도 한다.

sales figure 판매 수치 ⇒ '11월 판매 수치가 예상을 뛰어넘었습니다'는 Sales figure beats expectations in November.

annual sales 연간 매출 ⇒ 참고로 the first-quarter earnings (1분기 소득), net profit (순이익) 등의 단어들도 알아두자.

achieve tremendous things 굉장한 일들을 이루다 ⇒ achieve는 '이루다, 성취하다'라는 뜻이다.

B Key Sentences 회사 소개하기

Let me briefly explain about our company.
우리 회사에 대해 간략하게 설명하겠습니다.

We would like to take this opportunity to introduce our company to you.
우리 회사를 소개하는 기회를 갖고 싶습니다.

Our company _____.
우리 회사는 ~다.

연혁	• **was established in 1980** 1980년에 설립되었습니다 • **has been in business since 1980** 1980년부터 운영해오고 있습니다
주력 분야	• **specializes in manufacturing LCD monitors** LCD 모니터 생산을 전문으로 합니다 • **has been focusing on producing high-quality products** 고품질 상품을 제조하는데 전념해 왔습니다
규모	• **has about 2,000 people in the head office** 본사에 약 2천명의 직원을 두고 있습니다 • **is affiliated with dozens of consulting firms aboard** 수십 개의 해외컨설팅사와 제휴 관계를 맺고 있습니다

C Key Dialog — TOP 7

1. **A:** 직원 수는 얼마나 됩니까?
   B: 대략 공장에 400명, 사무실에 100명 정도 됩니다.

   How many employees do you have?
   There are **approximately** 400 in the factory and 100 in the office.

2. **A:** 귀사가 현재 관리하시는 고객은 얼마나 되나요?
   B: 대략 800명 정도 됩니다.

   How many clients does your company currently manage?
   It's **approximately** 800 clients.

3. **A:** 시장 점유율이 어느 정도죠?
   B: 오늘 시점으로, 약 80퍼센트 정도 됩니다.

   What's your **market share**?
   As of today, it's **approximately** 80 percent.

4. **A:** 우리 회사는 1980년부터 항공 사업을 해왔습니다.
   B: 굉장한 일을 해내셨군요.

   Our company has been in the airline business since 1980.
   Your company **has achieved tremendous things**.

5. **A:** 언제 주식에 상장하셨나요?
   B: 1992년에 상장했습니다.

   When did this company **go public**?
   We **went public** in 1992.

6. **A:** 판매수치에 관해 좀 더 여쭤봐도 될까요?
   B: 그럼요. 데이터를 준비하겠습니다.

   Could I ask a bit more about your **sales figures**?
   Sure. I'll get the data for you.

7. **A:** 연간 총 매출액이 얼마나 되나요?
   B: 작년에는 200억 달러였습니다.

   What's the total amount of your **annual sales**?
   It was 20 billion dollar last year.

---

currently 현재, 지금   billion 10억

협력사나 고객사에 자신의 회사를 어필하고자 하는 경우에는 현재까지의 성과와 회사의 비전을 명확히 나타내는 자료와 통계를 통해 직접적으로 드러내는 것이 빠른 방법일 것이다. 그러나 동양 문화에서는 자료나 통계보다는 building relationship(관계 성립)에 중점을 두기도 한다. 그래서 간혹 일을 시작하기 전에 함께 식사 자리를 갖는다거나, 가까운 지인을 통해 소개받은 이와 일을 시작하는 등의 관계 성립 절차를 거치는 경우가 있다. 어느 쪽이 더 나은 방법인지는 문화 차이겠지만, 외국계 회사와의 거래에서는 뚜렷하게 명시된 자료와 통계를 받침으로 한 presentation 준비없이는 거래 성사가 힘들다는 점을 꼭 기억하자.

SECTION · 1 회사 소개하기

D Office Talk "우리 회사에 대해 소개하겠습니다."

A **Let me briefly explain about our company**. Our company **was established in** 1991. We **specialize in manufacturing** all kinds of LCD screens.
우리 회사에 대해 간단히 설명하겠습니다. 우리 회사는 1991년에 설립되었습니다. 모든 종류의 LCD 스크린 생산을 전문으로 합니다.

B What's the expected profit of your company? 예상하는 이윤은 얼마죠?

A We expect the net operating profit will be 2 million dollars in second quarter.
2분기 영업 순이익은 2백만 달러로 예상하고 있습니다.

B When did your company **go public**? 언제 주식 상장을 하셨나요?

A We **went public** in 2000. 2000년에 상장했습니다.

B Wow, your company **has achieved tremendous things**. 와, 굉장한 일들을 해내셨군요.

E Further Study 회사 구경시키기

Our company **has been providing** our customers **with** quality products and services for more than fifty years.
우리 회사는 50년 이상 고객들에게 품질 좋은 제품과 서비스를 제공해 왔습니다.

Let's **take a look at** our factory. 공장을 둘러보시죠.

Please **follow me**. 저를 따라오세요.

This is our newest manufacturing facility.
이것이 저희 최신 생산 설비입니다.

There are 350 manufacturing personnel and 20 professionals who work **over a three-shift operation**.
3교대로 일하는 350명의 생산직 직원들과 20명의 기술 전문가들이 있습니다.

The production line can currently **produce** 500,000 biometric readers annually.
생산 라인에서는 현재 연간 50만대의 생체 인식기를 생산하고 있습니다.

I wish our company could have that system soon.
우리 회사도 곧 이 시스템을 도입했으면 합니다.

SECTION 2
회사의 규칙 Company Regulations

A Basic Expressions

company regulation 사규, 규정 ⇒ '일반적인 규칙'은 rule, '조직의 통제 · 운영을 위해 제약한 규약'은 requlation 또는 policy.

in accordance with ~에 따라 ⇒ '사규에 따라 행동해야 합니다'는 You must act in accordance with company regulations [policies]. 간단히 comply with (~을 따르다, 준수하다)라는 표현을 활용할 수도 있다.

tolerate 용인하다, 참다 ⇒ '규정에 반하는 어떤 행동도 용납하지 않을 것입니다'는 We won't tolerate any behavior against the regulations.

reveal 발설하다, 폭로하다 ⇒ '기밀 정보를 발설하다'는 reveal [disclose] confidential information, '기밀 정보가 새어나가는 것을 막다'는 defend against leaks of confidential information.

dress-code 복장 규정 ⇒ '복장 규정 정책이 있나요?'는 Do you have a dress-code policy? 참고로 '자유 복장으로 근무하는 날'은 dress-down day.

flexible schedule 변형 근로 시간제 ⇒ 법정 근로 시간 (1일 8시간, 1주 40시간)을 초과하지 않는 범위 내에서 근로 시간을 탄력 있게 운영할 수 있게 하는 근로 제도이다.

B Key Sentences 근무 규정에 대해 묻기

Can you tell me about the company regulations?
사규에 대해 말씀해 주실 수 있습니까?

You'd better refer to the employee handbook.
직원 지침서를 참고하시는 게 좋겠군요.

We especially cannot tolerate _____.
특히 우리는 ~을 용납할 수 없습니다.
sick leave abuse 병가 남용
unexcused tardiness 말도 안 되는 이유의 지각
absence without notice 무단 결근

• violating _____ ~을 어기는 것
the company smoking policy 회사 금연 방침
the policy on workplace romances
사내 연애 방침
the company dress-code 회사 복장 규정

• revealing _____ ~을 발설하는 것
security codes 비밀번호
personal records 개인정보
confidential information 기밀 정보

SECTION 2 회사의 규칙

C Key Dialog TOP 7

1. A: 정규 회사에 대해 말씀해 주실 수 있습니까?
   B: 우선, 보통 일주일에 40시간 근무입니다.

   Can you tell me about the **company regulations**?
   First, we usually work 40 hours a week.

2. A: 무단 결근을 용납할 수 없습니다.
   B: 사규에 따라 행동 하겠습니다.

   We cannot tolerate **absence without notice**.
   I'll act **in accordance with company regulations**.

3. A: 사내 연애는 문제가 될 수 있어요.
   B: 이미 직원 지침서를 읽었어요.

   A workplace romance can **cause problems** for you.
   I already read the **employee handbook**.

4. A: 기밀 정보가 새어 나가지 않도록 각별히 조심하세요.
   B: 직원들에게 다시 상기시키겠습니다.

   Make sure to defend against **leaks of confidential information**.
   I'll remind our employees again.

5. A: 이사님이 복장 규정을 지키라고 하셨어요.
   B: 구두 경고를 또 받았다는 거에요?

   The director asked me to respect the **dress-code policy**.
   Did you receive a **verbal warning** again?

6. A: 자유 복장 근무일이 뭐에요?
   B: 복장 규정 중 하나죠. 주로 매주 금요일 입니다.

   What is a dress-down day?
   It's one of our **dress-code policies**. It's usually every Friday.

7. A: 변형 근로 시간제를 제공하나요?
   B: 유감스럽지만, 모든 직원은 정해진 일정이 있습니다.

   Does the company offer **a flexible schedule**?
   Unfortunately, all employees have the same fixed schedule.

defend against ~을 방어하다   verbal warning 구두 경고

dress-code policy(복장 규정)는 장소와 상황에 맞는 옷을 갖추어 입도록 안내하는 역할을 한다. 전에는 보통 정장 차림을 요구하는 것이 대부분이었지만, 점차 업무 능률 향상을 위해 보다 편한 세미 캐주얼까지 허용하고 있는 추세이다. 일주일에 하루 정도는 자유 복장으로 근무할 수 있는 dress-down day를 주기도 하는데, 대개 금요일이다.
회사뿐만 아니라 파티, 행사장, 상점, 식당 등에서도 드레스 코드를 제시하기도 한다. 특히 식당에서는 식당의 품격 유지를 위해 반바지나 슬리퍼를 금하는 'dress-code: formal dress'라는 사인을 걸어놓기도 한다. 해변가의 상점에서는 'no bare foot(맨발 금지)'라는 최소한의 예의를 부탁하기도 한다.

D Office Talk "정시에 퇴근하겠습니다."

A Let's set out your **regular working hours**. 우리 정규 근무 시간을 정합시다.
B I'm able to come to work **Monday through Friday**. 월요일부터 금요일까지 일할 수 있습니다.
A Can you work **every other Saturday**? 토요일에 격주로 근무하실 수 있나요?
B Yes. Do you offer **a flexible schedule**? 네. 변형 근로 시간제를 제공하십니까?
A Unfortunately not. We don't **tolerate** employees leaving work early.
   안타깝게도 아닙니다. 직원들이 근무 시간 전에 나가는 것은 용납할 수 없습니다.
B I've got it. I'll **get off work** on time. 알았습니다. 정시에 퇴근하겠습니다.

regular 규칙적인   be able to ~할 수 있다

E Further Study 회사 내 근무 수칙

We are not allowed to _____.
~은 허용하지 않습니다.

1. ignore work responsibilities 업무 책임을 회피하는 것
2. behave any social loafing 빈둥거리는 행동을 하는 것
      chat online 온라인 채팅하다
      read non-work-related blogs 일과 연관 없는 블로그를 읽는다
      watch funny clips on YouTube 유튜브에서 재미있는 동영상을 본다
3. refuse to complete the instructions of our supervisors
   상사가 지시한 업무 마무리를 거절하는 것
4. willfully neglect company equipment 회사 장비를 소홀히 다루는 것
5. wear clothes that are 너무 ~한 옷을 입는 것
      too sexy: see-through lace or spaghetti straps
      너무 섹시한 옷: 속이 훤히 비치는 옷이나 소매가 없는 끈 나시
      too casual: T-shirt or jeans
      너무 캐주얼한 옷: 티셔츠 또는 청바지
      too sloppy: wrinkled or baggy clothing
      너무 헐렁한 옷: 구겨지거나 펑퍼짐하게 큰 옷
6. sexually harass another employee 다른 직원을 성희롱 하는 것
7. come to work under the influence of drugs or alcohol
   약물이나 술에 취한 상태로 회사에 오는 것

SECTION 3
급여와 근로 혜택 Salaries & Benefits

A Basic Expressions

benefits package 복지 혜택 ⇒ 각종 보험, 휴가, 보조금, 보너스 등 회사가 직원에게 제공하는 봉급 이외의 혜택을 말한다.

health insurance 건강보험 ⇒ 국민 의료보험이 없는 미국에서는 개인이 건강보험에 별도로 가입해야 하므로 회사에서 일부 또는 전액을 부담한다. '건강보험료의 50퍼센트를 회사가 지불합니다'는 The company pays 50% of your health insurance.

overtime pay 초과 근무 수당 ⇒ '초과 근무 수당을 지불하다'는 pay overtime.

pay raise 임금 인상 ⇒ wage increase라고도 한다. '임금 인상을 받다'는 get a pay raise. 참고로 '높은 급여'는 high wage.

evaluate 평가하다 ⇒ '업무 실적을 평가하다'는 evaluate one's job performance.

annual income [salary] 연수입, 연봉 ⇒ '제 연봉은 20만 달러입니다'는 My annual income is $200K. 여기서 K는 thousand를 의미한다.

offer up to A 최대 A만큼 제공하다, 지원하다 ⇒ '학비 보조금을 최대 연간 천 달러까지 제공합니다'는 We offer up to $1,000 a year in tuition assistance.

B Key Sentences 근로 혜택

• **Insurance** 보험
medical insurance 의료보험
life insurance 생명보험
disability insurance 상해보험

• **Holiday Entitlements** 휴가 권리
paid vacation (holiday) 유급 휴가
maternity leave 출산 휴가
sick leave 병가
annual leave 연차

★ What kind of benefits does the company offer?
회사가 어떤 혜택을 제공해 주나요?
We provide _____.
우리는 ~을 제공합니다.

• **Income** 수입
performance-related bonuses 성과 관련 보너스
commission 수당
profit sharing 이익 배당금

• **Financial Benefits** 재정
luncheon vouchers [expenses] 식대
tuition assistance 학비 보조금
retirement allowance 퇴직금
unemployment benefit 실업 수당
housing 주택
a company car 회사 차
rail or travel ticket 출퇴근 이용 티켓
childcare contribution 육아 보조금
worker's compensation 산재 보상

C Key Dialog TOP 7

1. A: 회사가 건강보험료를 지급해 줍니까?
   B: 총액의 40퍼센트를 지급합니다.

   Does the company pay for **health insurance** coverage?
   We contribute 40 percent of the total.

2. A: 병가는 매달 몇 일 가능한가요?
   B: 병가를 한 달에 한 번 낼 수 있습니다.

   How many days of **sick leave** are available each month?
   You can take **sick leave** once a month.

3. A: 교육비 혜택은 있습니까?
   B: 네, 학비 보조금을 제공합니다.

   Are there educational benefits?
   Yes, we offer **tuition assistance**.

4. A: 총 연봉은 4만 8천 달러 드리겠습니다.
   B: 더 나은 대우를 받아야 한다고 생각해요.

   We offer a gross **annual income** of $48K.
   I think I deserve better.

5. A: 초과 근무 수당을 드릴겁니다.
   B: 초과 근무 수당 대신 근로 시간을 면제할 수 있나요?

   We'll pay overtime.
   Can I take time off instead of **overtime pay**?

6. A: 임금 인상은 얼마나 자주 받을 수 있나요?
   B: 1년에 한 번씩 업무 평가를 한 후, 임금 인상 폭을 정합니다.

   How often should I get **a pay raise**?
   After **evaluating** your job performance once a year, we will determine the level of your pay raise.

7. A: 1년에 20일의 연차를 제공합니다.
   B: 만약에 연차를 다 쓰지 못하면, 다음 해로 넘겨도 되나요?

   We offer 20 days of **annual leave**.
   Can I carry some of it over to the next year if I do not use up all?

contribute 기여하다, 기부하다   gross 총   determine 결정하다   use up ~을 다 쓰다

회사에 큰 공헌을 한 직원은 회사로부터 unusual perks (perquisite의 구어체), 즉 '(합법적인) 부수입'을 받을 수 있다. 예를 들어 아파트 회사에서 직원들에게 분양가보다 할인된 가격으로 우선 순위로 하는 등 급여 외 일회적인 혜택을 부여하는 것을 말한다. 또한 stock option은 기업이 임직원에게 회사 주식을 일정 가격으로 매수할 수 있는 권리를 주는 제도인데, 이 stock option을 velvet chain이라고 부르기도 한다. 좋은 조건 같지만 때로는 직원을 회사에 묶어놓는 체인 역할을 하기 때문이다. 회사 규정에 따라 일정 기간 이상 근무하지 않으면 주식을 주식 시장 가격으로 팔 수 없기 때문이다.

SECTION •3 급여와 근로 혜택

D Office Talk "이런 혜택이 있습니다."

A Welcome aboard! As you know, our company has the best **benefits package**.
우리 직원이 된 걸 환영해요! 알다시피 우리 회사의 복지 혜택은 최고랍니다.

B Especially, I love the competitive salary. How often can I **get a pay raise**?
특히, 높은 연봉이 맘에 듭니다. 얼마나 자주 임금 인상을 받을 수 있죠?

A After **evaluating your job performance** once a year, we will determine the level of your **pay raise**. 일년에 한 번씩 업무 성과 평가를 한 후, 임금 인상 폭을 결정합니다.

B How many months does the company offer **disability insurance**?
산재보험은 몇 달 보장해 주시나요?

A It lasts up to a maximum of six months. 최대 6개월까지 보장돼요.

B Are there **educational benefits**? 교육비 혜택은 있나요?

A Yes, we offer up to $1,000 a year in **tuition assistance** for qualified employees.
네, 자격 요건을 갖춘 직원에게 최대 천 달러까지 학비 보조금을 제공합니다.

last 계속되다   qualified 자격이 있는

E Further Study 근로 혜택과 스트레스의 상관 관계

The company offers **a variety of benefit plans** and pays me a **higher wage** than my previous job.
회사에서 다양한 복지 혜택을 제공해 주고, 전 직장 보다 높은 임금을 주고 있어.

Take care. Money isn't everything.
건강 챙겨. 돈이 전부는 아니니까.

I was promoted to supervisor of the Marketing Department also got paid a **huge bonus**.
마케팅부 책임자로 승진하고 보너스도 왕창 받았어.

I believe the company **expects more hard work, self-sacrifice,** and **dedication** from you, right? I bet you have an **intense workload**.
회사에서는 아마 더 열심히 일하고, 희생하고, 헌신하길 기대할 거야, 맞지? 장담하는데 업무량도 셀 거야.

I think the company finally **recognized my contributions**.
드디어 회사가 내 공로를 인정해 주는 것 같아.

SECTION 4
승진과 포상 Promotions & Rewards

A Basic Expressions

be promoted to + 직급 ~으로 승진되다 ⇨ get promoted, be advanced, move up (the ladder), get ahead in one's career도 같은 뜻이다. '승진'은 promotion.

be based on ~을 바탕으로 하다, 근거로 하다 ⇨ '업무 기여도'를 근거로 합니다'는 It's based on your work contributions.

promotion candidates 승진 대상 후보자들 ⇨ '승진 후보자들을 심사하다'는 screen promotion candidates.

performance evaluation 실적 평가 ⇨ performance evaluation도 같은 표현이다. '실적 평가는 부여된 임무와 책임을 근거로 이루어집니다'는 Performance evaluations are based upon assigned duties and responsibilities.

award a prize 포상하다 ⇨ reward(보상하다; 보상)로 표현할 수도 있다. '포상 휴가를 받았어요'는 I got a reward vacation. 또는 I got a vacation as a reward.

have confidence in ~를 신뢰하다, 신임하다 ⇨ '~를 전적으로 신임하다'는 have full confidence in.

pass someone over ~를 간과하다, 못 본 체하다 ⇨ 승진과 관련해서 '~를 제외시키다, 탈락시키다'라는 의미로 쓰일 수 있다.

B Key Sentences 승진을 위한 평가 척도

What are the criteria for promotions?
승진의 평가 척도가 되는 것은 무엇인가요?

Employees will be evaluated based on their _____.
직원들은 ~을 근거로 평가됩니다.

- **performance evaluations** 업무 평가
  leadership 리더십 / **productivity** 생산성
  accomplishment 성과 / **the level of responsibility** 책임감의 정도
- **work contributions** ~ 업무 기여도
  the impact of their work 업무 영향력 / **the extent of their customer satisfaction** 고객 만족도
- **behavior & attitude** 행동과 태도
- **education** 학력
- **relevant experience** 관련 분야 경험

SECTION 4 승진과 포상

C Key Dialog TOP 7

1. A: 승진 평가 척도를 구체적으로 말씀해 주시겠어요?
   Can you specify standard **promotion criteria**?
   B: 그러죠. 주로 업무 기여도를 근거로 합니다.
   Sure. mostly It**'s based on** your **work contributions**.

2. A: 승진 후보자 심사는 언제 할 건가요?
   When are you going to screen **promotion candidates**?
   B: 아직 몰라요. 아직 서류 검토를 끝내지 못했어요.
   I'm not sure. I haven't finished reviewing the documents yet.

3. A: 존이 영업부 과장으로 승진했다니 믿을 수가 없어요.
   I can't believe John **is promoted to** the sales manager.
   B: 그는 항상 해결사 역할을 하잖아요.
   He always acts as a troubleshooter.

4. A: 나 드디어 마케팅부 과장으로 승진했어.
   I finally **got promoted to** the marketing manager.
   B: 난 또 승진에서 제외됐어.
   They **passed me over** for a promotion again.

5. A: 다양한 포상 제도가 있습니다.
   We have various reward programs.
   B: 장기 근무 포상도 제공하나요?
   Do you also offer long service awards?

6. A: 최고의 비용 절감 아이디어에 대해 포상하겠습니다.
   We'll **award a prize** for the best cost-cutting idea.
   B: 어떤 상이 주어지나요?
   What kinds of awards are given?

7. A: 사장이 그를 신임한다고 들었어요.
   I heard the president **has confidence in** him.
   B: 그는 그럴만해요.
   He deserves it.

screen 조사하다, 확인하다   **specify** (구체적으로) 명시하다   **troubleshooter** 해결사, 분쟁 중재자

회사에서는 승진 제도와 여러 가지 포상 제도 (reward program)를 통해 직원들의 사기 (morale)를 높이고 노고에 보답함으로써 업무 효율성을 높이고자 노력한다. 포상의 종류에는 공로상 (Distinguished Service Award), 모범상 (Good Conduct Award), 장기 근속상 (Long Service Award), 판매 우수상 (Outstanding Performance Salesperson Award) 등이 있다. 단순직 (low skill) 또는 이직률 (turnover)이 높은 직업에서는 포상으로 영화 티켓이나 상품권 (gift certificate)을 주고, 전문직은 휴가 또는 보너스를 지급하기도 한다.

D Office Talk "승진됐다는 얘기 들었어요?"

A   Did you hear that Daniel **was promoted to** the director within three years of joining the company? 다니엘이 입사 3년 만에 이사로 승진됐다는 얘기 들었어?

B   Yes, I heard the vice president **has full confidence in** him.
응, 내가 듣기로는 부사장이 그를 전적으로 신임한다던데.

A   That may be. He never **whines about or debates** anything the boss instructs him to do.
아마 맞을 거야. 그 사람은 상사가 지시한 것에 절대 투덜대거나 논쟁하지 않거든.

B   Oh, that's why he got an **excellent performance** appraised.
아, 그래서 그가 아주 좋은 실적 평가를 받았구나.

whine 징징거리다, 투덜대다   instruct 지시하다, 지도하다

E Further Study 승진의 비결

I have no idea how to **move up** the ladder. 승진하는 법을 전혀 모르겠어.

As you know, the boss **passed** me **over** for a promotion twice. 알다시피, 상사가 승진에서 두 번이나 날 떨어트렸잖아.

I think you need to **establish a bond with** your boss.
너는 상사와 관계 성립이 필요하다고 생각해.

A promotion is based on **performance**, but your **relationship** with your boss is the most important factor in reality.
승진은 실적을 바탕으로 하지만, 현실적으로는 상사와의 관계가 제일 중요한 요소야.

Use every opportunity to make your boss a **key supporter** of your promotion.
모든 기회를 이용해서 상사가 네 승진에 가장 큰 힘이 되어 줄 수 있게 만들어.

• DON'Ts 하지 말아야 할 일

Don't debate anything the boss instructs you to do. 상사가 지시한 일에 사사건건 논쟁하지 않기.

Don't whine or complain.
투덜대거나 불평하지 않기.

Don't be a clock watcher.
퇴근만 기다리는 사람 되지 않기.

• DOs 해야 하는 일

Be on time. 제시간에 출근하기.

Be versatile. 다재 다능해지기.

Be a problem solver. 문제 해결사 되기.

Be a team player. 팀의 뛰어난 일원이 되기.

Be a confident communicator. 자신감 있는 소통자 되기.

SECTION 5
차별과 희롱 Discrimination & Harassment

A Basic Expressions

discrimination 차별, 차별 대우 ⇨ '인종 차별'은 racial discrimination, '남녀 차별'은 gender discrimination. 동사형은 discriminate로 '차별하다'라는 뜻이다.

harassment 괴롭힘, 희롱 ⇨ 동사형은 harass로 '괴롭히다'라는 뜻이다. '성희롱'은 sexual harassment, '성희롱을 당하고 있어요'는 I'm being sexually harassed.

invade one's personal space 개인 공간을 침범하다 ⇨ personal space, personal distance는 타인과 본인과의 사이에서 불쾌감을 느끼지 않을 만큼의 공간을 말한다.

press someone for a date ~에게 데이트하자고 강요하다 ⇨ 참고로 '~에게 데이트를 신청하다'는 ask someone out.

improper 부도덕한 ⇨ '부도덕한 행동'은 improper conduct. '부적절한'의 의미로 inappropriate도 표현 가능하다.

accuse someone of ~를 …로 고발하다 ⇨ file a lawsuit 또는 file a claim도 쓸 수 있다.

sexual orientation discrimination 성적 성향 차별 ⇨ 동성애자 (gay / lesbian), 이성애자 (straight), 양성애자 (bisexual) 등 개인적인 성적 성향으로 차별하는 것을 말한다.

B Key Sentences 성희롱 판단하기

What's the matter? Is the person _____?
무슨 일인데? 그 사람이 ~ 하니?

I feel like I'm being sexually harassed. 성희롱 당하는 기분이야.

- **visual conduct** 시각적 행위
   staring at one's body parts 신체 부위 응시하기
   making derogatory gestures or facial expressions 경멸적인 행동이나 표정 짓기

- **physical conduct** 신체적 행위
   invading your personal space 개인 공간을 침범하기
   impeding or blocking movement 움직임을 방해하거나 막기
   inappropriately touching you 부적절하게 접촉하기 (ex. kissing, hugging, patting)

- **verbal conduct** 언어적 행위
   pressing you for a date 데이트하자고 강요하기
   making sexual jokes or innuendoes 성적인 농담이나 풍자하기
   telling you about his sexual life 개인의 성생활에 대해 이야기하기

C Key Dialog — TOP 7

1. A: 직업을 바꾸기에 나이가 너무 많지 않나요?
   B: 연령 차별처럼 들리는군요.

   Isn't it too old to change your job?
   It sounds like age **discrimination** to me.

2. A: 성희롱 당하는 기분이야.
   B: 그 사람이 성적인 농담을 하니?

   I feel like I'm being sexually harassed.
   Is the person **making sexual jokes**?

3. A: 동성애자인가요, 이성애자인가요?
   B: 부도덕한 질문 아닌가요?

   Are you gay or straight?
   Isn't it one of the **improper questions**?

4. A: 존이 계속 데이트하자고 강요하네.
   B: 그건 일종의 성희롱인 것 같은데.

   John has been **pressing me for a date**.
   I think that's kind of **sexual harassment**.

5. A: 그만 쳐다보시죠. 희롱으로 고소할겁니다.
   B: 당신 본 거 아니에요! 창문 보고 있었어요.

   Stop staring at me. I'll **accuse you of harassment**.
   I wasn't staring at you! I was looking at the window.

6. A: 멈춰, 존! 내 사적인 공간을 침범했어.
   B: 아, 미안해. 그럴 의도는 아니었어.

   Hold on, John! You're **invading my personal space**.
   Oh, I'm sorry. I didn't mean it.

7. A: 성희롱으로 고소할거라고 경고했어요.
   B: 그냥 농담하는 거에요.

   I warn you I'll file a sexual **harassment** claim.
   I'm just kidding.

stay on 지속하다   stare at ~을 응시하다

미국은 다민족 사회이기 때문에 특정 민족을 비하하는 표현이 많이 있다. 다른 인종 또는 민족이 흑인에게 negro 또는 nigger라는 표현을 쓴다면 racial/ethnic discrimination(인종/민족 차별)으로 어려움을 겪게 될 것이다. 동양인에 관한 인종/민족차별적인 표현으로 일본인을 Jap, 중국인을 Chink, 한국인을 Gook, 이민 온 지 얼마 안 된 동양인을 FOB (Fresh Off the Boat), 전문직종에서 일하는 동양인을 YAP (Young Asian Professional), 정체성을 잃고 본인을 백인이라고 생각하고 행동하는 동양인을 Banana(겉은 노란데 안은 하얗기 때문) 또는 Twinkie라고 부른다. 이런 표현은 항상 주의하자.

D Office Talk "성희롱으로 고소합니다."

A Excuse me. You're standing too close! 실례합니다. 저와 너무 가까이 서 계시는군요!

B I'd like to build more intimate relationship with you. 당신과 더 친밀한 관계를 맺고 싶어요.

A Take your hands off me. Otherwise, **I'll accuse you of** inappropriate touching.
제게서 손 치우시죠. 그렇지 않으면, 부적절한 신체 접촉으로 고소할 겁니다.

B Okay. Are you free on Friday? Please don't turn me down.
알았어요. 금요일에 시간 돼요? 거절하지 말아요.

A That's enough. I'll file a sexual harassment claim. Is that clear?
그만하시죠. 성희롱으로 소송을 제기할 겁니다. 알겠어요?

B Can't you take a joke? 농담으로 받아들일 수 없어요?

A Don't you ever try to make a fool out of me again. Do you get it?
다시는 나 조롱할 생각하지 말아요. 아시겠죠?

E Further Study 차별로 간주되는 것들

Isn't it _____ discrimination? This question is so blatant.
그것은 ~차별 아닌가요? 참 노골적인 질문이군요.

ethnicity 민족
- Where were you born?
  태어난 곳이 어딘가요?
- What's your native language?
  모국어가 무엇인가요?

marital status 결혼 여부
- When do you plan to start a family?
  언제 가족을 꾸리실 건가요?
- Are you single, married, or divorced?
  미혼, 기혼, 혹은 이혼했나요?

disability 장애
- Are you a physically handicapped person?
  신체적 장애가 있으신가요?
- Do you have a chronic illness?
  고질병이 있으신가요?

age 연령
- Aren't you too old to change your job?
  직업을 바꾸기에 나이가 너무 많지 않나요?
- Isn't it too young to have that position?
  그 직책을 갖기에 너무 어리지 않나요?

religion 종교
- What religion are you?
  종교가 뭐예요?
- Are you a Christian or Muslim?
  기독교인이에요, 이슬람교도예요?

sexual orientation 성적 성향
- What's your sexual preference?
  성적 취향이 어떠신가요?
- Are you gay or straight?
  동성애자인가요, 이성애자인가요?

SECTION 6
해고 및 퇴직 Discharge & Retirement

A Basic Expressions

quit one's job 직장을 떠나다, 그만두다 ⇒ 자진해서 직장을 그만두는 것을 말한다.

resign 사임하다, 사직하다 ⇒ move away로도 표현하기도 하는데, 고위직의 경우 step-down으로 나타내기도 한다. '사직서'는 resignation letter.

retire 퇴직하다, 은퇴하다 ⇒ 임기를 다하거나 은퇴할 연령에 이르러 회사를 그만두는 것은 retire, 임기를 끝마치지 않은 상태에서 개인적인 사유 또는 권고퇴직으로 회사를 떠나는 것은 resign으로 나타낸다.

get fired 해고 당하다 ⇒ '부당 해고'는 unfair dismissal.

be laid off 정리 해고되다 ⇒ 참고로 명사형 layoff는 '일시적인 해고'를 의미한다.

reduce its workforce 인력을 감축하다 ⇒ downsizing 또한 '인력 감축'을 의미한다.

be between jobs 취업 준비 중이다, 무직 상태이다 ⇒ be unemployed 또는 be out of a job이라고 표현할 수 있다.

work on a fixed-term contact 계약직으로 근무하다 ⇒ '계약직 직원'은 contract worker.

B Key Sentences 퇴직 사유 말하기

Director Kim, I'd like to quit my job because _____.
김 이사님, ~ 이유 때문에 일을 그만두고 싶습니다.

Okay. I'll accept your resignation letter. Good luck.
알겠네. 사직서를 받도록 하지. 행운을 비네.

- **The job is detrimental to my overall health** 이 일은 전반적인 제 건강에 해로워서요
- **I'd like to devote myself to caring for my child** 육아에 전념하고 싶어서요
- **my reputation has soured at this job** 직장에서 제 평판이 너무 나빠서요
- **my personal views are not in line with the company's culture** 제 개인적 견해와 회사의 정서가 일치하지 않아서요
- **I'm planning on a career change** 직업을 바꿀 계획이라서요

SECTION 6 해고 및 퇴직

C Key Dialog  TOP 7

1. A: 왜 일을 그만두기로 결심한 거예요?
   B: 재충전할 시간이 필요해서요.

   Why did you decide to **quit your job**?
   I need to have some time to recharge myself.

2. A: 왜 존슨 씨가 사임하셨죠?
   B: 그의 사생활에 문제가 좀 있는 거 같아요.

   Why did Mr. Johnson **resign**?
   I think he has some problems in his personal life.

3. A: 직업을 바꿀 계획이라 일을 그만두고 싶어요.
   B: 적어도 2주 전에 통지해야 해요.

   I'd like to **quit my job** because I'm **planning on a career change.**
   You should give me at least two weeks' notice.

4. A: 나 해고됐어! 또 멍청한 실수를 했지 뭐야.
   B: 변명이라도 하지 그랬어?

   I **got fired**! I made a stupid mistake again.
   Why don't you make some excuses?

5. A: 존이 정리 해고된 게 사실이에요?
   B: 네, 회사가 인력 감축을 하고 있어요.

   Is it true that John **was laid off**?
   Yes, the company is **reducing its workforce**.

6. A: 퇴직하면 뭐하실 거예요?
   B: 내 농장에서 퇴직 생활을 할 거예요.

   What are you going to do when you **retire**?
   I'll live out my retirement on my farm.

7. A: 일을 관뒀다고 들었어요, 맞아요?
   B: 한달 전이요. 지금 직장을 알아보고 있는 중입니다.

   I heard you quit your job, right?
   A month ago. I'**m between jobs** now.

excuse 변명, 이유 notice 공고, 고지

퇴직 사유 중 하나에 본인의 신체 리듬과 맞지 않는 근무 시간 때문에 일을 오래 지속하지 못하는 경우가 있다. 어떤 종류의 근무 시간제가 있는지 살펴보자.
split shift (분할 근무): 보통 오전 7시부터 오전10시까지 일하고 중간에 긴 휴식을 갖은 뒤 오후 3시에 다시 출근해서 8시까지 일하는 근무 형태를 말한다.
graveyard shift (철야 근무): 호텔, 병원 등과 같이 3교대 체제 (three-shift)로 근무하는 직장에서, 밤 12시부터 오전 8시 경까지 해당하는 근무 형태를 말한다. night shift와 같은 말이다.
flexible schedule (변형 근로 시간제): 법정 근로시간인 1일 8시간, 1주 40시간을 초과하지 않는 범위 내에서 근로 시간을 탄력있게 운영할 수 있도록 한 근무 형태를 말한다.

D Office Talk "이유 없이 해고되네요."

A Did you hear that John's contract is running out but isn't getting renewed?
존의 계약 기간이 끝나가는데 연장 안 됐다는 얘기 들었어요?

B Does he work on a fixed-term contract? 존이 계약직으로 일했어요.

A Yes. I think the company just use corporate downsizing to get rid of workers that it no longer wants. 네. 제 생각에는 회사가 더 이상 원치 않는 인력을 감축하기 위해 구조 조정을 하는 것 같아요.

B Oh my. He is getting fired for no reason.
이런, 그는 이유 없이 해고되네요.

A Anyway, we need to minimize our chances of getting fired.
어쨌든, 우리는 해고될 만한 기회를 최소화 해야 해요.

B I know. That's why I try to understand and keep the company's policies.
알아요. 그래서 제가 회사 규정을 이해하고 지키려고 노력하는 거예요.

run out 다 되다   downsize 축소하다, 감축하다   minimize 최소화하다

E Further Study 해고 사유와 퇴직 수칙

해고 사유
- absentee/lateness problems
  결근/지각 문제
- poor performance 부족한 업무 능력
- breach of confidentiality 기밀 유지 위반
- sexual harassment 성희롱
- creating a hostile work environment
  험악한 업무 환경 조성
- inappropriate behavior: lying or stealing
  부적절한 행동: 거짓말 또는 절도

바람직한 퇴직 수칙
- Discuss your resignation with your supervisor first. 먼저 상사와 퇴직을 논의하라.
- Give your employer a reasonable amount of time to fill your position.
  후임자를 채울 수 있는 충분한 시간을 줘라.
- Show that you regret leaving such wonderful people behind.
  좋은 사람들을 떠나는 것에 대한 아쉬움을 보여라.
- Stay on top of your responsibilities in your work. 맡은 업무에 책임을 다해라.
- Do a great job training your replacement. 인수 인계를 잘 해라.

SECTION 7
이직 및 입사 지원 Transference & Job Applications

A Basic Expressions

job openings 빈 자리, 채용 공고 ⇒ '채용 공고 나온 것 있나요?'는 Do you have any job openings?

apply for ~에 지원하다 ⇒ position은 '직위, 직책'을 뜻한다. '비서직에 지원하고 싶습니다'는 I'd like to apply for a position as a secretary.

applicant 지원자 ⇒ '월등한 자격 요건을 갖춘 지원자를 찾고 있습니다'는 We are looking for highly qualified applicant [candidates].

suitable for ~에 적합한 ⇒ '그가 이 일에 적합합니다'는 He is suitable [qualified] for this job.

job interview 취직 면접 ⇒ 참고로 '면접관'은 interviewer라고 하고, 면접을 받는 '구직자'는 interviewee라고 한다.

one's greatest strength 장점 ⇒ merit, strong point도 같은 뜻이다. 반대로 '약점'은 weakness, demerit 또는 shortcoming.

heavy workload 과중한 업무 ⇒ '업무량이 매우 많은 직업입니다'는 This is a job with a very heavy workload.

put every part of myself into ~에 내 전부를 쏟아 붓다

B Key Sentences 입사 지원하기

I'd like to apply for a position as _____.
~직에 지원하고 싶습니다.

Okay. You need to send us your application, resume, and references.
좋아요. 지원서와 이력서, 그리고 추천서를 보내주셔야 합니다.

Please _____ for more details.
더 자세한 사항은 ~하세요.

- **a secretary** 비서
- **a sales representative** 판매 대리인
- **a customer service representative** 고객 서비스 담당 직원
- **an accountant** 회계사
- **an analyst** 분석가
- **an inspector** 검열관
- **an engineer** 엔지니어

- **ask [consult] the manager of Human Resources Department** 인사부 과장에게 문의하다
- **visit our website** 웹사이트에 방문하다
- **check the list of job openings** 채용 공고를 확인하다

C Key Dialog — TOP 7

1. A: 엔지니어직에 지원하고 싶습어요. 채용 공고 나온 게 있나요?
   I'd like to **apply for** an engineering position. Do you have any **job openings**?
   B: 네, 지금 구인하고 있습니다.
   Yes, we are hiring new employees now.

2. A: 어떤 서류들을 제출해야 하나요?
   What kind of documents do I need to submit?
   B: 지원서와 이력서, 그리고 추천서를 보내 주셔야 합니다.
   You need to send us your **application, resume,** and **reference**.

3. A: 월등한 자격 요건을 갖춘 지원자를 찾고 있습니다.
   We are looking for highly qualified **applicant**.
   B: 제가 적합하다고 생각합니다.
   I think I'**m suitable for** this job.

4. A: 무엇 때문에 본인이 이 직업에 적합하다고 생각하나요?
   What do you think makes you **suitable for** this job?
   B: 저는 매우 분석적인 사고를 하는 사람입니다.
   I'm a highly analytical thinker.

5. A: 업무량이 무척 많은 직업입니다. 처리할 수 있나요?
   This is a job with a very **heavy workload**. Can you handle it?
   B: 그럼요. 저는 할 수 있습니다.
   Definitely. I can do it.

6. A: 아주 인상적인 이력서군요.
   You have a very impressive resume.
   B: 감사합니다. 면접하게 되어서 기쁩니다.
   Thank you. I'm really glad to have this **job interview**.

7. A: 본인의 가장 큰 장점이 무엇입니까?
   What's **your greatest strength**?
   B: 제가 하는 일에 열정을 갖고 있습니다.
   I have a passion for my career.

analytical 분석적인 passion 열정 personality 성격

커버레터 (cover letter)는 자기소개서와 비슷하지만 내용면에서 다소 차이가 있다. 이력서에 나타낼 수 없는 성격, 장점 등을 기술 한다는 점에서는 비슷하지만, 커버레터에는 개인적인 이야기를 하기 보다는 자신의 능력과 관심, 동기, 가지고 있는 자격 등만을 언급하는 것이 좋다. 이력서가 경력과 학력을 체계적으로 나열하는 것이라면, 커버레터는 객관적으로 나열된 사항을 지원자의 관점에서 주관적으로 서술한 것이다.

SECTION 7 이직 및 입사 지원

D Office Talk "저는 열정적인 사람입니다."

A Thanks for giving me a chance to have **a job interview** with such a great company.
이렇게 훌륭한 회사에 면접 볼 수 있는 기회를 주셔서 감사합니다.

B We really appreciate a qualified candidate like you applying to our company. Mr. Smith, this is a job with a very **heavy workload**. Do you think you can cope with it?
저희는 귀하와 같이 자격 요건을 갖춘 후보자가 지원해 주셔서 정말 감사합니다. 스미스 씨, 업무량이 매우 많은 직업입니다. 감당해 낼 수 있다고 생각하시나요?

A Definitely. I'm very enthusiastic. So I'll **put every part of myself into** achieving my career goals. 그럼요. 저는 열정적인 사람입니다. 제가 하는 일의 목표 달성을 위해 제 전부를 쏟아 부을 겁니다.

cope with 감당하다, 해내다   definitely 분명히

E Further Study 1 포부 밝히기 & 임무 묻기

- What is your long-range objective?
  장기적인 목적은 무엇인가요?
  → Within 5 years, I'd like to become the very best (직책) your company has.
  5년 내에, 회사에서 가장 뛰어난 (직책)이 되고 싶습니다.

- What are the duties of a (부서명) manager? (부서명)의 과장의 업무는 무엇인가요?
  → He/She plans, organizes, directs, controls and evaluates activities within his/her specific area.
  그가 속한 특정 분야의 일을 계획, 구성, 지시, 관리하고 평가합니다.

- 직책 Position
President 사장
Vice President 부사장
Executive Managing Director 전무
Executive Director 상무
Director 이사
General Manager 부장
Manager 과장
Assistant Manager 대리

- 부서명 Department (Dept.)
Research and Development Dept. 연구개발부
Customer Service Dept. 고객서비스부
Human Resources (HR) Dept. 인력자원부
General Affairs Dept. 총무부
Accounting Dept. 경리부
Finance Dept. 재무부
Marketing Dept. 마케팅부
Sales Dept. 영업부

F Further Study 2 이직 희망자들이 알아야 할 '현재 직장 관련 질문 Top 5'

1. Can you tell me about your current boss?
귀하의 현재 상사는 어떤 분인지 말씀해 주시겠어요?

My boss is a real go-getter who works with passion.
열정을 갖고 일하는 진정한 야심가이십니다.

He/She has excellent leadership and communication skills.
뛰어난 리더십과 의사 소통 기술을 가지고 계십니다.

He/She is a good listener and tries to build effective relationships with his/her employees.
좋은 경청자이며 직원들과 효율적인 관계를 형성하려 노력하시는 분입니다.

2. How would your current boss describe you?
현재 상사가 귀하를 어떻게 평가할 것 같나요?

My boss considers me a hardworking and efficient employee who is able to work well using my own initiative.
저를 열심히 일하고 본인의 결단력으로 업무를 처리하는 유능한 직원이라고 생각하실 겁니다.

I think my boss considers me a dependable and responsible employee.
저를 신뢰할 수 있고 책임감이 있는 직원이라고 여기실 겁니다.

3. Why do you want to leave your present job?
왜 현재 재직 중인 회사를 그만두려고 하나요?

This position seems like an excellent match for my skills and experience.
이 직책이 제 기술과 경험에 딱 맞는 것 같아서요.

I want to work at a company where my capabilities are more recognized.
제 능력을 더 인정 받는 회사에서 일하고 싶어서요.

I am not challenged enough at my job. 제 일에 충분히 도전적이지 못해서요.

4. What is the most enjoyable part of your current job?
현재 직장에서 가장 좋아하는 부분은 무엇입니까?

I enjoy a friendly and fun atmosphere at work.
친근하고 즐거운 직장 분위기가 좋습니다.

I really enjoy participating in community outreach.
지역사회 봉사 활동에 참여하는 것이 정말 좋습니다.

5. What part of your job do you dislike the most?
현재 직장에서 가장 싫어하는 부분은 무엇입니까?

Frankly, there aren't really any areas that I can say I dislike.
솔직히, 싫다고 말할 수 있는 게 없습니다.

It's an average-sized company, they can't take on the scale of projects I would like to work on.
평균 규모의 회사라서 제가 하고 싶어하는 큰 프로젝트를 맡을 수가 없습니다.

Chapter 10

생각보다 쉬운 오피스 영어

다양한 인사

Tips for Various Greetings

Section 1   안부 인사 Saying Hello

Section 2   명절 인사 Holiday Greetings

Section 3   신입사원 환영 인사 Greeting New Employees

Section 4   승진 및 성과 축하 인사 Congratulations on Promotions and Excellent Performance

Section 5   퇴직 인사 Greetings on Retirement

SECTION 1
안부 인사 Saying Hello

A Basic Expressions

How have you been? 어떻게 지냈어요? ➡ 안부를 묻는 대표적인 표현으로, How's it going?(요즘 어때요?), How are you doing?(어떻게 지내세요?), How's everything?(요즘 어때요?) 등도 있다.

look tired 피곤해 보이다 ➡ 비슷한 표현으로 look exhausted 또는 look worn out이 있다. '당신 좋아 보이네요.'는 You look great.

go for it 목적을 향해 전진하다, 나아가다 ➡ 힘을 돋우고 격려할 때 쓰이는 표현으로, 운동 경기를 응원할 때도 쓰인다. '열심히 하자!'는 Let's go for it!

tight 꽉 조여 있는, 빡빡한 ➡ '일정이 빡빡하다'는 I have a tight schedule.

work on something ~에 착수하다, ~을 연구하다 ➡ '아직 그 프로젝트를 진행 중이에요?'는 Are you still working on the project? '지금 진행하고 있는 업무가 뭐예요?'는 What are you working on now?

deal with ~을 다루다, 처리하다 ➡ 문제나 일 등을 다루는 것은 handle이나 cover도 이용할 수 있다. '당신이 그 일을 처리할 수 있는 유일한 사람이에요.'는 You are the only one who can deal with [handle / cover] it.

B Key Sentences 안부 묻기

You look _____ today. What's going on?
오늘 ~해 보이네요. 무슨 일이에요?

| tired 피곤한 | worn out 매우 지친 | exhausted 지친, 탈진한 | worried 걱정이 있는 |
| happy 행복한 | delighted 아주 기뻐하는 | pleased 만족하는 | joyful 아주 기뻐하는 |

• **Good**

I got a good performance evaluation.
업무 평가를 잘 받았어요.

I won the contract with the A Company.
A사와의 계약을 성사시켰어요.

I have a date.
데이트가 있어요.

• **Not Good**

I worked overtime to meet a deadline.
마감기한을 맞추려고 야근했어요.

I have a tight schedule lately.
요즘 스케줄이 너무 빡빡해요.

I am suffering from insomnia.
불면증에 시달리고 있어요.

C Key Dialog — TOP 7

1. A: 당신 오늘 피곤해 보이네요.
   You **look tired** today.
   B: 마감기한을 맞추려고 야근했어요.
   I **worked overtime** to meet a deadline.

2. A: 오늘 아주 즐거워 보이네요.
   You **look joyful** today.
   B: 업무 평가를 잘 받았어요.
   I **got a good performance evaluation**.

3. A: 어떻게 지냈어요?
   How have you been?
   B: 나쁘지 않았어요. 하시는 일은 어떠세요?
   Not too bad. How are things with you?

4. A: 무슨 일이에요, 폴?
   What's going on, Paul?
   B: CT사와의 계약을 성사시켰어요.
   I **won the contract** with the CT Company.

5. A: 요즘 스케줄이 너무 빡빡해요.
   I have a **tight** schedule lately.
   B: 지금 진행하고 있는 업무가 뭐예요?
   What are you **working on** now?

6. A: 걱정 있어 보여요. 괜찮아요?
   You **look worried**. Are you okay?
   B: 음, 요즘 불면증에 시달리고 있어요.
   Well, I'**m suffering** from insomnia.

7. A: 프로젝트에 문제가 좀 있었다고 들었어요. 지금은 괜찮아요?
   I heard you had some problems with the project. Is everything okay now?
   B: 잘 되고 있어요. 제가 처리할 수 있어요.
   Things are coming along fine. I can **deal with** it.

insomnia 불면증

TIP BOX

친구끼리 안부를 물을 때 쓰는 격식 없는 말들은 무엇이 있을까? 먼저 호칭부터 살펴보면 '어이, 친구' 라는 의미의 Hey, buddy/dude 등으로 말문을 열기 시작한다.

A: Hey, dude. How's it going? (어이 친구, 잘 지내?)
B: Not bad. / Can't complain buddy. (잘 지내.)
   또는 Not so good. (상황이 좋지 않아.)
A: What's up, man? / What's wrong? (무슨 일이야? / 뭐가 잘못 됐는데?)
B: I had some trouble with my girl. (여자친구와 문제가 좀 있어.)
A: Hey, dude. Don't whine like a baby. (친구, 아기처럼 징징대지 마.)

SECTION • 1 안부 인사

D Office Talk "무슨 일이에요?"

A   What's going on, David? You **look tired** today.
    무슨 일이에요, 데이빗? 당신 오늘 피곤해 보이네요.

B   You know I have a **tight** schedule lately.
    아시다시피, 요즘 스케줄이 너무 빡빡해요.

A   Are you still **working on** the project?
    그 프로젝트 아직 진행하고 있어요?

B   Yes, I want to quit my job and take a break.
    네, 일 관두고 좀 쉬고 싶어요.

A   Hey, David. You are the only one who can **deal with** it. Let's **go for it**!
    데이빗, 당신이야 말로 그 일을 처리할 수 있는 유일한 사람이에요. 힘내요!

B   Thanks, Brenda.
    고마워요, 브렌다.

E Further Study 오랜만의 인사

• 만나서 반가울 때 감탄사
I can't believe this!
믿어지지 않아!

Oh my goodness! 어머, 어머!

= Holy molly (cow)! / Holy Christ! / Holy buckets!

(*Holy buckets!: Teenage girls가 많이 쓰는 경향이 있다.)

What a coincidence!
이런 우연이 있나!

• 안부 묻기 전의 말들
I'm truly happy to see you again.
당신을 다시 만나서 진심으로 반가워요.

When was the last time I saw you?
내가 당신을 마지막으로 본 게 언제였죠?

I missed you so much.
당신 많이 보고 싶었어요.

You haven't changed at all.
당신 하나도 안 변했어요.

"오랜만이에요."
= Long time no see.
= I saw you quite a long time ago.
= I haven't seen you in a while.
= It's been a long time since we've met.
= It's been ages.

SECTION 2
명절 인사 Holiday Greetings

A Basic Expressions

holiday 휴일, 휴가, 명절 ⇨ 일요일이나 공휴일뿐만 아니라 일정 기간 동안 얻는 휴가나 명절을 의미하기도 한다. 영국에서는 holiday 라고 쓰며, 미국에서는 vacation이라고 쓴다. '여름 휴가'는 summer holidays, '크리스마스 휴가'는 Christmas holidays, '휴가철'은 holiday season.

anniversary 기념일 ⇨ '결혼기념일'은 wedding anniversary. '10주년 기념일'은 10th anniversary.

family reunion 가족 모임 ⇨ 오랫동안 헤어져 있던 사람들의 모임은 reunion으로 표현한다. '동창회'는 school reunion.

approach 다가오다, 가까워지다 ⇨ 장소뿐만 아니라 날짜, 시간 또는 행사에 근접해 가는 것은 approach나 come을 사용한다. '추수감사절이 다가옵니다'는 Thanksgiving is approaching [coming].

look forward to ~을 고대하다 ⇨ '당신을 만나게 되길 고대하고 있어요'는 I'm looking forward to seeing you.

take a rest 쉬다, 휴식을 취하다 ⇨ '집에서 쉴 거예요'는 I'll take a rest at home.

take away ⇨ ~을 없애다 → eliminate, wipe away도 같은 뜻이다. '스트레스를 없애다'는 take away stress.

I wish you + 명사형 당신이 ~하길 바라요 ⇨ '~에게 ~을 빌다'라는 뜻으로 I wish ~를 쓸 때는 뒤에 명사형 목적어가 두 개 온다. '즐거운 크리스마스가 되길 바라요'는 I wish you a merry Christmas.

B Key Sentences 명절 보내기

_____ is approaching [coming].
What are you going to do during the holidays?
~이 다가오네. 휴일 동안 뭐 할 거예요?

It's time to take away your stress. So, I'll take this time to _____.
스트레스를 없애줘야 될 때죠. 그래서 ~하는 데 시간을 쓸 거예요.

Thanksgiving Day 추수감사절
Christmas Day 성탄절, 크리스마스
New Year's Day 새해 첫 날
Independence Day 독립기념일

travel to Thailand with some friends
친구들과 태국으로 여행가다
visit my family
가족을 방문하다
take care of some household chores
집안일을 돌보다
see my favorite movie
좋아하는 영화를 보다
redecorate the house
집을 다시 꾸미다

SECTION・2 명절 인사

C Key Dialog TOP 7

1. A: 당신 너무 행복해 보이는군요.
   You look extremely happy.
   B: 크리스마스가 다가올 때면 항상 행복해요.
   I'm always happy when Christmas **is approaching**.

2. A: 휴가철이 다가오네요.
   The holiday season **is coming**.
   B: 좀 쉴 수 있는 여유가 생기겠네요.
   It affords me the opportunity to **take a rest**.

3. A: 휴가철 동안 뭐 하실 거예요?
   What are you going to do during the holiday season?
   B: 친구들과 여행 가려고요.
   I'll go traveling with friends.

4. A: 휴일 계획이 있어요?
   Do you have any plans for holidays?
   B: 가족 모임을 준비하려고 해요.
   I'm going to prepare for a **family reunion**.

5. A: 즐거운 크리스마스와 행복한 새해 맞으세요.
   Merry Christmas and a happy new year.
   B: 당신도요. 즐거운 휴일 보내길 바라요!
   You, too. I hope you have happy **holidays**!

6. A: 우리 크리스마스 보너스 받나요?
   Are we getting a Christmas bonus?
   B: 당연하죠. 난 그걸 받길 고대하고 있어요.
   Absolutely. I'm looking forward to getting it.

7. A: 스트레스를 없애줘야 할 시간이에요.
   It's time to take away your stress.
   B: 맞아요. 저는 휴식을 취하는 데 쓸 거예요.
   That's right. I'll **take some time to** relax.

extremely 극히, 정말   afford 여유[형편]가 되다

• 추수감사절 인사
Happy Thanksgiving! 추수감사절 잘 보내요!
Have a lovely Thanksgiving Day! 멋진 추수감사절 보내시길!
Where are you going for Thanksgiving? 추수감사절에 어디 가세요?

• 크리스마스 & 새해 인사
(I wish you a) **Merry Christmas** and a **happy new year**. 즐거운 크리스마스와 행복한 새해 보내세요.
I wish you **peace and happiness** at Christmas! 성탄절을 맞아 평화와 행복을 기원합니다.
Have a merry Christmas and **enjoy the holidays**. 즐거운 크리스마스 보내시고, 휴가도 잘 즐기세요.
I wish you **all the best** in the upcoming year! 새해에 모든 일이 잘 되길 빌어요!
All the best **for the new year**! 새해에 좋은 일만 가득하길!
I hope all your dreams come true this year. 당신 꿈을 이루는 한 해가 되기를 바라요.

D Office Talk "즐거운 크리스마스 보내세요."

A **What are your plans** for Christmas Eve? 크리스마스 이브날 계획이 뭐예요?

B I'm going to prepare for **a family reunion**. How about you? 가족 모임을 준비하려고요. 당신은요?

A I'll go shopping for Christmas gifts with friends and we'll get a drink at a bar after that.
친구들과 크리스마스 선물 쇼핑 좀 하고, 바에서 한잔하려고요.

B Sounds like a good plan. 좋은 계획인 것 같네요.

A Most of my friends are single, so we still have a lot in common.
친구들 대부분이 독신이라서 아직 공통점이 많이 있거든요.

B Enjoy your single life. 독신 생활을 즐기세요.

A Thanks. Merry Christmas and all the best for the New Year.
고마워요. 즐거운 크리스마스 보내시고 새해엔 좋은 일만 가득하세요.

E Further Study 그 밖의 경축 인사

- 생일 축하 인사

    Happy birthday (to you)! 생일 축하해요!
    Happy 30th birthday! 30번째 생일을 축하해요!
    Best wishes for a lovely day! 좋은 하루 되길 바라요!
    Many happy returns on your birthday! 생신 축하 드려요!
    Blow out the candles and don't forget to **make a wish**. 촛불 끄고 소원 비는 것 잊지 마세요.

- 결혼기념일 축하 인사

    Congratulations on your 10th anniversary. 결혼 10주년을 축하해요.
    Happy anniversary! (결혼)기념일을 축하 드립니다!
    I wish you a **happy life forever!** 앞으로 계속 행복하시길 바라요!

- 결혼 축하 인사

    Congratulations on your wedding [marriage]! 결혼 축하해요!
    I hope you are happy every day in your married life. 결혼 생활이 언제나 행복하시길 바라요.
    Congratulations! Have a **wonderful time** on your honeymoon. 축하합니다! 신혼여행 즐겁게 보내세요.
    I wish you **a beautiful life filled with** many warm memories. 따뜻한 추억으로 가득 찬 아름다운 인생이길 바라요.
    You are **made for each other**. 두 분이 천생연분인 것 같아요.
    I wish you both **a wonderful beginning** and love to last a lifetime.
    멋진 시작과 함께 인생의 마지막까지 사랑하길 바라요.

SECTION 3
신입사원 환영 인사 Greeting New Employees

A Basic Expressions

Welcome aboard. 한 식구가 된 걸 환영합니다. ⇨ aboard는 '기차나 배, 비행기를 탄'이라는 의미로, 같은 처지나 운명공동체에 놓였음을 한 배에 탄 것으로 은유적으로 표현한 것이다.

give someone an opportunity ~에게 기회를 주다 ⇨ allow someone to have a chance도 같은 뜻이다.

join 함께 하다, 동참하다 ⇨ '재무부에 합류하게 되어서 기쁩니다'는 I'm pleased to join the Financial Department.

accept one's offer ~의 제안을 받아들이다 ⇨ 반대로 제안을 거절하는 것은 동사 reject를 쓴다.

get familiar with ~에 익숙해지다 ⇨ '업무 환경에 익숙해지셨나요?'는 Have you gotten familiar with the work environment?

get acquainted with 친근해지다 ⇨ '한국문화에 친근해지다'는 get acquainted with Korean culture.

prove one's capability ~의 능력을 입증하다 ⇨ 반대로 '~의 능력 밖이다'는 be beyond one's capability.

do one's best 최선의 노력을 다하다 ⇨ 의미를 좀 더 강조하기 위해 best 앞에 very를 넣기도 한다.

take pride in 자부심을 갖다 ⇨ '우리 회사에 자부심을 갖게 될 거예요.'는 You'll take pride in our company.

B Key Sentences 신입사원 환영하기

We're very **pleased** to have you as a part of our team.
우리 팀의 일원이 되어서 정말 기쁩니다.

Welcome aboard!
한 식구가 된 걸 환영해요!

Congratulations on your **new beginning**.
새로운 시작을 축하합니다.

I hope you **enjoy working** here.
여기서 즐겁게 일하기를 바랍니다.

I'm glad to _____. ~해서 기쁩니다.
　join this department 이 부서에 합류하다
　land my dream job 꿈꾸던 직업에 안착하다
　have an opportunity to learn some new skills 새로운 기술을 배울 수 있는 기회를 갖다
　get to work with nice co-workers 좋은 동료들과 일하게 되다

C Key Dialog TOP 7

1. A: 회사의 일원이 되어서 기쁩니다.
   B: 우리의 제안을 받아줘서 고마워요.

   I'm happy to **be a part of the company**.
   Thanks for **accepting our offer**.

2. A: 제게 기회를 주셔서 감사합니다.
   B: 주저하지 말고 능력을 보여주세요.

   I appreciate the opportunity you're giving me.
   Don't hesitate to **prove your capability**.

3. A: 여기서 즐겁게 일하길 바라요.
   B: 제 능력에 대한 믿음을 보여주셔서 감사합니다.

   I hope you **enjoy working** here.
   Thanks for your expression of faith in my abilities.

4. A: 여러분과 함께 일하게 되어 행운입니다.
   B: 한 식구가 된 걸 환영합니다.

   I'm lucky to work with you.
   Welcome aboard.

5. A: 엔지니어 부서에 합류하게 되어서 기쁩니다.
   B: 일하기에 아주 즐거운 곳이에요.

   I'm glad to join the engineering division.
   This is a pleasant place to work.

6. A: 우리 회사에 자부심을 갖게 될 겁니다.
   B: 실망시키지 않도록 최선을 다하겠습니다.

   You'll **take pride in** our company.
   I'll **do my very best** not to disappoint you.

7. A: 신입사원이 여기 일에 익숙해지게 도와줘요.
   B: 걱정 마세요. 저희가 마음 편하게 해줄게요.

   Help the new employee **get familiar with** working here.
   Don't worry. We'll make him feel comfortable.

hesitate 주저하다 faith 믿음, 신념 division (조직의) 분과[부/국] pleasant 즐거운, 쾌적한

'You only get one chance to make a first impression.(첫 인상은 한 번의 기회에 형성된다)'라는 말이 있다. 신입사원에게는 그만큼 동료나 상사와의 첫 만남이 무엇보다도 중요하다. 그런 중요한 첫 인상을 위해 우선, 여유 있게 회사에 도착하도록 하자. 또한 호칭을 이름으로 쓸 경우는 동료들의 이름을 빨리 기억하도록 노력하자. 업무가 익숙해지기 전까지는 안건을 내기보다 동료들의 의견을 경청하는 것이 좋다. 그렇다고 모든 업무를 수동적으로 임하라는 것은 아니며, 자신이 맡은 부분은 누구보다도 적극적으로 대처하는 자세가 중요하다.

SECTION·3 신입사원 환영 인사

D Office Talk "환영합니다."

A On behalf of the management, I welcome you as a new member of the KK Corporation.
경영진을 대표해서, KK사의 새 일원이 되신 것을 환영합니다.

B Thank you for **giving me the opportunity** to **prove my capabilities**.
제 능력을 증명해 보일 수 있는 기회를 주셔서 감사합니다.

A Oh, it's time to meet your supervisor and co-workers.
아, 당신의 상사와 동료들을 만나볼 시간입니다.

B I'm looking forward to meeting them.
그분들과의 만남이 정말 기대되는데요.

A By the way, we're going to have a few drinks after work this coming Friday. Can you join us?
참, 돌아오는 금요일에 퇴근 후 술 좀 마실까 해요. 함께 할 수 있어요?

B Sure. I think it'll be a good chance to **get acquainted with** my co-workers.
그럼요. 동료들과 친숙해 질 수 있는 기회가 될 것 같아요.

E Further Study 1 신입사원 첫 출근 날, 책임자의 일과

- Introduce the new employee to his or her co-workers. 동료들에게 신입사원을 소개한다.
- Provide a tour of the work area. 근무지를 구석구석 보여준다.
- Assist the employee in obtaining security codes and his or her photo ID.
  보안 코드와 사진이 붙은 사원증을 받을 수 있도록 도와준다.
- Review _____. ~을 되짚어준다.
   his or her job duties 직무 개요
   his or her supervisor's expectations 상사의 기대
- Remind him or her of _____. ~을 상기시켜 준다.
   the work schedule 업무 일정
   lunch & break schedules 점심과 휴식 일정
   tardiness 지각
   sick leave 병가
   the dress-code 복장 규정
   staff meeting schedules 직원 회의 일정
- Provide an outline of current projects. 현재 진행 중인 업무 개요를 설명해 준다.
- Encourage the new employee. 신입사원을 격려해 준다.
   "You'll be a great asset to our team." 당신은 우리 팀에 아주 중요한 인재가 될 것입니다.

F Further Study 2 신입사원 환영 편지

Dear Nicolas Jackson.

Welcome to the Sales Department!

We are pleased that you have accepted our offer for the sales assistant position starting on March 15. In order to prepare you for your first day of work, we are sending you a packet that includes a temporary parking pass.

Current employees in our department dress in business casual attire. Your specific duties are in the attached job description.

Congratulations and best wishes!

Sincerely,

Ken Pentel

Section Head, Sales Department

니콜라스 잭슨 씨께,
영업부에 오신 것을 환영해요!
우리가 제안한, 3월 15일에 시작하는 영업 보조직을 수락해서 기쁩니다. 첫 출근 준비를 위해, 임시 주차증이 포함된 서류 묶음을 보냅니다.
현재 우리 부서 직원들은 비즈니스 캐주얼을 입습니다. 구체적인 업무 내용은 첨부된 직무 기술서에 나와 있습니다. 축하 드리고 좋은 일만 있길 바랍니다!
영업부 과장 켄 펜텔 올림.

G Further Study 3 신입사원 입사 공고

Date: <u>02/20/2012</u>① 2012년 2월 20일

To: <u>all members of the Sales Department</u>② 영업부 전 직원분들께

From: <u>Michael Douglas</u>③ 마이클 더글라스

Re: James Jackson 제임스 잭슨 씨에 대해

On <u>March 1st</u>④, we are welcoming <u>James Jackson</u>⑤ to our department as a new employee.
3월 1일에 저희가 제임스 잭슨 씨를 신입사원으로 맞이하게 됩니다.

Several of you may be involved in assisting <u>director Kelvin Smith</u>⑥ in training our new employee to become a productive member of our team.
신입사원이 팀의 생산적인 일원이 되도록 몇몇 분은 켈빈 스미스 부장님을 도와 신입사원 교육을 하게 되실 겁니다.

Please give a warm welcome to James Jackson during his first day on the job.
근무 첫날 제임스 잭슨 씨를 따뜻하게 환영해 주세요.

① 날짜 ② 대상(신입사원의 부서 직원 또는 직원 일동) ③ 보내는 이(책임자 또는 직속 상사) ④ 신입사원의 출근일 ⑤ 신입사원의 이름 ⑥ 책임자 및 상사 이름

SECTION 4
승진 및 성과 축하 인사 Congratulations on Promotions and Excellent Performance

A Basic Expressions

congratulate on ~에 대하여 축하하다 ⇒ 결혼이나 승진 등을 축하할 때, 명사형 congratulation을 써서 Congratulations on your wedding [promotion]!과 같이 말한다.

get [be] promoted 승진하다 ⇒ 명사형 promotion을 써서 '그가 승진했어요'는 He got a promotion. be advanced도 같은 뜻이다. 반대로 '승진에 실패하다'는 fail to get promoted.

in recognition of ~의 보답으로, ~을 인정하여 ⇒ '40년 동안의 헌신을 인정하는 상입니다'는 This award is in recognition of 40 years of dedication.

deserve ~할 만하다 ⇒ '당신은 그럴 자격이 있어요'는 You deserve it.

career ladder 승진 가도, 출세를 위한 사다리 ⇒ ladder of success도 쓸 수 있다.

award 상, 상금 ⇒ award는 심사나 신중한 검토 결과를 통해 주는 상인데 반해, prize는 경쟁에서 승리한 이에게 수여되는 상이다.

pay off 보상받다, 성공하다 ⇒ '당신의 노력이 곧 성과를 거둘 것이다'는 Your efforts will pay off soon.

be proud of ~을 자랑스럽게 여기다 ⇒ '당신이 무척 자랑스럽군요'는 I'm so proud of you.

B Key Sentences 승진 축하하기

It's my pleasure to announce the promotion of James Kim (이름) to department manager (직책).
제임스 김의 부장 승진을 발표하게 되어 기쁩니다.

You deserve it. 당신은 그럴 자격이 있어요.

Congratulations on your promotion [leap/achievement]!
당신의 승진 [도약/성취]을 축하 드립니다!

It's in recognition of the fine work you've done.
당신이 훌륭하게 해낸 일을 인정 받으셨네요.

The company made a wise decision.
회사에서 현명한 판단을 했네요.

Here's wishing you good luck and success in your new position.
새로 맡은 직책에서 당신에게 행운과 성공이 따르기를 바랍니다.

C Key Dialog TOP 7

1. A: 승진 축하해요!
   B: 모두 여러분 덕분입니다.

   Congratulations on your promotion!
   Thanks to all of you.

2. A: 축하해! 당신은 박수 받을 만해.
   B: 그렇게 말해주니 기쁘네요.

   Congrats! You **deserve** a big round of applause.
   I'm glad to hear that.

3. A: 승진했다고 들었어요. 축하해요!
   B: 고마워요. 운이 좋았던 거죠.

   I heard you **got promoted**. Congratulations!
   Thank you. I was lucky.

4. A: 계속 승진 가도를 달리시길 바랍니다.
   B: 당신도 꼭 성공하길 바랍니다.

   I hope you keep on **climbing the ladder of success**.
   I also wish you a successful career.

5. A: 도약하게 된 것 축하하네.
   B: 당신이 해주신 모든 것에 감사드려요.

   Congratulations on your leap.
   I appreciate all that you do.

6. A: 당신이 훌륭하게 해낸 일을 인정 받았네요.
   B: 동료들이 없었다면 결과는 달라졌을 겁니다.

   It's in recognition of the fine work you've done.
   It wouldn't be the same without my co-workers.

7. A: 이것은 당신의 열정과 능력에 대한 상입니다.
   B: 당신의 조언과 모든 지원에 감사 드립니다.

   It's **an award** for your enthusiasm and ability.
   Thank you for your advice and all of your support.

a big round of applause 한 차례의 박수/환호   keep on 계속 가다   enthusiasm 열정, 열의

승진에 관련된 영어 표현으로 'glass ceiling'이라는 말이 있다. '유리 천장'이라는 원래의 뜻처럼 유리 천장 뒤에서 무슨 일이 일어나는지 쉽게 볼 수 있지만 그 세계로 넘어가기에는 유리 천장이라는 장애물이 있어서 도달하지 못하게 된다는 것이다. 즉, 여성, 인종 차별, 장애, 또는 소수 민족이기 때문에 능력이 있음에도 불구하고 일정 직책 이상으로 올라가지 못하는 것을 빗대어 쓰는 말이다.

SECTION 4 승진 및 성과 축하 인사

D Office Talk "승진을 축하해요."

A   James, you **get promoted** to the sales manager. **Congratulations**!
제임스, 자네가 영업부장으로 승진하게 됐네. 축하하네!

B   Oh my God! I didn't expect that I would be promoted.
세상에! 제가 승진될 거라고 기대 안 했어요.

A   I think it's **in recognition of** the fine work you've done.
자네가 아주 훌륭하게 일해 온 것을 인정 받은 거지.

B   I deeply appreciate all that you do, Director Brown.
해주신 모든 일에 감사 드립니다, 브라운 부장님.

C   Oh no! I failed to **get promoted** again. I thought I was a prime candidate to be promoted.
이런! 또 승진에서 탈락했어요. 전 제가 승진 1순위라고 생각했는데요.

A   Cheer up. Your efforts will **pay off** soon.
기운 내. 곧 자네 노력을 보상 받을 거야.

E Further Study 성과 축하하기

You got **outstanding results** on this project.
이번 프로젝트에서 놀랄 만한 성과를 냈어요.

I deeply appreciate **all that you do**.
당신이 해주신 모든 일에 감사 드립니다.

It's an award for your hard work.
당신이 열심히 일한 것에 대한 상입니다.

Your advice and support **gave** me **a new direction**.
해주신 조언과 지원이 저에게 새로운 방향을 제시해 줬어요.

Nothing can hold back motivated people.
의욕에 차 있는 사람들은 아무도 막을 수가 없어요.

Thanks for your **thoughtfulness**.
사려 깊으신 말씀 감사합니다.

SECTION 5
퇴직 인사 Greetings on Retirement

A Basic Expressions

retire 퇴직하다, 은퇴하다 ⇨ 명사형인 '퇴직, 은퇴'는 retirement. 동사형인 '은퇴하다, 퇴직하다'는 retire, resign.

going-away party 송별 파티 ⇨ send-off party 또는 farewell party도 같은 표현이다. '송별 파티를 이번 토요일에 열자'는 Let's throw [give / hold] a going-away party this Saturday.

chip in 돈을 나누어 내다 ⇨ '각자 20달러씩 냅시다'는 Let's chip in 20 dollars each.

look back on one's life 인생을 뒤돌아보다 ⇨ '제 인생을 뒤돌아볼 시간이 좀 필요해요.'는 I need some time to look back on my life.

gear up for ~에 대한 준비를 갖추다 ⇨ 기어(gear)를 올려서(up) 차를 전진시킬 준비를 하는 이미지를 떠올려 볼 수 있다.

keep in touch 연락을 지속하다 ⇨ '계속 연락하며 지냅시다'는 Let's keep in touch.

give ~ back ~을 돌려주다 ⇨ '(내가 사는) 세상에 보탬이 되겠습니다'는 I'll give something back to the planet.

B Key Sentences 퇴직 인사하기

What are you going to do after retirement? 퇴직 후에 뭐하실 거예요?

I'm planning to _____. ~할 계획이에요.
　travel around the world 세계 여행을 다니다
　go back to school 학교로 돌아가다
　be a volunteer to give something back to my community 자원봉사하면서 지역사회에 보탬이 되다

It's time to _____. ~ 할 시간이에요.
　enjoy the fruits of my labor 열심히 일한 대가를 즐기다
　gear up for my new life 새 인생을 준비하다
　look back with pride [satisfaction] on my life 뿌듯하게 인생을 돌아보다

Best wishes for your retirement. 행복한 퇴직이 되길 바랍니다.
Congratulations on your retirement. 퇴직 축하합니다.
This isn't the end; it's a new beginning. 이것은 끝이 아니라 새로운 시작입니다.
The best is yet to come. 최고의 순간은 아직 오지 않았습니다.

SECTION • 5 퇴직 인사

C Key Dialog TOP 7

1. A: 퇴직 축하해요, 존.
   B: 잘 지내요. 날 위해 해준 모든 것에 진심으로 감사해요.

   Happy **retirement**, John.
   Take care. I truly appreciate what you've done for me.

2. A: 퇴직 후에는 뭐하실 건가요?
   B: 세계 여행을 할 계획이에요.

   What are you going to do **after retirement**?
   I'm planning to travel around the world.

3. A: 몇 살에 퇴직하실 거예요?
   B: 복권에 당첨되지 않는다면, 아마 다른 사람들처럼 65세쯤이요.

   At what age are you going to **retire**?
   Probably around 65 like everyone else unless I win the lottery.

4. A: 이것은 끝이 아니라 새로운 시작입니다.
   B: 맞아요, 내가 사는 세상에 무언가 보탬이 되겠습니다.

   This is not the end; it's a new beginning.
   That's right. I'll **give** something **back** to the planet.

5. A: 퇴직 후 새 인생을 준비하셨어요?
   B: 학교로 돌아가고 싶어요.

   Have you **geared up for** your new life after retirement?
   I want to go back to school.

6. A: 행복한 퇴직이 되길 바랍니다.
   B: 다들 보고 싶을 거예요.

   Best wishes for your retirement.
   I'll miss you all.

7. A: 이번 금요일이 업무 마지막날이에요.
   B: 유감이네요. 하지만 행운을 빌고 계속 연락합시다.

   This Friday is the last day of my work.
   I'm so sorry to hear that. But good luck and **keep in touch**.

unless …하지 않는 한 lottery 복권

정년 퇴직 파티를 위해서는 어떤 선물을 준비해야 할까? 일반적으로 회사에서는 감사패 (plaque)를 준비하고 회사 기여도에 따라 회사 주식 (stock)을 증정하기도 한다. 동료들은 부담스럽지 않은 가격의 선물을 준비하는데, 보통 장신구 (ornament), 서진 (paperweight), 탁상시계 (desk clock), 또는 퇴직 후 취미 생활에 도움이 될 만한 것을 준비한다. 예를 들면 정원을 가꿀 때 쓰는 도구나 골프용품, 여행용품, 또는 공연 티켓 등을 선물하기도 한다.

D Office Talk "퇴직 축하 드립니다."

A **Congratulations on your retirement**. Now is the time to enjoy all the things you never had time to do when you worked.
퇴직 축하해요. 이제는 일하면서 할 수 없었던 모든 것들을 즐기실 시간이네요.

B That's right. It's time for me to **look back with satisfaction on my life** and look forward to all the things I have yet to enjoy.
맞아요. 뿌듯하게 제 인생을 되돌아 보고, 아직 즐겨본 적 없는 것들을 할 수 있을 거라는 기대를 갖는 시간이죠.

A What are you planning to do after retirement?
퇴직 후에 무엇을 하실 계획이세요?

B I'll join Greenpeace to **give** something **back** to the planet.
세상에 무언가 보탬이 되는 일을 하기 위해 그린피스에 참여하려 해요.

A Wow, you've already **geared up for** your new life.
와, 이미 새로운 인생에 대한 준비를 다 갖추셨네요.

E Further Study 퇴직자를 위한 파티

A: Attention, please. Let's throw a retirement party for Susan.
주목해 주세요. 수잔에게 퇴직 파티를 열어줍시다.

B: It will be a surprise party, right? When are we going to give her a send-off?
깜짝 파티 맞죠? 언제 송별 인사를 할 건데요?

A: It's planned for Susan's last day of work.
수잔이 일하는 마지막 날로 계획되어 있어요.

C: Does anyone have any awesome ideas for retirement gifts?
퇴직 선물 관련해서 멋진 아이디어 있는 분 계세요?

B: How about a luggage set?
여행용 가방 세트는 어떨까요?

A: Does anyone have any objections?
이의 있으신 분 계신가요?

C: Okay. Let's chip in $20 each. It's not mandatory.
좋아요. 각자 20달러씩 냅시다. 의무는 아니에요.

Chapter 11

생각보다 쉬운 오피스 영어

사교적인 대화
Tips for Social Conversation

Section 1 　여가 활동과 취미 Avocations & Hobbies
Section 2 　휴가 계획과 여행 Vacation Plans & Travelling
Section 3 　스트레스 해소법 Some Ways to Relieve Stress
Section 4 　날씨와 계절 The Weather & Season
Section 5 　경제와 주식 Economics & Stocks
Section 6 　연애와 이상형 Dates & Ideal Types

SECTION 1
여가 활동과 취미 Avocations & Hobbies

A Basic Expressions

free time [spare time] 여가 시간 ➪ '여가 시간을 어떻게 보내요?'는 spend를 써서 How do you spend your free [spare] time? 또는 '여가시간을 보내는 가장 좋은 방법은 무엇인가요?'는 What's the perfect way to spend your free time?

day off 일을 쉬는 날 ➪ 참고로 off-hour는 '근무 외 시간, 휴식 시간, 비번 때'를 말한다.

sit around 빈둥거리다 ➪ '저는 그냥 빈둥거리며 텔레비전을 봐요'는 I just sit around and watch TV.

do volunteer work 자원봉사를 하다 ➪ volunteer는 명사로 '자원봉사자', 동사로 '자원하다, 자진하다'란 뜻이 있다.

be involved in ~에 관련되다, 연루되다

B Key Sentences 여가 생활 묻고 답하기

What do you do _____?
~에 무엇을 합니까?

- **in your free [spare] time**
  여가 시간에
- **on your day off**
  회사 쉬는 날에
- **in your off-hours**
  비번 때

☐ **I usually play _____.** 주로 ~을(를) 합니다.
　운동≫ golf 골프 / soccer 축구 / tennis 테니스 / bowling 볼링
　악기≫ the piano 피아노 / the violin 바이올린 / the guitar 기타

☐ **I usually listen to music, especially _____.** 보통 음악을 들어요. 특히 ~이요.
　장르≫ (soft/hard) rock (소프트/하드) 락 / pop 팝 / jazz 재즈 / classical 클래식 / hip-hop 힙합

☐ **I go _____.** ~을(를) 하러 가요.
　활동≫ (window) shopping (윈도우) 쇼핑 / swimming 수영 / fishing 낚시 / surfing 서핑 / camping 야영 / hiking 하이킹

☐ **I love to watch _____.** ~을(를) 보는 것을 좋아해요.
　시청 및 관람≫ movies 영화 / musicals 뮤지컬 / television 텔레비전 / play 연극 / sports game 스포츠 게임

☐ **I normally _____.** 보통 ~을(를) 합니다.
　그 외≫ take a nap 낮잠을 자다 / get some rest 휴식을 취하다 / chat with my friends 친구들과 수다를 떨다 / do nothing 아무것도 안 하다

C Key Dialog TOP 7

1. A: 여가 시간을 어떻게 보내요?
   B: 주로 친구 만나서 쇼핑하러 가요.

   How do you spend your **spare time**?
   I **usually** meet one of my friends and **go shopping**.

2. A: 회사 쉬는 날 낚시 가는 거 어때요?
   B: 우리 이번에는 야영도 할까요?

   How about going fishing **on your day off**?
   Why don't we **go camping** this time as well?

3. A: 주로 어떤 음악을 들으세요?
   B: 클래식을 좋아해요.

   What kind of music do you usually listen to?
   I **love classical music**.

4. A: 퇴근 후에 주로 뭐하세요?
   B: 그냥 빈둥거리면서 텔레비전 봐요.

   What do you usually do after work?
   I just **sit around** and watch TV.

5. A: 여가 시간에 체육관에 즐겨 가시나요?
   B: 별로요. 집에서 쉬는 걸 좋아해요.

   Are you going to the gym in your **free time**?
   Not really. I like to get some rest at home.

6. A: 가장 좋아하는 취미는 무엇인가요?
   B: 바둑이나 체스 두는 것을 좋아합니다.

   What's your favorite hobby?
   I'd like to **play go or chess**.

7. A: 어떤 사회 활동에 연관되어 있으세요?
   B: 양로원에서 자원봉사를 해요.

   What kind of social activities **are** you **involved in**?
   I **do volunteer work** at a nursing home.

as well ~뿐만 아니라 …도   play go 바둑을 두다   social activities 사회 활동   be involved in …에 연루되다   nursing home 양로원

여가 시간에 아무것도 하지 않고 빈둥거리는 사람을 일컫는 표현이 여러 가지 있는데, 그 중 대표적인 것이 couch potato이다. '누워서 빈둥거리는 것 좀 그만해'는 Please don't lie around like a couch potato. 여가 시간뿐만 아니라 근무 시간에도 빈둥거리는 사람들을 가리켜서 loaf라는 표현을 쓴다. loaf는 '빵 한 덩어리'를 가리킬 때 쓰는 말로, 이유 없이 살이 많이 찐 사람에게 fat 대신 쓰는 slang이기도 하다.

SECTION ● 1 여가 활동과 취미

D Office Talk "쉬는 날에 뭐 하세요?"

A   How do you spend your **day off**?
    쉬는 날엔 어떻게 시간을 보내세요?

B   I do nothing. What is a good hobby to take up?
    아무것도 안 해요. 시작하기 좋은 취미가 무엇인가요?

A   Try to think about what you are passionate about. For instance, I love social activities. So, I visit a nursing home once a week and do some volunteer work there.
    당신이 무엇에 열정을 느끼는지 생각해봐요. 예를 들어 저는 사회 활동을 좋아해요. 그래서 저는 일주일에 한번씩 양로원에 가서 자원봉사를 하죠.

B   I think I like artwork. Maybe I could learn how to paint.
    저는 예술품을 좋아하는 것 같아요. 그림 그리는 것을 배울 수 있을 것 같네요.

take up 시작하다   passionate 열정적인

E Further Study 취미 활동들

What's your hobby?
= What do you do as a hobby?
= Do you have any hobbies?
취미가 뭐에요?

□ My hobby is _____ . 제 취미는 ~이에요.
□ _____ is one of my hobbies. ~는 제 취미 중 하나예요.

surfing the Internet 인터넷 검색하기
reading books 독서하기
taking photographs 사진 찍기
playing go 바둑 두기
traveling 여행하기

playing video games 비디오 게임하기
cooking 요리하기
knitting 뜨개질하기
collecting antiques 골동품 수집
riding horses 승마

SECTION 2
휴가 계획과 여행 Vacation Plans & Travelling

A Basic Expressions

make a plan for ~에 대한 계획을 세우다 ⇒ set up a plan for 또는 arrange time for도 표현 가능하다.

get approval for a vacation 휴가 승낙을 얻다 ⇒ 참고로 '휴가 신청서를 제출하다'는 submit a vacation request form.

fly away 떠나다, 휴가를 가다 ⇒ get away도 같은 뜻이다. 명사형 getaway를 써서 '주말에 잠깐 떠나는 여행'은 a weekend getaway.

draw up a budget 예산을 세우다 ⇒ '휴가 비용을 짜다'는 draw up a vacation budget.

the peak travel period 여행 성수기 ⇒ peak season 또는 busy season도 표현 가능하다. 반대로 '여행 비수기'는 off season.

carryover 이월 ⇒ '휴가 이월'은 carryover vacation 또는 carryover of one's vacation. 참고로 동사형 carry over를 이용한 표현도 알아두자. '미사용 휴가를 며칠이나 다음 해로 이월시킬 수 있나요?'는 How many unused vacation days can an employee carry over to the next year?

B Key Sentences 휴가 계획 묻고 답하기

Did you **make [have] any plans** for ____? ~ 계획 있어요?
Did you **arrange the schedule** for ____? ~ 일정 짰어요?
Did you **set up the plan [schedule]** for ____? ~ 계획[일정] 세웠어요?
Did you **prepare** for ____? ~ 준비가 됐어요?

vacation 휴가
the holidays 휴일, 명절
your break 휴가
your trip 여행

Yes. **I'm going to** visit my sister in Jeju Island.
네, 제주도에 있는 여동생에게 갈 거예요.

Yes. **I'm planning to** travel around Europe.
네, 유럽을 여행할 계획이에요.

Not yet, but **I'm thinking of** taking a tour in China.
아직이요. 중국 관광을 할까 생각 중이에요.

SECTION • 2 휴가 계획과 여행

C Key Dialog TOP 7

1. A: 이번 휴가 동안 뭐 할 거야?
   B: 그냥 집에 있을거야. 편하게 쉬어야겠어.

   What **are** you **planning to** do during your vacation?
   I'll just stay home. I need to sit back and relax.

2. A: 휴가 승낙 받았어요?
   B: 아직이요. 부장님에게 휴가 신청서는 제출했어요.

   Did you **get approval for your vacation**?
   Not yet. I just submitted a vacation request form to the Department Manager.

3. A: 내 걱정들을 뒤로 하고 어디론가 떠나버리고 싶어.
   B: 고향에라도 다녀오는 게 어때?

   I want to leave my worries behind and **fly away** somewhere.
   Why don't you visit your hometown?

4. A: 휴가 일정 짰어요?
   B: 아직이요. 가족 휴가로 괜찮은 곳 추천해 줄래요?

   Did you **arrange the schedule for the vacation**?
   Not yet. Can you recommend a great place for a family vacation?

5. A: 휴가 준비는 다 세웠어요?
   B: 아직이요. 먼저 휴가 예산을 짜야 해요.

   Are you all set for your vacation?
   Not yet. I need to **draw up a vacation budget** first.

6. A: 휴가 계획 세울 시간이 없어.
   B: 그럼, 영어 실력이나 향상시키자.

   I have no time to **make a vacation plan**.
   Then, let's just boost our English fluency.

7. A: 휴가 계획 세웠어요?
   B: 휴가 이월을 신청했어요.

   Did you **set up** your vacation plan?
   I requested a **carryover** of my vacation.

sit back 편히 쉬다   submit 제출하다   be all set for ~을 준비하다   boost 올리다, 향상시키다

휴가를 떠날 때는 도난 방지를 위해 집이 비어 있지 않은 것처럼 보이게 해놓는 것이 좋다. 이러한 방법에 대한 표현을 살펴보자.

- You'd better make your home appear lived-in.
  집에 누군가 있는 것처럼 해놓는 것이 좋아.
- Put your inside and outside lights on a timer.
  집 안팎의 전등에 타이머를 설정해 놔.
- Turn on your home alarm. 보안 경보 장치를 켜놔.
- Ask a friend to visit your home periodically while you are away and to pick up any mail. 친구에게 주기적으로 집에 들러 우편물을 챙겨달라고 부탁해.

D Office Talk "가장 좋은 여행 시기는?"

A I want to go back to Cancun, Mexico. It was great to lie on the beach with a cocktail and to see some historical places.
멕시코 칸쿤에 돌아가고 싶어요. 해변가에 누워서 칵테일도 마시고, 역사적인 곳도 구경하고 정말 좋았어요.

B Me, too. When is the best time to visit Cancun, Mexico? I have a tight budget.
나도요. 언제가 멕시코 칸쿤에 방문하기 가장 좋은 시기에요? 예산이 좀 빡빡해서요.

A Then, you should consider winter travel when you can benefit from off-season rates.
그렇다면, 여행 비수기의 가격 혜택을 받을 수 있는 겨울 여행을 고려해 보세요.

B That's a great idea. I'll request a **carryover** of my vacation.
좋은 생각이네요. 휴가 이월을 요청해야겠어요.

lie on 눕다   consider 고려하다   benefit 혜택

E Further Study 여행사를 통해 호텔 예약하기

Can you recommend the best-value in 5-star accommodations?
좋은 가격의 5성급 호텔을 추천해 주시겠어요?

→ Okay. What kind of rooms are you looking for?
네, 어떤 종류의 룸을 찾고 계신가요?

→ A twin room, please.
트윈룸이요.

↓

How many nights are you planning to stay?
며칠 머무실 건가요?

← We'll stay 4 nights and 5 days.
4박 5일 머물 예정입니다.

← I recommend the KK Hotel with the ocean view. The price is only $200 plus tax per night for two people.
바다 전망이 보이는 KK 호텔을 추천합니다. 가격도 두 분 기준으로 1박에 세금 불포함 200달러입니다.

↓

Is breakfast included in the rate?
아침 식사가 포함된 가격인가요?

→ Yes, it includes continental breakfasts for two.
네, 두 분의 유럽식 아침 식사가 포함된 가격입니다.

SECTION 3
스트레스 해소법 Some Ways to Relieve Stress

A Basic Expressions

suffer from ~에 시달리다, 고통 받다 ⇒ '과중한 스트레스에 시달리고 있어요.'는 I'm suffering from too much stress [pressure].

relieve one's stress 스트레스를 완화시키다, 덜어주다 ⇒ 스트레스를 제거하거나 없애는 것은 get rid of stress 또는 remove stress.

be stressed out from ~로부터 스트레스를 받다 ⇒ get stressed by도 같은 뜻이다. 명사형 stress를 써서 I'm under stress [pressure].라고 표현하기도 한다.

handle oneself under pressure 중압감을 견디다, 스트레스에 대처하다

symptoms of stress 스트레스 증상 ⇒ '스트레스 증상이 무엇인가요?'는 What are your symptoms of stress?

take a deep breath 심호흡하다, 깊은 숨을 들이쉬다

drive someone crazy ~을 괴롭게 하다, 미치게 하다 ⇒ make someone mad도 같은 표현이다.

B Key Sentences 피로와 스트레스 해결하기

Why don't you _____?
It can help relieve your stress.
~하는 게 어때요? 스트레스 완화에 도움을 줄 거예요.

I'm suffering from _____.
I think this is caused primarily by stress.
~에 시달리고 있어요. 스트레스가 주 원인인 것 같아요.

email an old friend
오래된 친구에게 이메일을 보내다

call up a friend and chat on the phone
친구에게 전화해서 수다를 떨다

practice meditation regularly
규칙적으로 명상하다

take a deep breath and then exhale slowly
숨을 깊게 들이쉰 다음 천천히 내쉬다

have lunch or coffee with a co-worker
동료와 점심 먹거나 커피를 마시다

go for a walk 산책을 하다

anxiety 걱정, 불안
sore muscles 근육통
back pain 요통
irritability 과민하게 반응하여 흥분함
depression 우울함
chronic fatigue syndrome 만성 피로 증후군
heart palpitations 심장 두근거림
a binge eating disorder 폭식 장애
insomnia 불면증
migraines 편두통

C Key Dialog TOP 7

1. A: 당신 창백해 보여요. 무슨 일이에요?
   B: 과도한 업무 때문에 스트레스 받고 있어요.

   You look pale. What's going on?
   I'm so stressed out from my heavy workload.

2. A: 어떻게 스트레스를 완화시키세요?
   B: 운동이 명약이라고 생각해요.

   How do you **relieve stress**?
   I think exercise is the best medicine.

3. A: 직장에서 받는 압박감을 어떻게 대처하세요?
   B: 동료들과 잠시 커피 마시면서 쉬어요.

   How do you **handle pressure** at work?
   I have a coffee break with my co-workers.

4. A: 당신의 스트레스 증상들이 뭐예요?
   B: 저는 주로 폭식 장애에 시달려요.

   What are your **symptoms of stress**?
   I usually **suffer from** a binge eating disorder.

5. A: 가슴이 답답하고 콕콕 찌르는 느낌이에요.
   B: 숨을 깊게 마시고 천천히 내쉬어봐요. 기분이 나아질 거예요.

   My chest is stuffy and sore.
   Take a deep breath and then exhale slowly. You'll feel better.

6. A: 내 황소고집인 상사는 나를 괴롭게 해.
   B: 그 사람 때문에 스트레스 받을 필요 없어요.

   My bull-headed boss **drives me crazy**.
   You don't have to get stressed by him.

7. A: 휴, 몹시 지친다. 잠시 산책 좀 할게요.
   B: 잘 생각했어요. 스트레스를 더는 데 도움이 될 거예요.

   Whew, I'm bushed. Let me **go for a walk** for a while.
   I think that's a good idea. It'll help ease your stress.

stuffy 답답한   bull-headed 황소고집인   bushed 몹시 지친

한국 속담에 '웃으면 복이 와요'라는 말이 있듯이, 외국 속담에도 '웃음은 최고의 보약이다 (Laughter is the best medicine.)'이라는 표현이 있다. '웃음 예찬론' 또한 어디에나 존재하는데, 미국의 유명 코미디언 Bill Cosby는 "You can turn painful situations around through laughter. If you can find humor in anything, even poverty, you can survive it.(여러분은 고통스런 상황을 웃음으로 승화시킬 수 있습니다. 만약 여러분이 어떤 상황에서든지 처절한 가난 속에서조차 유머를 찾을 수 있다면, 여러분은 살아남을 수 있습니다.)"라고 말했다.

SECTION 3 스트레스 해소법

D Office Talk "너무 압박감을 느끼는 것 같아."

A Did you finish preparing your presentation for the board of directors? 이사회에서 할 발표 준비는 다 마쳤어?

B Not yet. I have poor concentration lately, and my chest is stuffy and sore. I feel too much pressure to be perfect.
아직이야. 최근에 집중력이 너무 떨어지고, 가슴이 답답하고 콕콕 찌르네. 완벽하게 하려고 너무 압박감을 느끼는 거 같아.

A Take it easy. Don't you know that stress causes entire body deterioration?
쉬엄쉬엄 해. 스트레스가 전반적인 신체 저하를 일으키는 거 몰라?

B I know, but my **anxiety** doesn't go away easily. 알지만, 불안감이 쉽게 가시질 않아.

A Why don't you **practice meditation regularly**? 규칙적으로 명상을 해보면 어때?

B I think that's quite a good idea. 그거 꽤 괜찮은 생각 같다.

the board of directors 이사회   deterioration 저하   meditation 명상

E Further Study 스트레스를 날려버리는 활동들

I **take a hot bath**. I just **soak** my body in the bathtub.
저는 뜨거운 물로 목욕해요. 욕조에 그냥 몸을 담그는 거죠.

I really like to **watch a/an** _____ **movie**.
~영화 보는 걸 정말 좋아합니다.

horror 공포   action 액션   comedy 코미디
thriller 스릴러   romance 로맨스   animation 만화
mystery 미스터리   science fiction (SF) 공상과학

I go to the stadium. I **shout** and **cheer for** my favorite team. It's the best way to remove senseless worries from my mind.
저는 경기장에 가서 소리지르며 좋아하는 팀을 응원합니다. 무의미한 걱정들을 마음에서 몰아내는 데 가장 좋은 방법이에요.

SECTION 4
날씨와 계절 The Weather & Season

A Basic Expressions

It seems as if ~ ~인 것 같다 ⇨ '비가 올 것 같아요.'는 It seems as if it's going to rain.
rainy season 장마철, 우기 ⇨ 참고로 '건기'는 dry season.
unpredictable 예측할 수 없는 ⇨ '예측할 수 없는 날씨'는 unpredictable weather.
clear up 구름이나 안개가 걷히다 ⇨ 날씨가 개는 것을 표현한다. '오후에는 날씨가 갤 거예요.'는 It will clear up this afternoon.
global warming 지구 온난화 ⇨ '지구 온난화가 이상 기후 패턴을 일으킨다'는 Global warming causes strange weather patterns.

B Key Sentences 날씨에 관한 대화

It's lovely [nice/wonderful/beautiful] weather.
날씨 정말 좋네요.

That's right. It's _____.
맞아요, 정말 ~해요.

- **clear and sunny** 밝고 화창한
- **warm and mild** 따스하고 온화한
- **breezy and cool** 산들바람이 불고 선선한

It's _____. Anyway let's enjoy the horrible [terrible / miserable] weather.
~한 날씨군요. 어쨌든 나쁜 날씨를 즐겨봅시다.

- **cold** 추운
- **hot** 더운
- **dry** 건조한
- **chilly** 쌀쌀한
- **windy** 바람 부는
- **wet** 축축한
- **freezing** 꽁꽁 얼게 추운
- **snowy** 눈 오는
- **cloudy** 흐린

The _____ has / have already made me depressed.
~가 이미 날 우울하게 만들었어요.

- **rain** 비
- **storm** 폭풍우
- **snow** 눈
- **shower** 소나기
- **thunder** 천둥
- **hailstones** 우박
- **drizzle** 이슬비
- **lightning** 번개
- **fog** 안개

SECTION 4 날씨와 계절

C Key Dialog  TOP 7

1. A: 정말 좋은 날씨네요, 안 그래요?
   B: 네, 소풍 가기에 딱 좋은 날씨에요.

   What a **wonderful day**, isn't it?
   Yes, it's a perfect day for a picnic.

2. A: 당신은 어떤 날씨를 좋아해요?
   B: 저는 선선한 날씨가 좋아요.

   What kind of weather do you like?
   I enjoy **cool weather**.

3. A: 오늘 날씨 어때요?
   B: 비가 올 것 같아요.

   What's **the weather** like today?
   It seems as if it's going to rain.

4. A: 날씨가 너무 흐리고 눅눅하네요.
   B: 정말 엉망이네요. 언제 장마철이 끝날까요?

   The weather is so dull and damp.
   How terrible. When will **the rainy season** be over?

5. A: 너무 추운데다 눈도 오네.
   B: 얼른 봄이 왔으면 좋겠다.

   It's **freezing** and **snowing**.
   I wish spring would come soon.

6. A: 하늘에 구름이 걷혔어요. 날씨가 너무 예상하기 힘드네요.
   B: 정말이요? 난 우산 가져왔는데.

   The sky has **cleared up**. The weather is so **unpredictable**.
   Really? I brought my umbrella.

7. A: 안개가 많이 꼈어요. 운전 조심하세요.
   B: 걱정 말아요. 천천히 운전할게요.

   It's been **foggy**. You should drive carefully.
   Don't worry. I'll drive slowly.

dull 흐린   damp 눅눅한   be over 끝나다

날씨와 관련된 다양한 표현이 담긴 대화문을 살펴보자.
A: It's **raining cats and dogs**. 비가 엄청 많이 오네.
B: I love rain. I'm **on cloud nine**. 난 비가 너무 좋아. 기분 최고다.
A: I'm a little **under the weather**. 나 몸이 좀 안 좋아.
B: You're **snowed under with** work. 일에 너무 파묻혀서 그렇지.
A: Whew. **When it rains, it pours.** 휴. 불행한 일은 한꺼번에 일어나나 봐.

D Office Talk "바깥 날씨가 어때요?"

A What's the weather **like** out there?
   바깥 날씨가 어때요?

B It's **cloudy** and **windy**. I think it's going to rain.
   먹구름이 끼고 바람이 불어요. 비가 올 것 같네요.

A Isn't it **the dry season**? I expected **sunny** and **clear** weather.
   건기 아니에요? 화창하고 맑은 날씨를 기대했는데.

B I think **global warming** causes strange weather patterns like this. I heard similar weather can be expected through Thursday of next week.
   지구 온난화가 이같은 이상 기후 패턴을 일으키는 것 같아요. 다음 주 목요일까지 비슷한 날씨가 예상된다고 들었어요.

E Further Study 좋아하는 계절

What's your favorite season? 무슨 계절을 가장 좋아해요?
= Which [What] season do you like best?

I want to say spring.
봄이라고 말하고 싶어요.

I feel alive when the flowers start blooming and the trees start budding.
꽃이 피고 나무에 싹이 틀 때 살아 있다고 느껴져요.

The nights can still get pretty cool.
밤에는 아직 선선해서요.

It's definitely summer.
당연히 여름이지요.

I'd like to go camping and sit next to a fire. 캠핑 가서 모닥불 옆에 앉아 있고 싶네요.

I love to lie on the beach and read a book. 해변가에 누워서 책 읽는 거 좋아해요.

I love to walk on the beach as the sun goes down. 해질녘에 해변가를 걷는 거 좋아해요.

I like autumn best.
가을을 최고로 좋아합니다.

The cool winds start to blow, and that is so refreshing.
선선한 바람이 불기 시작하는데, 그게 무척 상쾌해요.

I like to see the scarlet maple leaves.
빨갛게 물든 단풍을 보는 게 좋아요.

Winter is my favorite season.
겨울은 제가 제일 좋아하는 계절입니다.

I can't wait for the first snowfall.
첫 눈이 빨리 왔으면 좋겠어요.

I love to wake up and just see snow on trees. 일어나서 나무에 쌓인 눈 보는 걸 좋아해요.

I love skiing. 스키 타는 거 좋아해요.

SECTION 5
경제와 주식 Economics & Stocks

A Basic Expressions

invest money in ~에 돈을 투자하다 ➡ '주식에 돈을 투자하다'는 invest money in the stock market, '부동산에 투자하다'는 invest in real estate.

improve 나아지다, 개선되다 ➡ get better도 같은 뜻이다. '경제가 곧 좋아질 것이다'는 The economy will improve soon.

go bankrupt 파산하다 ➡ 또는 명사형 bankruptcy를 이용한 go into bankruptcy. '그 회사는 결국 파산을 신청했다'는 The company finally filed for bankruptcy.

cash cow 효자 상품, 고수익 투자처 ➡ 동물을 비유한 또 다른 표현으로 fat cat이 있는데, 이는 '배부른 자본가' 즉 경제 상황에 상관없이 부를 누리는 사람을 가리킨다.

bull market 상승 장세, 강세 시장 ➡ 반대로 '하락 장세'는 bear market. '지금은 (주식이) 하락세에 있어요'는 It's a bear market.

recession 불경기, 경기 후퇴 ➡ depression 또한 '불경기, 불황'을 의미한다. 반대로 '경기 호황'은 (economic) boom.

scam 신용 사기 ➡ 참고로 fraud는 '사기' 또는 '사기꾼'을 의미한다.

blow (돈을) 날리다 ➡ '수천 달러를 날렸다'는 I blew thousands of dollars.

B Key Sentences 투자 방법 의논하기

Where should I invest some money? 어디에다 돈을 투자해야 할까요?

What factor do you consider most important before choosing an investment?
투자를 선택하기 전에 어떤 요소에 가장 중점을 두시나요?

Which is the better investment, _____ or _____? ~와 ~ 중에 어느 게 더 나은 투자일까요?

    foreign currency 외환   **real estate** 부동산
    the stock market 주식   **saving money** 저축

I care about _____. 저는 ~을 따져봅니다.
   the opportunity for steady growth
   꾸준한 성장 가능성
   safety or not risking losing money
   안정성 또는 원금 손실의 위험이 없는 것
   the amount of monthly income the investment will generate
   투자로 인해 발생될 월 수입

C Key Dialog

1. A: 경제가 나아질 거라 예상하세요?
   B: 그럼요. 실업률이 벌써 조금 내려갔어요.

   Do you expect the economy will **improve**?
   Definitely. The jobless rate is already inching down.

2. A: 내년에는 집값이 오를까요?
   B: 그럴 거예요. 집은 고수익 투자잖아요.

   Are home prices going up next year?
   I think so. Homes should be **a cash cow**.

3. A: 어떤 주식을 사시려고요?
   B: MF 주식에 투자하려고요. 저는 그 주식이 급등하리라 확신해요.

   Which stocks would you like to purchase?
   I'll **invest in** MF stock. I'm sure that stock will **skyrocket**.

4. A: 주식으로 이득 좀 봤어요?
   B: 그러길 바라지만, 주가가 최저치를 기록했어요.

   Did you make money in **the stock market**?
   I wish I could, but the stocks hit a record low.

5. A: 결국 NGW사가 파산했어요.
   B: 경기 불황의 최대 피해자겠군요.

   The NGW Company finally **went bankrupt**.
   It must be the biggest victim of the **recession**.

6. A: 어디에다 돈을 투자해야 할까요?
   B: 글쎄요. 저는 꾸준한 성장 가능성을 따져봅니다.

   Where should I **invest some money**?
   Well, I **care about the opportunity for steady growth**.

7. A: 투기성 저가주에 투자한 적 있으세요?
   B: 아니요. 대부분 신용 사기라고 생각해요.

   Have you ever invested in penny stocks?
   No, I think most are really **scams**.

jobless rate 실업률 skyrocket 급등하다 hit a record low 최저치를 기록하다 penny stocks 투기성 저가주

대표적인 주식 관련 표현을 알아보자.
The Big Board: '뉴욕 증권 거래소'를 말한다. 주식 시장에 걸려 있는 전광판(board)을 빗대어 표현한 것이다.
Elephants: 많은 양의 주식을 한꺼번에 거래하는 무리를 가리키는 말로, 소규모 투자자를 뜻하는 '개미'의 반대말이다. 이들은 주식 가격에 상당한 영향을 미친다.
Nervous Nelly: 원래 걱정이 많고 쉽게 불안해하는 새가슴을 가진 사람을 말하는 속어인데, 주식 시장에서는 생각만 해도 심장이 뛰는 '위험이 많이 동반된 투자물'을 표현한다.
Red Chip: 중국 본토 주주들로 회사가 운영되고 홍콩 주식 시장에서 주 거래가 이루어지는 회사를 말한다.
DJIA (Dow Jones Industrial Average): 뉴욕 증권 시장에 상장된 우량 기업 주식 30개 종목을 기준으로 시장 가격의 평균을 낸 것으로 미국 주가 시장의 동향을 파악하는 대표 주가 지수이다. '다우 지수'라고도 불린다.

SECTION 5 경제와 주식

D Office Talk "위험을 감수해야 해요."

A Are you interested in investing in stocks, John? 주식 투자에 관심 있어요, 존?

B Don't even mention it. I blew 20,000 dollars last week. 말도 말아요. 지난 주에 2만 달러나 날렸어요.

A Oh, really? I heard there's a **bull market** these days. 정말요? 요즘 상승세라고 들었어요.

B No, it's turned into a bear market since last week. I've bought some shares my friend recommended, but they fell 90%.
아뇨, 지난 주부터 하락세로 돌아섰어요. 친구가 추천한 주식을 샀는데 90퍼센트나 떨어졌어요.

A I'm sorry to hear that. I think the stock market is too risky.
그거 안됐네요. 주식은 너무 위험하다는 생각이 들어요.

B I know but to make a lot of money, you always have to take a risk!
알지만요, 돈을 많이 벌려면 위험은 항상 감수해야 해요!

E Further Study 경제 동향에 대한 의견 말하기

- Are you confident the economy will improve?
  경제가 나아질 거라는 확신이 있으신가요?
- What are your thoughts on the market recently?
  최근 시장에 대해 어떻게 생각하세요?

Yes. / It's positive. 네. / 긍정적입니다.

The jobless rate is already inching down.
실업률이 벌써 조금 내려갔어요.

It's a bullish / bull market. 상승 / 호황 장세입니다.

Advancing issues will substantially exceed declining issues.
상승주가 대체로 하락주를 초과하고 있어요.

I'm not sure. 잘 모르겠어요.

Things may be turning around.
경제가 아마도 호전되는 것 같아요.

The market is probably softening.
시장이 약세로 돌아설 것 같아요.

Most investors are taking a wait-and-see attitude.
대부분의 투자자가 관망세를 취해요.

Stock prices have just edged up.
주식값이 소폭 상승했어요.

No. / It's negative. 아니요. / 부정적입니다.

Everyone is still struggling except for the fat cats.
배부른 자본가들을 제외하고는 모두가 아직 힘들어요.

We're still in a recession.
아직 불경기입니다.

It's a bearish market.
하락 장세입니다.

SECTION 6
연애와 이상형 Dates & Ideal Types

A Basic Expressions

ideal type 이상형 ➪ Mr. [Miss] Right도 같은 뜻이다. '넌 데이트 할 때마다 그 남자가 이상형이라고 말하더라'는 Every time you start dating someone, you say he's Mr. Right.

blind date 소개팅 ➪ '소개팅은 어땠어요?'는 How's your blind date?

love triangle 삼각 관계 ➪ '삼각 관계에 빠지다'는 be in a love triangle.

get along with ~와 잘 지내다 ➪ 반대로 잘 지내지 못하고 연인과 헤어지는 것은 break up으로 표현한다.

be tongue-tied 혀가 꼬이다, 말문이 막히다

have a crush on ~에게 반하다 ➪ be crazy about someone도 같은 뜻이다. '당신에게 완전히 반했어요'는 I'm crazy about you.

set A up with B B를 A에게 소개시켜 주다 ➪ '내가 여자친구와 헤어진 뒤에 톰이 자기 여동생을 내게 소개해 주었다'는 Tom set me up with his sister after I broke up with my girlfriend.

ask someone out ~에게 데이트 신청을 하다

B Key Sentences 이상형 묻기

What's your ideal type (for a man/woman)? 이상형이 어떻게 돼요?
= **What type** of guys/girls do you **prefer**?

Looks are what I'm drawn to first.
He / She has got to be _____.
저는 먼저 외모에 끌려요. 그/그녀는 반드시 ~해야 해요.

- **good-looking** 잘생긴
- **athletic figure/shape** 건강미 있는 몸매/체격
- **a rugged sexy man/woman** 강인한 모습의 섹시한 남자/여자
- **gorgeous** 근사한, 아름다운
- **innocent looking** 청순한 모습을 한
- **tall and slim** 키가 크고 늘씬한

I'm interested in **personality**.
He / She has to be _____.
저는 성격에 관심이 있어요. 그/그녀는 반드시 ~해야 해요.

- **outgoing and social** 외향적이고 활동적인
- **honest and cool** 정직하고 쿨한
- **enthusiastic** 열정적인
- **innocent and mild** 순진하고 온화한
- **friendly and sweet** 다정하고 친절한
- **compatible with me** 나와 화합할 수 있는

SECTION 6 연애와 이상형

C Key Dialog  TOP 7

1. A: 소개팅 어땠어?
   How was your **blind date**?
   B: 말도 마. 너무 이기적이고 생각이 얕은 사람이었어.
   Don't even **talk about** it. He was too selfish and shallow.

2. A: 저 남자 좀 봐. 멋지지 않아?
   Look at the man. Isn't he nice?
   B: 별로야. 내 이상형은 아니야.
   Not much. He's not my **ideal type**.

3. A: 남자친구와는 잘 지내요?
   How are you **getting along with** your boyfriend?
   B: 지난 주에 헤어졌어요. 동시에 여럿과 만나고 있었더군요.
   We **broke up** last week. He was dating multiple people at the same time.

4. A: 그녀를 처음 봤을 때 말문이 막혔어.
   I **was tongue-tied** when I saw her at first.
   B: 그녀한테 반했구나.
   You must **have a crush on** her.

5. A: 오랫동안 누군가를 만나지 못했어.
   I haven't seen anyone for a while.
   B: 내가 친구 한 명 소개해 줄게.
   Let me **set** you **up with** one of my friends.

6. A: 나 삼각 관계에 빠졌어.
   I'm in **a love triangle**.
   B: 그거 안됐다. 새로운 인연을 맺을 때는 좀더 신중해야 해.
   That's too bad. You should be more careful when you're getting into a new relationship.

7. A: 그녀에게 데이트 신청할 거야.
   I'm going to **ask her out**.
   B: 구두쇠처럼 굴지 마. 행운을 빈다.
   Don't act like a cheapskate. **Good luck**.

shallow (생각이) 얕은   multiple 많은, 다수   cheapskate 구두쇠

이상형과는 반대로 각기 싫어하거나 혐오하는 타입도 있기 마련이다. 이럴때는 "I absolutely can't stand (종류) person. (난 ~한 사람은 참을 수가 없어)"라고 말한다. 이때 사람의 부정적인 면을 나타내는 형용사에는 selfish (이기적인), shallow (생각이 얄팍한), too perfect (너무 완벽한), self-absorbed (자기에게만 관심이 있는), edgy (신경이 날카로운) 등이 있다.

D Office Talk "소개팅 어땠어요?"

A　How was your **blind date** last weekend? 지난 주말에 한 소개팅 어땠어?
B　Don't even talk about it. He was just an awful man. 말도 마. 그 남자 완전 폭탄이었어.
A　What is the first thing you look for in a guy? 제일 먼저 남자에게서 보는 게 뭔데?
B　He's just **got to be handsome**, period. 반드시 미남이어야 해. 그게 다야.
A　Oh, yeah. I'll remember that. 오, 그렇군. 기억해 둘게.
B　Anyway, there must be something happening between you and Jane. Am I right?
　　그건 그렇고, 너랑 제인 사이에 뭔가 있는 거 같은데. 맞지?
A　Actually, I'm falling in love with her. Please keep this a secret.
　　사실 그녀와 사랑에 빠졌어. 이건 비밀로 해줘.

awful 끔찍한　period 끝[그만]

E Further Study 첫 데이트의 단골 질문: 가족 관계 묻기

How many siblings do you have?
How many brothers or sisters do you have?
형제 자매가 몇 명이나 있으세요?

What a large family!
대가족이네요!
I wish I had grown up in a large family like you.
당신처럼 대가족에서 자랐으면 좋았을 텐데.

I have four **siblings.**
형제 자매가 네 명이에요.
I'm an only child.
전 외동아들(외동딸)이에요.
I have two **brothers** and one **sister.**
남자 형제 두 명과 여자 형제 한 명이 있어요.

It's not always better off.
항상 좋은 것은 아니에요.

Chapter 12

생각보다 쉬운 오피스 영어

동료 간의 감정 표현
Tips for Expressing Emotions

Section 1 기쁨과 즐거움 Joy & Delight
Section 2 좌절과 위로 Frustration & Consolation
Section 3 후회와 걱정 Regret & Worry
Section 4 불쾌함과 분노 Displeasure & Anger
Section 5 긴장과 불안함 Tension & Anxiety

SECTION 1
기쁨과 즐거움 Joy & Delight

A Key Sentences 1 기쁨 표현하기

I feel _____.
나 기분이 _____ 해.

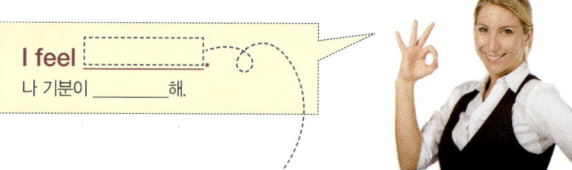

fabulous 근사한/멋진 happy 행복한 pleased 기쁜 excited 흥분되는/들뜬 joyful 아주 기쁜 great 너무 좋은 wonderful 굉장히 멋진 so good 아주 좋은 so cool 아주 멋진 incredible 믿을 수 없이 좋은	**Because _____.** I'm getting married. 나 결혼해. I got a promotion. 나 승진했어. I'm having a baby. 아이 가졌어. I got a new car. 새 차 샀어. I'm the employee of the month. 이달의 사원이 됐어. The test results were excellent. 시험 결과가 좋게 나왔어. I won first prize. 나 1등했어. I set a sales record for the month of April. 4월의 판매 기록을 세웠지. I heard the best compliment. 최고의 칭찬을 들었어.

B Key Sentences 2 기쁨 같이 나누기

I'm being transferred to London, where my family has lived before.
저, 전에 가족이 살았던 런던으로 전근가요.

That's why you're all smiles.
그래서 얼굴에 웃음꽃이 활짝 폈군요.

- 함께 기뻐하기
  What a delight! 이렇게 기쁜 일이!
  You made it! 해냈구나!
  What a great feeling! 이렇게 좋을 수가!
  I feel bittersweet. 시원 섭섭한데.
  Congratulations! 축하해!
  I'm so happy for you. 나도 행복하다.
  I'm delighted for you. 나도 기쁘다.

- 반가운 소식이네. / 잘 됐다.
  That's good news.
  I'm glad [pleased/delighted] to hear that.
  That's nice [good] to hear.

- 지금보다 더 좋을 수 없어.
  I've never been happier in my life.
  I couldn't be more pleased.

C Key Dialog TOP 7

1 A: 이달의 사원으로 선정되셨습니다.
   B: 더 좋을 수가 없겠는데요. 정말 기쁩니다.

   You're the employee of the month.
   I couldn't be more pleased. I'm just **happy**.

2 A: 12월의 판매 기록을 세웠어요.
   B: 그래서 얼굴에 웃음꽃이 폈군요.

   I set a sales record for the month of December.
   That's why you're all smiles.

3 A: 승진했을 때 기분이 어땠어요?
   B: 믿을 수 없이 좋았지.

   How did you feel when you got promoted?
   I felt incredible.

4 A: 나 아이 가졌어. 내 생애 이보다 더 행복한 적은 없었어.
   B: 이런 기쁜 일이. 나도 정말 기뻐.

   I'm having a baby. **I've never been happier in my life.**
   What a delight. I'm truly happy for you.

5 A: 시험 결과가 아주 좋게 나왔어요.
   B: 정말 잘 됐군요.

   The test results were excellent.
   I'm glad to hear that.

6 A: 나 1등으로 입상했어.
   B: 축하해. 네가 드디어 해냈구나.

   I won first prize.
   Congratulations! You finally **made it**.

7 A: 가족이 살았던 LA로 전근가요.
   B: 시원 섭섭하네요.

   I'm being transferred to LA, where my family has lived before.
   I feel bittersweet.

be all smiles 웃음꽃이 활짝 피다   be transferred to ~로 전근가다

사람마다 웃는 모습이나 소리가 다르다. 그만큼 이를 표현하는 영어 표현도 다양한데, 가장 대표적인 smile과 laugh 외의 표현들을 알아보자.

cackle 낄낄거리며 웃다
fleer 조롱하다, 비웃다
snicker 남들이 볼까봐 조심해서 웃다
simper 바보같이 멍청하게 웃다
tee-hee 히히/낄낄

chuckle 빙그레 웃다
grin 이가 드러나게 입을 벌리고 웃다
giggle 키득거리며 웃다
snigger (기분 나쁘게) 낄낄거리다
titter 킥킥거리다

SECTION 2
좌절과 위로 — Frustration & Consolation

A Key Sentences 1 실망과 좌절 표현하기

I feel _____.
나 기분이 _____ 해.

depressed 울적한/우울한
disappointed 실망한/실망스러운
regretful 후회스러운
miserable 비참한
discouraged 낙담한
frustrated 좌절하는
down/blue 우울한
hopeless 희망이 없는

Because _____.
I got fired. 나 해고 당했어.
I failed the exam/test. 시험에 떨어졌어.
I broke up with my girlfriend. 여자친구와 헤어졌어.
I spoiled a big project. 큰 프로젝트를 망쳤어.
I need to file for bankruptcy. 파산 신고해야 돼.
I was passed over for a promotion. 승진에서 탈락됐어.

B Key Sentences 2 위로와 격려하기

I was turned down for a promotion.
승진에서 탈락됐어.

I've got a heavy heart.
마음이 무거워.

• 위로하기
Don't worry about it. 걱정하지마.
Forget about it. 잊어버려.
It's not a big deal. 별거 아니야.
I know how you feel. 네 맘 알아.
Don't get too down. / Don't be depressed. 너무 우울해하지 마.

• 격려하기
Everything will be fine. 모든 일이 잘될 거야.
You'll have a better chance. 더 좋은 기회가 있을 거야.
Show them how tough you are. 네가 얼마나 강한지 보여주는 거야.
Failure can spur you on to succeed. 실패는 성공의 원동력이잖아.
You can make it. / You can cope with it. 해낼 수 있어. / 극복할 수 있어.
You'll get what you want. 원하는 것을 갖게 될 거야.
Nothing is impossible. 불가능한 일은 없어.
No pain, no gain. 고통 없이는 얻는 것도 없잖아.
Try one more time. Life seems worth living. 다시 시도해 봐. 인생은 살아볼 가치가 있는 것 같아.
Don't cling to the past. Enjoy your precious life. 과거에 집착하지 마. 소중한 네 삶을 즐기도록 해.

C Key Dialog TOP 7

1. A: 기분 최악이야. 나 해고 당했어.
   B: 걱정 마. 더 좋은 기회가 있을 거야.

   I feel miserable. I got fired.
   Don't worry. **You'll have a better chance.**

2. A: 나 여자친구와 헤어졌어. 후회스럽다.
   B: 네 맘 알아. 넌 극복해낼 수 있어.

   I **broke up** with my girlfriend. I **regret** doing that.
   I know how you feel. **You can cope with it.**

3. A: 희망이 없어. 나 시험에서 또 떨어졌어.
   B: 고통 없이는 얻는 것도 없어. 다시 시도해 봐.

   I'm **so hopeless**. I **failed the exam** again.
   No pain, no gain. Try one more time.

4. A: 나 승진에서 탈락됐어.
   B: 소식 들었을 때 가슴이 철렁 내려 앉았겠다.

   I was **passed over for a promotion**.
   Your heart **sank** when you heard the news.

5. A: 계약을 따내지 못했어.
   B: 불가능은 없어. 네가 얼마나 강한지 보여줘.

   I didn't win the contract.
   Nothing is impossible. Show them how tough you are.

6. A: 나 파산 신고해야 돼.
   B: 실패는 성공의 원동력이잖아. 넌 해낼 수 있어.

   I need to file for **bankruptcy**.
   Failure can spur you on to succeed. You can make it.

7. A: 온갖 노력을 다했지만, 프로젝트를 망쳤어.
   B: 과거에 집착하지 말고 다시 해봐.

   I pull all my effort into it, but I failed at the project.
   Don't cling to the past and do it again.

break up 헤어지다   regret 후회하다   sink 가라앉다   bankruptcy 파산   spur 원동력이 되다, 박차를 가하다

고민이나 마음의 짐이 생기면 가까운 이들에게 이야기를 털어놓고 마음의 위안을 받는 사람도 있는 반면 혼자 고민거리를 떠안고 스스로 해결하려고 하는 사람도 있다. 미국에서는 심리학자 (psychologist)를 찾는 이들의 비율이 한국에 비해 높은 만큼 전문적인 해결책을 찾으려고 노력하는 이들을 많이 볼 수 있다. 또 이 외에도 같은 문제점을 가지고 있는 사람들끼리 소그룹으로 모여서 자신들이 겪고 있는 어려움을 공유하고 서로 위로하며 발전적인 방법을 논의하는 등 문제점을 좀 더 적극적으로 개방하고 치유하려는 모습을 볼 수 있다.

SECTION 3
후회와 걱정 Regret & Worry

A Key Sentences 1 후회 표현하기

- 지난 행동에 대한 후회
  I shouldn't have _____.
  ~하지 말았어야 했는데.

  - pointed the finger at him
    그를 비난 하다
  - said that
    그런 식으로 말하다
  - got angry like that
    그렇게 화를 내다
  - ruined my life
    내 삶을 망치다
  - quit my job
    직장을 그만두다

- 하지 못한 일에 대한 후회
  I should have _____.
  ~했어야 했는데.

  - listened to you
    자네 말을 듣다
  - reported it to the boss first
    상사에게 먼저 보고하다
  - double-checked before signing the contract
    계약서에 서명하기 전에 재확인하다
  - prepared for the job interview
    면접 준비를 하다

B Key Sentences 2 근심 묻기

- 근심 묻기

What's on your mind? 뭐 신경 쓰이는 거라도 있니?
Why do you have a long face? 왜 침울한 표정을 하고 있니?
Is anything wrong? 뭐 잘못된 것 있어?
Is something wrong with you? 잘못된 일이라도 생겼니?
What's wrong? You look so dejected. 뭐가 잘못됐어? 걱정 있어 보인다.
What's bothering you? 신경 쓰이게 하는 게 뭐야?
Are you in some kind of trouble? 무슨 문제 있어?
What are you so concerned about? 뭘 그렇게 걱정하니?

I got a layoff notice.
나 해고 통지서 받았어.

- 걱정/놀라움 표현하기

Are you serious? 진심이야?
I'm sorry to hear that! 그거 안타깝다!
That's too bad. 너무 안됐다.
I can't believe it! 믿을 수 없어!
Are you kidding? 농담하는 거지?

C. Key Dialog TOP 7

1. A: 전부 다시 시작하고 싶어요.
   B: 무슨 문제 있어요?

   I'd like to start all over again.
   Are you in some kind of **trouble**?

2. A: 뭘 그렇게 걱정하고 있어요?
   B: 계약서 서명하기 전에 재확인을 안 했어요.

   What are you so concerned about?
   I didn't double-check before signing the contract.

3. A: 그런 식으로 말하지 말아야 했는데.
   B: 후회하기는 너무 늦었어.

   I shouldn't have said that.
   It's too late to have any regrets.

4. A: 뭐가 잘못됐어요? 걱정 있어 보여요.
   B: 해고 통지서를 받았어요.

   What's wrong? You look so dejected.
   I got a layoff notice.

5. A: 너를 신경 쓰이게 하는 것이 뭐야?
   B: 그냥 예전으로 돌아가면 어떨까 해.

   What's bothering you?
   I just wonder what would happen if I went back in time.

6. A: 그 사람을 비난하지 말았어야 했어.
   B: 농담하니? 그는 네 인생을 망쳤어.

   I **shouldn't have pointed the finger at** him.
   Are you kidding me? He ruined your life.

7. A: 상사에게 먼저 보고했어야 했어.
   B: 빨리 해결책을 찾는 게 좋겠다.

   I **should've reported** it to the boss first.
   You'd better find a solution soon.

ruin 파괴하다   solution 해결책   dejected 실의에 빠진, 낙담한

서양 문화에서는 손가락을 들어 누군가를 가리키거나 귓속말을 하는 행동들이 실례가 될 수 있다. 대화중 굳이 누군가를 꼭 손가락으로 가리켜야 한다면 한 손으로 가리고 대화를 나누는 대상만 볼 수 있게 주의한다. point the finger at someone 은 '~를 비난하다'라는 뜻이 있듯이, 손가락으로 사람을 가리키는 것은 It's your fault. 즉 '네 잘못이야'라는 의미로 사용하기도 때문이다. 무심결에 손가락으로 다른 사람을 가리키며 이야기했다면 상대방을 불쾌하게 할 수도 있으니 주의하자.

SECTION 4
불쾌함과 분노 Displeasure & Anger

A Key Sentences 1 비난하기

• 비난하기
Don't act like an idiot. 바보같이 굴지 마.
Don't be so ridiculous. 말도 안 되는 소리하지 마.
You're such a loser/fool. 넌 패배자/멍청이야.
Shame on you. That's _____. 부끄러운 줄 알아. 그건 ~해.

awful 끔찍한
not fair 공평하지 못한
terrible 끔찍한
irritating 짜증스런
disgusting 역겨운
rude 무례한

• 불쾌함 표현하기
That's enough of that. 제발 그만해. / 그거면 됐어.
Stop talking like that. 그런 식으로 말하지 마.
Don't make a fool out of me. 날 바보로 만들지 마.
Don't talk behind my back. 뒤에서 내 흉 좀 보지 마.
Don't put your nose into my business. 내가 하는 일에 간섭하지 마.

B Key Sentences 2 격한 분노 표출하기

• 분노 표현하기
I can't tolerate his rudeness. 너의 무례함을 참을 수가 없어.
Stop giving me a hard time. 나 좀 그만 힘들게 해.
You drive me crazy when you act like that. 네가 그렇게 행동을 할 때마다 미쳐버리겠어.
I get angry at you. 난 너한테 화가 난다.
I'm going to blow up at you. 너한테 화가 폭발할 것 같다.
You're out of your mine. 너 정신이 나갔구나.

Okay. Calm down, please.
I really didn't mean to offend you.
알았어. 제발 진정해. 널 기분 나쁘게 할 생각은 아니었어.

• 참을 수 없음을 나타내기
Shut your mouth. 입 닫아.
Leave me alone. 날 내버려 둬.
Get out of my sight. 내 눈 앞에서 사라져.
Cut it out. 집어치워.
Knock it off. / Quit it. 그만둬.

C. Key Dialog TOP 7

1. A: 넌 내 신경을 거슬리게 해. 내 눈앞에서 사라져.
   You get on my nerves. **Get out of my sight.**
   B: 그만둬. 네 무례함을 참을 수가 없어.
   Cut it out. I can't tolerate your rudeness.

2. A: 불평하는 거라면 시작도 하지 마.
   Don't even try to start complaining.
   B: 그런 식으로 말하지 마.
   Stop talking like that.

3. A: 네가 그런 행동을 할 때마다 미쳐버리겠어.
   You drive me crazy when you act like that.
   B: 말도 안 되는 소리하지 마.
   Don't be so ridiculous.

4. A: 내 뒤에서 흉 좀 보지 마.
   Don't talk **behind my back**.
   B: 너나 내 일에 상관 마셔.
   Don't put your nose into my business.

5. A: 역겹다. 너 때문에 기분 상했어.
   That's **disgusting**. You're ruining my mood.
   B: 그만 좀 비난해라. 화가 폭발할 것 같아.
   Stop blaming me. **I'm going to blow up at you.**

6. A: 날 바보로 만들지 마.
   Don't make a fool out of me.
   B: 그만해. 내 속을 뒤집어 놓는구나.
   Knock it off. You're going to make me flip out.

7. A: 넌 상대하기 힘든 사람이야.
   You're a difficult person to deal with.
   B: 날 좀 그만 힘들게 해.
   Stop giving me a hard time.

nerve 신경   ruin 파괴하다, 망치다   flip out 벌컥 화내다   deal with ~을 다루다

미국에서는 자신으로 인해 다른 사람에게 피해를 주지 말라는 교육을 어려서부터 받게 된다. 길거리를 가다 사람과 부딪치면 항상 "Excuse me."라고 하고, 식당이나 공연장에서 아이가 너무 크게 울면 부모들은 아이를 데리고 밖으로 나가거나 그것이 여의치 않으면 식사나 공연을 포기하고 집에 간다. 하물며 다른 사람에게 과격하게 화를 낸다라는 것은 스스로의 성격 결함으로 다른 사람에게 엄청난 피해를 준다고 생각하거나 본인이 예의 없는 무식한 사람으로 보일 수 있다고 생각하기 때문에 anger management class를 등록하여 순간적으로 나타나는 화나 분노를 어떻게 조절해야 하는지 단계별로 훈련하기도 한다.

SECTION 5
긴장과 불안함 Tension & Anxiety

A Key Sentences 1 긴장감 나타내기

Are you ready to _____?
~할 준비 되셨어요?

- make the presentation 발표하다
- have your job interview 면접 보다
- give a speech 연설하다
- take the test 시험 보다
- host the party 파티를 개최하다

No, actually, I _____.
아니, 사실, 나 ~해.

- feel anxiety 불안하다
- feel so panicky 공황 상태다
- feel nauseous 속이 울렁거리다
- am breaking into a cold sweat 식은땀이 나다
- am shaking and quite scared 막 떨리고 무섭다

B Key Sentences 2 불안감 나타내기

What if _____?
만약에 ~하면 어쩌지?

- I'm late for a meeting 회의에 늦다
- I fail the test 시험에 떨어지다
- I made him angry 그를 화나게 하다
- she rejects my proposal 그녀가 내 청혼을 거절하다
- the projects don't work out the way I planned 프로젝트가 내가 계획한 대로 진행되지 않다
- I can't be a top-notch engineer 최고의 엔지니어가 될 수 없다

You've done nothing wrong. Why do you feel so _____?
넌 아무것도 잘못한 게 없잖아. 왜 ~ 하니?

- worried 걱정하는
- edgy 초조해 하는
- anxious 불안해 하는
- jumpy 조마조마해 하는
- panicky 전전긍긍해 하는
- nervous 불안 초조한
- tense 긴장하는
- uneasy 우려하는

C Key Dialog TOP 7

1. A: 연설할 준비 되셨어요?
   B: 아뇨, 막 떨리고 무서워요.

   Are you ready to give your speech?
   No, I **am shaking and quite scared**.

2. A: 너무 초조해서 식은땀이 나.
   B: 난 속이 막 울렁거려.

   I'm so **nervous**. So I **am breaking into a cold sweat**.
   I **feel nauseous**.

3. A: 만약에 그를 화나게 했으면 어쩌지?
   B: 너무 전전긍긍해 하네.

   What if I made him angry?
   You **feel so panicky**.

4. A: 발표 준비는 어떻게 되어가고 있어?
   B: 사실 나 너무 불안해서 불면증에 시달리고 있어.

   How's your presentation going?
   Actually, I **feel anxiety** and am suffering from a sleep disorder.

5. A: 만약에 프로젝트가 내가 계획한 대로 진행되지 않으면 어쩌지?
   B: 너무 걱정하지 마. 다 잘될 거야.

   What if the projects don't work out the way I planned?
   Stop worrying so much. Everything will be fine.

6. A: 그녀가 당신 청혼을 받아들였어요?
   B: 오늘 답해 줄 거예요. 긴장되네요.

   Did she accept your marriage proposal?
   She'll answer today. I **feel tense**.

7. A: 나 면접 보는데 조마조마 해.
   B: 나도 그래. 난 악몽까지 꾼다니까.

   I have a job interview. I **feel jumpy**.
   Me, too. I am even getting nightmares.

sleep disorder 불면증   nightmare 악몽

회의를 진행하거나 또는 회의 중 발표를 하게 될 때 긴장해서 자신의 실력을 제대로 발휘하지 못하는 경우가 있다. 이에 대처하기 위해서는 완벽한 준비가 최선의 방법이다. 먼저 회의 장소에 미리 가서 장소와 익숙해지자. 그리고 요점을 파악하고 명확히 이야기하는 연습을 하여 당황스러운 상황을 어떻게 극복할 수 있을지에 대비한다. 또한 사람들이 지루하면 어쩌지? (What if people get bored?), 사람들이 날 비웃으면 어쩌지? (What if people laugh at me?), 다음에 할 이야기를 잊어버리면 어떡하지? (What if I forget my next point?), 사람들의 질문에 대답 못하면 어쩌지? (What if I won't be able to answer people's questions?) 등의 걱정은 미리 하지 않는다.

Chapter 13

생각보다 쉬운
오피스 영어

사내 회의
Interoffice Meetings

Section 1 회의 준비와 소집 공지 Preparing a Meeting
Section 2 회의 소집하기 Calling a Meeting
Section 3 회의 시작하기 Getting a Meeting Started
Section 4 의견 나누기 Sharing Opinions
Section 5 동의하거나 반대하기 Agreement or Disagreement
Section 6 회의 마무리하기 Concluding a Meeting
Section 7 마케팅 회의 Marketing Meetings
Section 8 영업 회의 Sales Meetings
Section 9 재무·회계 회의 Finance and Accounting Meetings

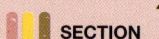

회의 준비와 소집 공지
Preparing a Meeting

A Key Sentences

■ 회의 공고 방법

How can I get a notification of meeting?
회의 공지는 어떻게 받을 수 있나요?

It'll be posted on the bulletin board.
게시판에 게재될 거예요.

You can check it on the intranet.
사내 인트라넷에서 확인하실 수 있어요.

You'll get an email with more details.
이메일로 자세한 내용이 전달될 거예요.

■ 회의 참석 준비

Review the agenda before heading to the meeting.
회의에 가기 전에 회의 일정을 검토한다.

Show up for the meeting ten minutes before it actually begins.
회의가 시작되기 10분 전에 회의실에 나타난다.

■ 뛰어난 회의 발표 자료를 준비하는 법

- **Keep it simple.** 간략하게 하라.
Don't use your presentation to showcase your extensive vocabulary.
발표를 당신의 해박한 어휘력을 과시하는 수단으로 삼지 않는다.

- **Make it relevant.** 연관성 있게 하라.
Put your ideas together. 아이디어를 같이 묶어 놓는다.
Concentrate on the beginning and ending. 시작과 마무리에 집중한다.
End on a strong note. 요점을 강조하며 끝낸다.

- **Keep it short and make it clear.** 명료하고 명확하게 하라.
Use short sentences. 짧은 문장을 사용한다.
Make the presentation concise. 발표를 간략하게 한다.
Don't overwhelm everyone with too much information.
너무 많은 정보로 사람들을 질리게 만들지 않는다.

First of all, don't expect perfection.
우선, 완벽을 기대하지는 마세요.

And don't forget to feel confident at the beginning.
자신감 있게 시작하는 것 잊지 마세요.

■ 회의 소집 공지하기

〈약식〉

MEETING
LOCATION: Room 11
DATE: Thursday, June 6
TIME: 3:00 p.m. ~ 5:00 p.m.
FOR: Managers only
SUBJECT: New marketing strategy
* ATTENDANCE IS MANDATORY.

위치: 11호 / 날짜: 6월 6일 목요일
시간: 3시 ~ 5시 / 대상: 관리자만 참석
주제: 새로운 마케팅 전략
*참석은 의무입니다.

Choose an appropriate meeting time and place.
적당한 시간과 장소를 선택한다.

Include a brief description of the meeting's objectives.
회의 목적에 대한 설명을 간략하게 포함한다.

Include whom to contact if a person has any questions regarding this meeting.
회의 관련 문의사항은 누구에게 연락할 지 표시한다.

〈정식〉

To: Michael; Jay; Molly; Kim; Paula;…
From: John Brown
Subject: Internal Meeting Announcement

I would like to schedule a meeting on Wednesday, July 13, at 2:00 p.m. to discuss our business plan. Let's meet in conference room 202. Our agenda will be as follows:

- Allocate the budget

- Evaluate sales performances

If you have any questions, please feel free to contact me at 223-3452.

받는 사람: 마이클; 제이; 몰리; 킴; 폴라…
보내는 사람: 존 브라운
주제: 사내 회의 안내
7월 13일 수요일 오후 2시에 사업 계획을 논의하기 위한 회의 일정을 잡고 싶습니다. 회의실 202호에서 모이도록 합시다.
회의 안건은 다음과 같습니다: 예산 분배 / 판매 실적 평가
질문 있으시면 223-3452로 편하게 문의하세요.

SECTION 2
회의 소집 하기 Calling a Meeting

A Basic Expressions

meeting 회의 ➪ meeting은 회의가 공식이거나 비공식 또는 격식을 갖추거나 그렇지 않을 때 상관 없이 쓰는 반면, conference는 공식적이고 격식을 갖춘 회의일 때 주로 사용된다. '이번 주 금요일에 회의를 열어요.'는 We'll have[hold] a meeting this Friday. '회의를 소집하다'는 call a meeting.

agenda 안건 ➪ '안건에 관해 논의하자'는 Let's discuss the agenda. '안건을 좀 수정해야겠어요.'는 We need to revise the agenda.

attend 참석하다 ➪ '누가 회의에 참석하나요?'는 Who should attend the conference? '참석'은 attendance, '참석자'는 attendee 또는 participant. '참석자가 몇 명인가요?'는 How many attendees will there be?

subject 주제 ➪ topic이라고도 표현할 수도 있다.

B Key Sentences 회의 소집

What is the meeting about? 무엇에 관한 회의죠?

What time is the meeting? / What time does the meeting start?
몇 시에 회의를 시작하죠?

Where will the meeting take place? 어디에서 회의를 하죠?

What is the subject (topic) of today's meeting? 오늘 회의의 주제가 무엇인가요?

I could call a monthly sales (회의 종류) meeting.
월례 판매 회의를 소집하고자 합니다.

We're having a Friday morning (시간) meeting.
금요일 아침 회의가 있습니다.

We'll hold a product-launching (회의 주제) meeting this Friday.
신제품 출시 회의가 이번 주 금요일에 열릴 예정입니다.

The meeting has been scheduled for Tuesday, May 22 (날짜) in the main hall (장소).
5월 22일 화요일 메인 홀에서 하는 것으로 회의 일정이 잡혔습니다.

I'd like to remind you we are having a meeting today at 5 p.m.
오늘 5시에 회의가 있음을 다시 상기 시켜 드립니다.

Please be punctual and review meeting subject before you attend the meeting.
시간 맞춰 와주시고 회의 참석 전에 회의 주제를 재차 검토해주세요.

C Key Dialog — TOP 7

1. **A:** 다음 주 월요일에 회의가 있습니다.
   B: 몇 시에 모이는 건가요?

   We have a **meeting** next Monday.
   When are we supposed to meet?

2. **A:** 어디에서 회의가 열리죠?
   B: 회의실에서 열릴 예정입니다.

   Where will the meeting take place?
   We will **hold a meeting** in the conference room.

3. **A:** 회의를 정시에 시작할 거예요. 늦지 마세요.
   B: 시간 맞춰 갈 게요.

   I'll start the meeting on time. **Please be punctual.**
   I'll be punctual.

4. **A:** 무엇에 관한 회의죠?
   B: 고객 만족도를 올리는 방안들에 대해 논의할 겁니다.

   What is this meeting about?
   We'll discuss some ways to improve customer satisfaction.

5. **A:** 죄송하지만 회의에 참석하지 못하겠어요.
   B: 의무적으로 참석하셔야 합니다.

   I'm afraid I can't **attend the meeting**.
   Attendance is mandatory.

6. **A:** 회의의 주제는 무엇인가요?
   B: 새로운 공급회사를 정할 겁니다.

   What is the **subject** of the meeting?
   We are going to decide on a new supplier.

7. **A:** 이 회의의 안건 받으셨죠?
   B: 받았어요. 조금 일찍 가도록 할 게요.

   Did you get the **agenda** of this meeting?
   Yes, I'll turn up a bit earlier.

---

satisfaction 만족(감)   supplier 공급 회사, 공급자   turn up 나타나다

미국 사회는 기본적으로 개인주의 (individualism)와 평등주의 (egalitarianism)를 기본으로 한다. 그래서 단지 부자 (richer)라는 이유 또는 사회적 지위 (social status)가 높다라는 이유 만으로 그 사람을 존경하지 않는다. 이러한 기본 정신은 직장 생활에서도 반영되어, 직함 (professional title)을 부르는 대신 이름 (name)을 사용하는 것을 선호하고 존칭어보다는 파트너쉽 (partnership)으로 최고의 결과물을 내는 데 중점을 둔다.

SECTION·2 회의 소집 하기

D Office Talk "회의에 참석할 수 있으세요?"

A We are going to **hold a meeting** next Friday.
회의를 다음 주 금요일에 개최할 예정입니다.

B What time will it take place? 몇 시에 열리죠?

A It'll start at 10 o'clock. Can you **attend the meeting**?
10시에 시작할 거예요. 참석할 수 있으시죠?

B I can't make it. I have a very important appointment with a client.
저는 참석하지 못할 것 같아요. 고객과 중요한 약속이 있습니다.

A Oh, no. We're going to go over the November sales figures.
오, 이런. 11월 판매 수치를 검토하려고 하거든요.

B I try to postpone the appointment. Anyway, can you email me the **agenda**?
약속을 미뤄보도록 할게요. 어쨌든 안건을 이메일로 보내주실 수 있나요?

E Further Study 회의 일정 조정

This afternoon's meeting **has been postponed until** 3 p.m. tomorrow.
오늘 오후 회의는 내일 오후 3시로 연기 됐습니다.

The time of the meeting **has been advanced from** 5 p.m. to 2 p.m.
회의 시간이 오후 5시에서 2시로 앞당겨졌습니다.

The meeting **has been called off** because the executive director is going on a business trip.
이사님이 출장 가시기 때문에 이번 회의는 취소됐습니다.

회의 시간을 앞당길 때는 be advanced [moved up] from A to B (A에서 B로 앞당겨지다)라는 표현을 쓴다. 반대로 회의 시간을 늦추는 것은 put off / postpone (연기하다), 또한 회의를 아예 취소시킬 때는 call off / cancel (취소하다) 등으로 표현한다.

SECTION 3
회의 시작하기 Getting a Meeting Started

A Basic Expressions

Welcome to 행사. 행사에 오신 것을 환영합니다. ➡ '연차 총회에 오신 것을 환영합니다'는 Welcome to the annual meeting.

purpose 목적, 의도 ➡ '주제 또는 목적에서 벗어나다'는 get off라는 표현을 쓴다. '주요 목적을 벗어나지 않도록 노력해 주세요'는 Please try not to get off the main purpose.

attention 집중 ➡ '모두 집중해 주실래요?'는 May I have your full attention, please?

make an announcement ~을 발표하다, 공지하다 ➡ have an announcement도 같은 뜻이다.

have a chance 기회를 갖다 ➡ '회의를 진행하는 기회를 갖게 되어 기쁩니다'는 I'm glad to have a chance to run the meeting.

take time out of ~로부터 시간을 내다 ➡ take time off from도 비슷한 표현이다. '바쁜 스케줄로부터 시간을 내실 수 있나요?'는 Can you take time out of your busy schedule?

opening remarks 개회사 ➡ '누가 개회사를 할 건가요?'는 Who's going to make the opening remarks?

B Key Sentences 회의 목적 말하기

• 격식을 차린 표현
Our aim [goal] is to _____.   우리의 목표는 ~입니다.
The purpose of this meeting is to _____. 이 회의의 목적은 ~입니다.

make a decision on the proposal
그 제안에 대해 결정하다

• 편안한 표현
Today, we're going to _____.   오늘 우리는 ~하고자 합니다.
We're here today to _____.   우리는 여기에 ~하려고 왔습니다.
I've called this meeting in order to _____.
~하기 위해 이 회의를 소집했습니다.

talk about / discuss marketing strategies
마케팅 전략에 대해 논의하다

SECTION 3 회의 시작하기

C Key Dialog TOP 7

1. **A:** 연차 총회에 참석하신 분들을 따뜻하게 환영합니다.
   I'd like to extend a **warm welcome** to everyone who attends annual conference.
   B: 그런데, 회의 목적이 뭔가요?
   By the way, what's the **purpose** of the meeting?

2. **A:** 오늘 회의에 참석해 주셔서 감사합니다.
   Thank you for attending today's meeting.
   B: 힘찬 개회사, 기대하고 있습니다.
   I'm expecting some energetic **opening remarks**.

3. **A:** 저희 영업부장인 앤더슨 씨를 소개합니다.
   I'd like to introduce Mr. Anderson, our sales manager.
   B: 발표 할 기회를 갖게 되어서 기쁩니다.
   I'm glad to **have a chance** to make this presentation.

4. **A:** 왜 이 회의에 소집 됐는지 모르겠어.
   I don't know why I have been called to this meeting.
   B: 톰은 항상 주요 목적에서 벗어나잖아.
   Tom always goes off the main **purpose**.

5. **A:** 결정을 내리기 위해 이 회의를 소집했습니다.
   I've called this meeting in order to make a decision.
   B: 항상 효율적으로 회의를 진행하시는군요.
   You always run effective meetings.

6. **A:** 회의 주제가 여기에 명시되어 있지 않네요.
   The subject of the meeting is not indicated on it.
   B: 죄송합니다. 바로 공지 할 게요.
   I apologize for it. I'll **make an announcement** soon.

7. **A:** 모두 오셨으면, 회의를 시작합시다.
   If we are all here, let's get started.
   B: 누가 회의를 진행하는 거에요?
   Who's running the meeting?

extend A to B B에게 A를 주다   go off 벗어나다, 자리를 뜨다   indicate 명시하다, 나타내다

미국에서는 하루 평균 약 1,100만 번의 회의가 매일 열린다. 직장인들은 대략 한 달에 60개가 넘는 회의에 참석하고, 단지 회의실에 앉아 있는 것만으로 한 시간에 기본 88.5 칼로리를 소모한다. 하지만 맡은 업무와 사정에 따라 60개가 넘는 회의에 다 참석할 수 없기 때문에 오해의 소지가 없도록 겸손한 사과를 동반한 명확한 불참 이유를 확실하게 밝히는 것이 좋다.

D Office Talk "참석해 주셔서 감사합니다."

A Thank you all for attending this meeting in spite of your busy schedules. If we are all here, let's get started with the meeting. First of all, Mark Brown, a manager in the Marketing Department, will make a presentation.
바쁜 일정에도 불구하고 이 회의에 참석해 주신 여러분께 감사 드립니다. 모두 오셨다면, 회의를 시작합시다. 먼저 마케팅부의 마크 브라운 부장님의 발표가 있겠습니다.

B Good afternoon everyone. The purpose of my presentation is to introduce some way to increase our market share. I'll try to answer all of your questions after the presentation. Now, let's look at the chart on the screen.
여러분 안녕하세요. 제 발표의 목적은 시장 점유율을 올릴 수 있는 방법을 소개하는 것입니다. 질문에 대한 답변은 발표가 끝난 다음에 하도록 하겠습니다. 자, 스크린에 있는 차트를 보시죠.

E Further Study 회의 시작을 알리는 표현 & 환영 인사 표현

• 회의 시작 알리기

Let me begin the meeting right away.
바로 회의를 시작하겠습니다.

Let's get started soon. Please take your seats.
곧 회의를 시작하겠습니다. 자리에 앉아주세요.

It's time to start the meeting.
회의를 시작할 시간입니다.

★ 그 밖의 캐주얼한 표현으로 Let's get cracking.(시작합시다) / Let's get down to business.(본격적으로 돌입해 봅시다) 등의 표현들도 있다.

• 회의 참석을 환영하는 인사

Thank you all for attending [participating] in this meeting.
이 회의에 참석해 주셔서 감사합니다.

I'd like to extend a warm welcome to everyone who is here.
여기에 계신 모든 분을 따뜻하게 환영합니다.

I'd like to welcome all of you to today's meeting.
오늘 회의에 오신 여러분 모두를 환영합니다.

Thank you for taking time off from your busy schedules.
바쁘신 일정 가운데 시간 내어 주셔서 감사합니다.

SECTION 4
의견 나누기 Sharing Opinions

A Basic Expressions

opinion 의견, 견해 ⇒ position, point of view, idea를 대신 쓸 수 있다. '당신의 의견은 무엇인가요?'는 What's your opinion? '즉 각 (짧게) 언급하고 싶습니다'는 I'd like to make a quick comment.

go around the table 순서대로 말하다 ⇒ 비슷한 표현으로 speak in turns 또는 speak by taking turns가 있다.

get the ball rolling 일을 시작하다 ⇒ '누가 먼저 시작 하실래요?'는 Who's going to get the ball rolling?

B Key Sentences 의견 묻고 답하기

• **의견 묻기**

Who's going to get the ball rolling?
누가 먼저 시작하실래요?

What's your opinion [position / view] on the project?
프로젝트에 대한 당신의 의견/입장/견해는 어떻습니까?

What do you think of someone's thoughts?
~의 의견에 대해 어떻게 생각하세요?

How do you feel about it?
그것에 대해 어떻게 생각하세요?

Would you like to add anything?
덧붙일 말이 있습니까?

I'd like to get some feedback.
피드백을 받고 싶습니다.

• **의견 말하기**

〈자연스런 의견 표명〉

I'd like to _____. ~하고 싶습니다.

state my view[opinion] 제 견해/의견을 설명하다
make a quick comment 즉각 언급하다

〈강한 의견 표명〉

Without a shadow of a doubt, _____.
의심의 여지 없이, ~합니다.

I'm convinced that ~ 라고 확신합니다
I strongly believe that ~라고 굳게 믿습니다
It's clear/obvious to me that ~라는 점이 분명합니다

〈조심스런 의견 표명〉

I tend to think that _____.
~라고 생각하는 편이에요.

It seems to me that _____.
~인 것 같아요.

We need to _____.
~할 필요가 있습니다.

improve on our disappointing performance
실망스런 실적을 향상시킬

pour money into some new products
신제품에 투자해야 할

find some ways to avoid downsizing
인력 감축을 피할 수 있는 방법을 찾아야 할

C Key Dialog — TOP 7

1. A: 도움이 될 만한 의견 가지신 분 계신가요? Has anyone else got anything to contribute?
   B: 제가 짧게 언급해도 될까요? May I **make a quick comment**?

2. A: 누가 먼저 시작하시겠어요? Who's going to **get the ball rolling**?
   B: 순서대로 말하기를 제안합니다. I suggest we **go around the table**.

3. A: 해외로 사업을 확장할 적기라고 믿습니다. **I strongly believe that** it's right time to expand a business overseas.
   B: 존의 의견을 어떻게 생각하시나요? What do you think of John's **opinions**?

4. A: 광고에 너무 많은 돈을 쓰는 거 같아요. I think we spend too much money on advertising.
   B: 더 나은 수익을 창출할 것이라 확신해요. **I'm convinced that** we'll get better returns.

5. A: 덧붙일 말이 있습니까? Would you like to **add anything**?
   B: 국내 시장에 집중해야 된다고 생각합니다. I think we should focus on the domestic market.

6. A: 경비 절감을 제안합니다. I **suggest** that we should cut costs.
   B: 당신의 제안을 신중히 고려해 보죠. We'll take your suggestion seriously.

7. A: 다른 의견 있으신가요? Are there any other **opinions**?
   B: 신제품에 투자해야 할 필요가 있어요. We need to pour money into some new products.

contribute 기여하다   domestic 국내의   pour A into B B에 A를 들이붓다

회의를 진행할 때 직원들이 자유롭게 의견을 나눌 수 있도록 분위기를 조성하는 것은 굉장히 중요하다. 그래서 간단한 다과 (refreshments)라던지 어색한 분위기를 깰 수 있는 대화법을 고민하기도 한다. 간단한 예로는 '모르기는 피차 일반입니다. 그러니 생각을 말해 보세요. (Your guess is as good as mine. So tell me what you think.)'라는 말로 부담을 덜어 주거나 '내 직감으로는 ~해요. (I can feel in my bones that ~.)'라는 말로 문장을 시작하여 꼭 정답을 이야기할 필요가 없음을 간접적으로 나타내는 것도 나쁘지 않은 방법이다.

SECTION ▪ 4 ▦ 의견 나누기

D Office Talk "~할 때라고 확신합니다."

A   Today, we are going to discuss how to maximize profits. Who's going to **get the ball rolling**? 오늘, 우리는 이익 극대화 방안에 관해 토론할 겁니다. 누가 먼저 시작하실래요?

B   Let's **go around the table**. 순서대로 돌아가면서 말하죠.

A   Sounds good. Tom, would you like to kick things off? 좋아요. 톰, 당신이 시작해 주겠어요?

C   In my opinion, we've been too focused on the domestic market. **I'm convinced that** it's time to develop the overseas market.
    제 생각에는, 우리가 국내 시장에 너무 집중해 왔던 것 같아요. 국제 시장을 개발할 때라고 확신합니다.

A   I understand what you're saying. **What do you think of Tom's thoughts?**
    무슨 말씀인지 알겠습니다. 톰의 생각에 대해 어떻게 생각하십니까?

D   It makes sense, but the domestic economy is headed for trouble. **I strongly believe** we need to downsize. 일리 있는 말씀입니다만, 국내 경제가 어려워지고 있어요. 인력 감축을 해야 한다고 확신합니다.

A   Are there any other **opinions**? 다른 의견들 있으신가요?

maximize 극대화하다   kick off 시작하다   be headed for ~으로 향하다   downsize 인력을 감축하다

E Further Study 의견 이해하기

• 의견을 이해했을 때
I see what you mean. 무슨 뜻인지 알겠어요.
Good point! 좋은 지적이네요!
I get your point. 당신의 요점을 알겠습니다.
I understand what you're saying. 무슨 말씀인지 알겠습니다.

• 의견을 이해하지 못했을 때
I don't quite understand. 전혀 이해가 가지 않는데요.
I don't see what you mean. 무슨 뜻인지 모르겠어요.
I don't quite follow you. 무슨 내용인지 따라갈 수가 없네요.
I didn't catch that. 요점을 모르겠어요.
Could you repeat that, please? 한 번 더 말씀해 주실래요?
Could you give us some more details?
좀 더 자세한 내용을 말씀해 주실 수 있나요?

SECTION 5
동의하거나 반대하기 — Agreement or Disagreement

A. Basic Expressions

agree to ~의 의견에 동의하다 ⇨ assent to, go along with someone도 같은 의미이다. '당신의 의견에 동의합니다'는 I agree to your opinion. 또는 I'm going along with you.

totally 완전히, 전적으로 ⇨ 같은 의미의 단어로는 absolutely(절대적으로), completely(완전히), definitely(확실히), surely(당연히), certainly(확실히) 등이 있다. 본인의 의견을 강조할 때 쓰기 좋은 표현들이다.

be against ~에 반대하다 ⇨ 비슷한 표현은 be opposed to, disagree with 또는 disapprove of가 있다. '그 생각에 강력히 반대하는 입장입니다'는 I stand in very strong opposition to the idea.

sit on the fence 중립적인 태도를 취하다 ⇨ '중립적인 태도를 취하지 말고 결정을 해요'는 Stop sitting on the fence and make your decision.

interrupt 방해하다, 가로막다 ⇨ '방해해서 죄송합니다'는 Excuse me for interrupting.

feasible 실현 가능한 ⇨ 실현 가능한 계획 [생각]은 a feasible plan [idea].

B. Key Sentences 동의하기 & 반대하기

• 동의하기

I totally agree with you.
당신 의견에 전적으로 동의해요.

I have no objections.
반대 의견이 없습니다.

I assent to your opinion.
당신의 의견에 동의합니다.

I'm 100% behind you.
100퍼센트 지지합니다.

I'm with you on that.
당신과 뜻을 같이합니다.

That's exactly what I thought.
딱 제가 생각했던 바예요.

• 반대하기

I'm against the plan.
저는 그 계획에 반대합니다.

I have to disagree with that.
저는 그 점에 반대해야겠어요.

I can't support your opinion.
당신의 의견을 지지할 수 없습니다.

I can't go along with you there.
그 점은 당신과 뜻을 같이 할 수 없습니다.

Sorry, but I don't agree with you.
죄송하지만 동의할 수 없습니다.

I think it's not a feasible idea.
실행 불가능한 생각 같아요.

SECTION 5 동의하거나 반대하기

C Key Dialog  TOP 7

1. A: 경비 절감을 위해 직원들을 정리해고 해야 합니다.
   We need to layoff employees to cut costs.
   B: 그 계획에 반대합니다.
   I'm **opposed to** the plan.

2. A: 직원들은 우리의 가장 소중한 재산이라고 생각합니다.
   I think our employees are our most valuable assets.
   B: 당신의 의견에 전적으로 동의합니다.
   I totally **assent to** your opinion.

3. A: 전반적인 제 계획에 대해 어떻게 생각해요?
   What do you think of my overall plan?
   B: 그것은 실행 불가능한 생각 같아요.
   I think it's not a feasible idea.

4. A: 잘 사용하지 않는 시설을 폐쇄하는 게 좋겠어요.
   We'd better close our underused facilities.
   B: 딱 제가 생각했던 바예요.
   That's exactly what I thought.

5. A: 죄송하지만 당신의 의견에 따를 수 없어요.
   I'm afraid **I can't go along with you.**
   B: 알겠습니다. 다른 대안을 찾아보도록 하죠.
   I understand it. Let's try to find some alternative ways.

6. A: 전 어떤 방법이던지 상관 없어요.
   Either way is fine with me.
   B: 중립적인 태도는 취할 수 없어요. 당신의 의견을 말해 보세요.
   You can't **sit on the fence.** Tell me what you think.

7. A: 수익이 없는 지점은 폐쇄해야 합니다.
   We have to close unprofitable branches.
   B: 당신 의견을 지지할 수 없군요.
   I can't support your opinion.

asset 자산 **underused** 충분히 이용되지 않는 **alternative** 대안, 대안적인

상대방의 의견을 딱 잘라 거절하기보다는 불쾌하지 않게, 부드러우면서도 요점에 벗어나지 않게 의사를 표현할 수 있는 말을 기억해두는 것이 좋다. 자주 쓰는 표현을 살펴보자.
I agree with you up to a point, but… 여기까지는 동의하지만…
I understand your point, but… 이해는 가는데요, 그렇지만…
I'd like to get your opinion, but… 의견을 채택하고 싶지만…
I'm not against your suggestion, but… 당신 제안에 반대하지는 않지만…

D Office Talk "저는 반대합니다."

A There is no alternative to downsizing.
인력감축 외에는 대안이 없습니다.

B I can't support your opinion. Our employees are the most valuable assets of the company. I think…
당신의 의견을 지지할 수 없어요. 직원들은 회사의 가장 중요한 자산입니다. 제 생각에는…

A Excuse me for interrupting. If you feel guilty about it, tell me how to solve financial woes.
방해해서 미안합니다. 만약 가책을 느낀다면, 재정 문제를 어떻게 해결할지 말씀해주시죠.

B How about closing our underused facilities to reduce overhead costs?
간접비용절감을 위해서 잘 사용 안 하는 시설을 폐쇄하는 건 어때요?

A Okay. Listen, we have an accumulated deficit of 30 trillion dollars. I think it's not a feasible idea.
그래, 좋아요. 누적 적자가 30조 달러에요. 실행 불가능한 생각 같군요.

woe 고민, 문제   overhead cost 간접비용   accumulated deficit 누적적자

E Further Study 끼어들어 말하기

Excuse me. May I have a word with you?
실례지만 제가 한 마디 해도 될까요?

Can I jump in here?
제가 끼어들어도 될까요?

Excuse me for interrupting.
방해해서 죄송합니다.

Can I put in a good word for you?
한 마디 거들어도 될까요?

If I may (interrupt for a second), I think ~.
제가 (잠시 끼어들어) 말씀 드린다면, 제 생각에는 ~입니다.

I can't get a word in edgeways. Could I just add one thing?
말을 꺼낼 기회가 없네요. 한 가지 덧붙여도 될까요?

다른 사람의 발언 중에 끼어들어서 거들거나 반론하거나 또는 질문을 하고 싶을 때가 간혹 있을 것이다. 이러한 갑작스런 행동은 자칫 회의의 흐름을 방해하거나 무례하게 여겨질 수 있으므로 되도록이면 적당한 발언 기회가 있을 때 나서는 것이 좋다. 하지만 반드시 짚고 넘어가야만 하는 순간이 온다면 위와 같은 표현을 사용하여 정중하고 공손하게 자신의 의사를 표현하는 것이 좋다.

SECTION 6
회의 마무리하기 Concluding Meetings

A Basic Expressions

make a decision 결정을 내리다 ⇒ come to a decision, arrive at a decision도 쓸 수 있다. '오늘까지는 결론을 내야 한다'는 We need to come to a decision by today. '결론에 이르다'는 reach a conclusion.

summarize 요약하다 ⇒ recap을 대신 쓸 수 있다. '요약하자면'은 To summarize, Sum up, In short, In brief 또는 In a nutshell.

run out of time 시간이 초과되다/ 부족하다 ⇒ '최종 결정을 내리기에는 시간이 부족합니다'는 We are running out of time to make a final decision.

vote on ~ ~에 대해 표결하다 ⇒ '표결에 부칩시다'는 Let's put it to a vote. '다수결'은 majority vote, '만장일치'는 unanimous vote. '예산이 만장일치로 통과되었습니다'는 The budget passed by a unanimous vote. '찬성하는 분은 손들어 주세요'는 Those in favor, raise your hand.

set the time [date] 시간/ 날짜를 정하다 ⇒ '다음 회의 날짜를 정합시다'는 Let's set [fix] a date for the next meeting.

participation 참여, 협조 ⇒ '여러분의 협조에 감사 드립니다'는 Thanks for your participation.

B Key Sentences 최종 결론 정리하기

• 최종 의견

It's the best way to ~.
~가 최선의 방법입니다.

Ultimately, we have no choice [option] but to ~.
궁극적으로 ~하는 수밖에 없습니다.

The only solution [answer] is to ~.
유일한 해결책은 ~입니다.

We finally reached the conclusion that ~.
결국 ~라는 결론에 이르게 됩니다.

• 결론 정리하기

Before we close, let me just _____.
회의를 마치기 전에, ~을 할게요.

summarize the main points 주요 사항을 정리하다
recap what I said 요점을 되풀이하다

Finally, may I _____ some of the main points we've considered?
마지막으로, 우리가 고려한 주요 사항을 ~할까요?

remind you 상기시키다
go over 검토하다

We'll have to defer [postpone] the decision for another time.
결정을 다음으로 미뤄야겠습니다.

★ To sum up / To conclude, 요약하면 / 결론적으로
 In brief / In conclusion, 간단히 말해서 / 결론적으로

• 회의 마무리하기

We have already run out of time.
벌써 시간이 초과됐네요.

I declare the meeting is closed.
회의가 끝났음을 알립니다.

C Key Dialog TOP 7

1. A: 이제 결론을 내립시다.
   It's time to **make a decision**.
   B: 좋아요. 모든 의견을 종합해보죠.
   Okay. Let me **put** all the ideas **together**.

2. A: 드디어 결론이 났네요.
   We finally reached the conclusion.
   B: 협조해주셔서 고맙습니다.
   Thanks for your **participation**.

3. A: 주요 사항을 요약해 주시겠어요?
   Could you **summarize the main points**?
   B: 요약하자면, 금년에 우리는 중국 내 사업을 확장할 것입니다.
   To sum up, we are going to expand our business in China this year.

4. A: 안타깝게도 회의 시간이 초과됐어요.
   I'm afraid to say that we've **run out of time**.
   B: 결정을 다음으로 미뤄야겠습니다.
   We'll have to postpone the decision for another time.

5. A: 각각의 주제를 표결할 시간이에요.
   It's time to **vote on** each topic.
   B: 좋아요. 찬성하는 분은 손을 들어주세요.
   Okay. Those in favor, please raise your hand.

6. A: 회의를 마칠 시간이네요.
   It's almost time to **finish up the meeting**.
   B: 그러네요. 다음 회의 날짜를 정할까요?
   That's right. Can we **set the time** for the next meeting?

7. A: 회의가 끝났음을 알립니다.
   I **declare** the meeting **is closed**.
   B: 회의에 참석해 주신 여러분께 감사 드립니다.
   Thank you all for attending the meeting.

put together 합하다 expand 확장하다 finish up ~을 끝내다

회의가 끝난 후 동료들한테서 의견이나 발표가 좋았다고 칭찬 받을 때가 있는데 마땅히 할 말을 찾지 못하고 멋적은 웃음을 지을 때가 있다. 이럴 때 '준비 할 시간이 없었어. 감 대로 한 거야.(I had no time to prepare. I was flying by the seat of my pants.)'라는 말을 사용해 보는 것도 나쁘지 않다. 대중 앞에서 발언하는 것을 불편해 하는 동료에게 회의 시작을 앞두고 '자, 해보는 거야. 넌 해낼 수 있잖아.(Go on. Give it a try. You have got to make a leap in the dark.)'라는 말로 용기를 주는 것도 좋다.

SECTION • 6 ▓ 회의 마무리하기

D Office Talk "결정은 다음으로 미루죠."

A   We'll have to defer the decision **for another time**.
결정을 다음으로 미뤄야겠습니다.

B   I think it doesn't **take too long** to **vote on** each topic.
각각의 주제에 대해 표결하는 데 오래 걸리지 않을 것 같은데요.

A   Well, we have already **run out of time**.
음, 시간이 벌써 초과 됐는데요.

B   Then, we need to **set the time, date, and place** for the next meeting.
그럼, 다음 회의의 시간, 날짜, 그리고 장소를 정해야겠네요.

B   What about the following Friday at the same time and place?
돌아오는 금요일에 같은 시간과 장소에서 어때요?

A   That's good. Now I **declare** the meeting is **closed.** Thank you all for your **participation**.
좋아요. 회의가 끝났음을 알립니다. 여러분 모두 참석해 주셔서 감사 드립니다.

E Further Study 표결 방법 정하기

• 다수결
Let's decide by majority (vote) on this issue.
이 의제는 다수결로 결정합시다.

• 거수
Okay, let those in favor show their hands.
좋아요, 찬성하는 분은 거수해 주시기 바랍니다.

• 만장일치
No, this has to be a unanimous decision.
아니요, 이 일은 만장일치로 결정해야 합니다.

• 투표
No, let's vote by secret ballot.
아니요, 무기명 투표로 표결합시다.

★ 보편적인 의사 결정 방법으로 민주적인 방법이라 여겨지는 다수결(majority vote)을 적용하는 경우가 많은데, 항상 다수의 의견이 유리한 것만은 아니며 다수결 원칙을 적용 시 책임 회피의 문제가 발생할 수 있다는 것도 알아두자.

SECTION 7
마케팅 회의 Marketing Meetings

A Basic Expressions

promote 판매를 촉진하다, 판촉하다 ⇒ promote는 일의 진행을 진척시키거나 회사나 군에서 진급하는 것의 의미로도 쓰인다. '홍보 방안'은 명사형 promotion을 써서 promotion plan.

run [put] an ad 광고를 내다 ⇒ ad는 advertisement의 줄임말이다. '신문에 광고를 내다'는 run [put] an ad in a newspaper. 또는 동사형인 advertise를 써서 advertise in a newspaper.

release 출시하다, 공개하다 ⇒ '신제품을 발매하다'는 release new products. '세상에 새롭게 내놓는다'는 의미에서 launch 또는 put out도 사용할 수 있다.

attract 끌어당기다, 매혹하다 ⇒ 이성뿐 아니라 상품이 고객의 관심을 끌어내는 것 또한 attract로 표현한다. '고객의 마음을 끌다'는 attract [draw] customers.

dominant position 우위 ⇒ '아시아 시장에서 우위를 차지하다'는 hold a dominant position on the Asia market.

marketing strategy 마케팅 전략

target market 목표 시장 ⇒ 상품이나 서비스를 판매하려는 대상이므로 주요 고객이나 지역(나라)을 가리킨다.

B Key Sentences 신제품 광고 전략 논의

Let's think of ways to promote our new product.
우리의 신제품을 홍보할 방안을 생각해 봅시다.

As far as I'm concerned, promoting products is executed through ⋯⋯⋯⋯.
제 생각으로는, 제품 홍보는 ~을 통해 실행되어야 합니다.

> **a variety of advertising methods** 다양한 종류의 광고
> **press releases** 언론 매체를 통한 발표
> **in-store (POP) displays** 구매점 진열물
> **sponsorship or exhibitions** 협찬이나 전시회
> **publicity materials, such as catalogues and pamphlets** 카탈로그나 팸플릿 같은 홍보물들
> **special events, such as discounts, samples, gifts, rebates, coupons, and contests**
> 할인, 샘플, 선물, 감액, 쿠폰, 콘테스트와 같은 특별 행사
> **the use of direct mail** 광고용 우편물 사용
> **Internet advertisements** 인터넷 광고
> **telemarketing** 전화 판매
>
> ★ POP (point of purchase) displays는 제품 판매현장에서 소비자의 시선을 끌어 구매로 연결되도록 하는 광고 물품을 말한다. 상품 옆에 놓인 광고 포스터, 실물 모형 등이 그 예다.

SECTION 7 마케팅 회의

C Key Dialog  TOP 7

1. A: 언제 광고가 나가기 시작하죠?
   B: 금요일에 시작할 겁니다.

   When are we going to start **running ads**?
   I believe we start on Friday.

2. A: 언제 전반적인 시장 동향을 알 수 있어요?
   B: 이번 주 금요일까지 시장 조사 보고서를 제출 하겠습니다.

   When can I see the overall **market trend**?
   I'll submit market research reports by this Friday.

3. A: 아시아 시장에서 반드시 우위를 차지해야 합니다.
   B: 우리의 새 마케팅 전략은 더 많은 고객을 끌어들일 겁니다.

   We need to hold a dominant position on the Asia market.
   Our new **marketing strategy** can **attract** more customers.

4. A: 우리의 주 고객층은 누가 될 수 있을까요?
   B: 20대와 30대 초반 여성이 될 겁니다.

   Who should be our **target market**?
   It should be women in their twenties and early thirties.

5. A: 신제품을 출시하기에 언제가 적기일까요?
   B: 크리스마스 두 달 전쯤이죠.

   When is the best time to **release** new products?
   It could be two months before Christmas.

6. A: 신제품을 홍보하는 가장 효율적인 방안은 무엇일까요?
   B: TV 광고요! 그게 가장 좋은 방법이죠.

   What is the most effective way to **promote** new products?
   TV advertising! That's the best way.

7. A: 다른 홍보 방안은 뭐가 있을까요?
   B: 전화 판매를 시도하는 건 어때요?

   Do you have other promotion plans?
   Why don't we try **telemarketing**?

overall 전반적인

대부분의 미국인이 좋아하는 슈퍼볼/미식 축구 (superball)의 열기는 2004년 월드컵 당시 광화문에 집결된 응원단들이 stadium에 모인 것이라고 생각하면 된다. 직접 보러 가지 못한 다수의 사람들은 TV로 시청하기 때문에 슈퍼볼 광고 비용은 항상 천문학적이고 각 회사들은 광고를 따내기 위해 온 힘을 기울인다. 경기 후 결과도 보도되지만 Best & Worst Superball Commercial List(최고 & 최악의 슈퍼볼 광고)가 설문 조사를 통해 뽑히기도 하기 때문에 회사 마케팅부서에게 사활이 걸려 있는 큰 프로젝트이다.

D Office Talk "목요일까지는 준비될 겁니다."

A I expect to get the maximum return on our **promotion**. How's it going?
판촉에서 최대 수익을 기대하고 있습니다. 어떻게 진행되고 있나요?

B We already finished installing **POP displays** and sending out **direct mail.**
구매점 진열물 설치와 광고용 우편물 배송을 이미 마쳤습니다.

A How about **publicity materials**? 홍보물들은요?

B They'll be delayed until tomorrow. 내일까지 지연됩니다.

A Do you know our company will start **running ads** on Friday?
금요일에 우리 회사의 광고가 나가기 시작하는 거 아시죠?

B Yes, **they'll be ready by** Thursday **for sure**. 네, 목요일까지는 확실히 준비될 겁니다.

get the maximum return 최대 수익을 얻다   install 설치하다   for sure 확실히

E Further Study 마케팅 전략 논의

I expect you guys have some brilliant ideas to determine _____.
~을 결정하기 위한 여러분의 뛰어난 아이디어를 기대합니다.

how to penetrate new markets 새로운 시장에 어떻게 침투할 수 있는지
⇒ We need to cut prices, increase advertising, and obtain better stores.
가격을 내리고, 광고를 늘리고, 더 나은 상점을 선점하는 것입니다.

who our target market will be 누가 우리의 주 고객층이 될 것인지
⇒ It could be middle / upper-income people who are willing to pay a bit more for a better service. 더 나은 서비스를 위해서 기꺼이 돈을 더 지불할 수 있는 중간/고소득자들입니다.

how much customers are willing to pay 고객들이 기꺼이 지불하고자 하는 금액은 얼마인지
⇒ The price range will be between 200 and 500 dollars.
가격 범위는 200달러에서 500달러 사이가 될 겁니다.

when the best time to release new products is 신제품을 출시하는 가장 좋은 시기는 언제인지
⇒ It could be two months before Christmas. 크리스마스 두 달 쯤 될 거에요.

SECTION 8
영업 회의 Sales Meetings

A Basic Expressions

revenue 수익 ➡ '순이익'을 의미할 때는 주로 net profit 또는 net income을 쓴다.

sales 매출액, 판매, 영업 ➡ '총매출'은 gross sales, total sales, total gross 또는 turnover. '판매 계획'은 sales plan.

reach 도달하다, 달성하다 ➡ '판매 목표를 달성하다'는 reach the sales goal, '판매 성장을 달성하다'는 reach the sales growth.

market share 시장 점유율 ➡ '시장 점유율이 증가[감소/성장]하다'는 increase [decrease/grow] market share.

the first half of the year 상반기 ➡ '하반기'는 the second [latter] half of the year. 한 해를 4분기로 나눠 지칭할 때는 quarter (1/4)를 이용하여 the first quarter of the year(1사분기)와 같이 표현한다.

sales performance 판매 성과, 영업 실적 ➡ '판매 성과를 평가하다'는 evaluate sales performance

break even 손익분기점에 도달하다 ➡ 수입액과 지출액이 동일해서 이익도 손해도 없는 상황을 말한다.

B Key Sentences 자료 설명하기

I'd like to get some ideas about the sales performances shown on this chart. It shows that sales in May _____ sharply by 10% from April.
이 차트에 나타난 판매 성과에 대한 의견들을 듣고 싶습니다. 이 차트는 5월 매출이 4월 매출보다 10퍼센트 급격히 ~함을 나타냅니다.

• 증가	• 감소
have risen [grown]	have declined [dropped]
have increased	have reduced [decreased]
have been boosted	were down
were up	fell

★ 그 밖의 표현들도 익혀두자.
변함 없이 유지하다 remain stable [flat] / maintain / hold
최고조에 도달하다 reach a peak

원래 유지하던 수치로 돌아오다 recover
바닥까지 최저로 내려가다 hit the bottom

C Key Dialog TOP 7

1. A: 상반기 동안 시장 점유율이 급감 했어요.
   Our **market share has decreased** sharply during **the first half of the year**.
   B: 우리가 시장 점유율을 잃어가는 원인을 분석 하세요.
   Analyze the reasons why we've lost it.

2. A: 2012년도 1사분기 수익이 8.3퍼센트 성장해서 3억 달러입니다.
   Revenue increased by 8.3% to $300 million in the first quarter of 2012.
   B: 판매 계획을 조절해야겠어요.
   We need to adjust a sales plan.

3. A: 1사분기 영업 실적이 매우 저조합니다.
   Our sales for the first quarter **were** way **down**.
   B: 판매 목표를 달성하는 데 실패했네요.
   We've failed to **reach** our sales goal.

4. A: 올해 중국에서 두 자릿수 판매 성장을 달성했습니다.
   We've **reached** double-digit sales growth in China this year.
   B: 고객 선호도를 계속 주시해 주세요.
   Keep an eye on customers' preferences.

5. A: 이번 달 판매 실적을 알아봤나요?
   Did you figure out this month **sales performance**?
   B: 이번 달은 겨우 손익분기점을 맞췄습니다.
   We just managed to **break even** this month.

6. A: 판매 성과 향상에 관한 좋은 아이디어 있으신가요?
   Do you have any idea how to improve our **sales performance**?
   B: 판매 장려 프로그램을 도입하는 것은 어떨까요?
   How about setting up a sales incentive program?

7. A: 이 보고서는 3월 매출이 증가했음을 보여주네요.
   This report shows that **sales** in March **have been boosted**.
   B: 우리는 시장 점유율을 유지해야 해요.
   We need to **hold** our **market share**.

adjust 조절하다   preference 선호도   figure out 알아내다   incentive 장려

증감의 정도를 나타내는 다양한 표현들을 이용하여 좀 더 생생하게 상황을 설명해보자.

markedly 현저히	rapidly 빠르게	dramatically 급격히
significantly 현저히	considerably 상당히	slightly 조금
a little 약간	suddenly 갑자기	gradually 점차
slowly 천천히	steadily 꾸준히	quickly 빠르게

SECTION 8 영업 회의

D Office Talk "경쟁 업체들이 신제품을 출시한대요."

A   I'm very proud we have played a major role in the success of the company.
    우리가 회사의 성공에 중요한 역할을 해서 아주 자랑스럽습니다.

B   So am I. I didn't expect our **sales to rise** so dramatically last year.
    저도 그래요. 작년에 판매량이 이렇게 급격히 올라갈 줄은 예상하지 못했어요.

A   But I think it's not going to be easy to **hold** our **market share** this year.
    하지만 제 생각에 올해에는 시장 점유율을 지키기가 쉽지는 않을 것 같아요.

B   Don't worry. You know that we produce high-quality products.
    걱정 마세요. 아시다시피, 우리 회사는 최고 품질의 제품을 생산하잖아요.

A   Haven't you heard that our competitors will be releasing new products similar to ours? They will change the designs and materials.
    우리 경쟁업체들이 우리 제품과 비슷한 신제품을 출시한다는 소식 못 들었어요? 디자인이랑 재료까지 다 바꿀 거래요.

B   I can't believe it. Then we should change our sales strategy!
    믿을 수 없어요. 그렇다면 우리의 판매 전략을 바꿔야겠군요!

E Further Study 영업사원 교육하기

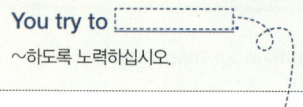

You try to ⋯⋯⋯⋯⋯⋯.
~하도록 노력하십시오.

What skills are needed to be a successful salesperson?
성공적인 영업사원이 되려면 어떤 특별한 기술이 필요할까요?

be an effective communicator 효과적인 대화자가 되다	**respond to customer enquiries** 고객의 문의에 회신하다
be a good listener 훌륭한 청자가 되다	**keep customer records up to date** 고객 기록을 최신 것으로 남기다
be a person of integrity 성실한 사람이 되다	**monitor customers' preferences** 고객의 선호도를 점검하다
be well mannered 예절 바르게 굴다	**manage customers' expectation** 고객의 기대를 관리하다

SECTION 9
재무 · 회계 회의
Finance and Accounting Meetings

A Basic Expressions

budget 예산; 예산을 세우다 ➡ '프로젝트에 3백만 달러가 예산으로 책정됐어요.'는 The project has been budgeted at $3 million. '예산을 초과하여 소비하다'는 go over budget, '예산이 빠듯하다'는 be on a tight budget, '예산 범위 안에서'는 within budget으로 표현한다.

underestimate 낮게 책정하다 ➡ '마케팅 예산이 낮게 책정됐습니다'는 The marketing budget is underestimated.

audit 회계를 감사하다; 회계 감사 ➡ '회계 감사원'은 auditor.

financial problems 자금난, 재정 문제 ➡ financial difficulties, financial crisis, financial straits도 같은 의미이다.

get approval from ~로부터 허락을 받다 ➡ 반대로 '~에게 승인을 신청하다'는 ask [apply for] someone's approval.

cut back on expenses 비용을 줄이다 ➡ reduce costs도 같은 의미이다.

expenditure 지출 ➡ '지출 양식을 제출하다'는 submit the expenditure form.

capital 자본, 자산 ➡ funds도 같은 의미이다. '자금처'는 sources of capital. 반대 개념인 '부채'는 debt.

B Key Sentences 예산 책정하기

We have budgeted $300,000 to _____.
~을 위해 30만 달러를 예산으로 책정했습니다.

- **develop new products for the Research & Development Department**
  연구개발부의 신제품을 개발하다
- **establish a database management system**
  데이터베이스 관리 시스템을 구축하다
- **advertise new products**
  신제품을 광고하다
- **train new employees**
  신입사원을 교육하다

Can we increase the advertisement budget?
우리가 광고 예산을 늘릴 수 있을까요?

We underestimated it by too much.
너무 낮게 책정됐네요.

There must be approval to go over the budget.
예산을 초과 사용하기 위해선 반드시 승인이 있어야 합니다.

SECTION 9 재무·회계 회의

C Key Dialog TOP 7

1. A: 마케팅부에서 추가 예산을 요청했어요.
   The Marketing Department is requesting additional funds for its **budget**.
   B: 먼저 재무부장에게 승인을 받아야 해요.
   We should **get approval from** the financial director first.

2. A: 회계사가 곧 우리의 재무 기록을 감사할 거예요.
   The accountant will **audit** our financial records soon.
   B: 오늘까지 서류 검토를 마칩시다.
   Let's finish reviewing the papers by today.

3. A: 우리 회사는 현재 자금난을 겪고 있어요.
   Our company is facing **financial problems**.
   B: 지출을 줄여야 합니다.
   We need to **cut back on expenses**.

4. A: 장비를 추가로 주문해야 합니다.
   We need to order extra equipment.
   B: 결제를 위해서 지출 양식을 제출해 주세요.
   Please submit the **expenditure** form for approval.

5. A: 제품 마케팅 예산으로 얼마를 할당해야 할까요?
   How much of the **budget** should be allocated to product marketing?
   B: 회사가 광고 예산으로 5백만 달러를 잡았어.
   The company has **budgeted** $5 million on advertising.

6. A: 마케팅 예산 계획을 다 확인 하셨어요?
   Did you finish checking the marketing **budget** plan?
   B: 네. 마케팅 예산이 낮게 책정된 것 같아요.
   Yes. I think the marketing budget **is underestimated**.

7. A: 우리는 프로젝트를 지원할 만한 충분한 자금이 없습니다.
   We don't have sufficient funding to support that project.
   B: 자금을 구할 새로운 출처를 찾아야지요.
   We should seek new sources of **capital**.

allocate 할당하다 sufficient 충분한 seek 찾다

TIP BOX

미국인들의 일상 생활은 스포츠와 떨어져서 생각하기 힘들 만큼 밀접한 관계가 있다. 그래서 사업상의 대화에서도 스포츠 용어들이 자주 사용된다. 예를 들어 ballpark figure는 '대략의 수치'를, touch base는 '다시 연락하다'를 의미한다. 그리고 야구 방망이로 가장 공을 치기 좋은 곳을 말하는 sweet spot이 비즈니스에서는 '고객이 관심을 갖기 시작하는 가격대'를 의미하기도 한다. game plan은 일반적으로 '사업상의 계획이나, 전략'을, team play는 '협력'을 뜻한다.

D Office Talk "자금 구조가 어떻게 되죠?"

A Did you finish analyzing the **capital** structure? 자금 구조 분석을 마치셨나요?

B I need to recheck the proportion of cash, but it's almost done.
현금 보유율을 다시 확인해 봐야 합니다만, 거의 다 마쳤습니다.

A (After checking the capital structure) What's going on? We have too much short-term debt. (자금 구조 확인 후) 왜 이래요? 단기 부채가 너무 많은데요.

B Don't be too concerned about the company's **financial** situation. It's only a temporary situation. 회사 재정 상태에 대해 너무 걱정하실 필요는 없습니다. 일시적인 상황이에요.

A Use **sales** forecasts, predict the potential return on investment, and seek sources of **capital**. We'd better hurry. Otherwise, the acquisition of the MT Company won't proceed as expected. 판매 예측 자료를 사용해서 투자를 통해 발생될 잠재적인 이윤을 예측해서 자금을 구할 출처를 찾아보세요. 서두르는 게 좋겠어요. 그렇지 않으면 MT사 인수가 기대만큼 진행되지 않을 거예요.

proportion 부분, 비율   temporary 일시적인   forecast 예측; 예측하다   acquisition 인수

E Further Study 재정부의 역할

What are the main functions of the Financial Department?
재무부의 주요 기능은 무엇인가요?

We need to _____.
우리는 ~해야 합니다.

prepare the payroll and pay the staff their salaries
급여 지불 총액을 준비하여 직원들에게 급여를 계산하고 지불한다

monitor departmental budgets to check that the managers are not overspending
부서예산을 검열해 책임자들이 예산을 과용하는지 체크한다

issue regular budget reports to all departmental managers
모든 부서 책임자들에게 예산 보고서를 정기적으로 발부한다

prepare cash flow forecasts for senior managers
수석 책임자들을 위해 현금 흐름 예측을 준비한다

provide information about our financial performance for our stockholders
주주에게 재무 실적에 대한 정보를 제공한다

Chapter 14

생각보다 쉬운 오피스 영어

휴식시간 & 점심시간

Breaks & Lunchtime

Section 1   휴식시간 갖기 | Taking Breaks
Section 2   점심 해결하기 | Having Lunch
Section 3   점심 주문하기 | Ordering Lunch

SECTION 1
휴식시간 갖기 Taking Breaks

A Basic Expressions

take a break 휴식을 갖다, 쉬다 ⇨ 커피를 마시며 갖는 휴식은 coffee break, 점심을 먹으며 쉬는 것은 lunch break, 5분간 쉬는 휴식은 5-minute break로 표현한다.

break room 휴게실 ⇨ staff lounge도 같은 뜻이다.

grab a bite to eat 간단히 먹다 ⇨ '약간 출출한데 간단히 좀 먹자'는 I feel a little hungry. 또는 Let's grab a bite to eat. '간식 먹자'는 snack 또는 refreshments를 써서 Let's grab a snack. 또는 Let's get some refreshments.

go out for coffee 커피 마시러 나가다 ⇨ 참고로 '산책하러 나가다'는 go out for a walk, '술 마시러 나가다'는 go out for a drink.

vending machine 자판기, 자동 판매기 ⇨ '자판기에서 커피를 뽑다'는 get coffee from the vending machine.

concentrate on ~에 집중하다 ⇨ '일에 집중이 안 된다'는 I can't concentrate on my work. 또는 I lose my focus.

be overwhelmed by ~에 압도되다 ⇨ '업무량이 많아서 어쩔 줄 모르겠어요.'는 I'm overwhelmed by my heavy workload.

B Key Sentences 휴식 갖기

What a busy day! 정말 바쁜 날이네!
Let's take a _____. ~합시다.

- **smoke [cigarette] break**
  담배 피우며 갖는 휴식
- **coffee break**
  커피 마시며 갖는 휴식
- **short [little] break**
  짧은 휴식

I have too much work.
할 일이 너무 많아요.

I want to leave the office on time.
제시간에 퇴근하고 싶어요.

I need to get some things done today.
오늘 몇 가지 일들을 마무리해야 해요.

Sounds good. I also can't concentrate on my work.
좋은 생각이야. 나도 일에 집중이 안 돼.

C Key Dialog

1. A: 과중한 업무 때문에 어쩔 줄 모르겠어.
   B: 나가서 커피 한잔하는 게 어때요?

   I **am** really **overwhelmed by** my heavy workload.
   Why don't we **go out for coffee**?

2. A: 계속 앉아 있었더니 허리가 쑤시네.
   B: 좀 쉬는 게 어때?

   My back is sore from all that sitting.
   Why don't you **take a break**?

3. A: 잠깐 담배 피면서 쉬는 게 어때?
   B: 안 돼요. 저 담배 끊었어요.

   How about **taking a smoke break**?
   Oh no. I quit smoking.

4. A: 우리 잠깐 쉴까요?
   B: 좋아요. 휴게실에서 간식 좀 먹읍시다.

   How about **taking a break** for a while?
   Sure. Let's get some refreshments in the **break room**.

5. A: 약간 출출하네요.
   B: 간단히 좀 먹죠.

   I feel a little hungry.
   Let's **grab a bite to eat**.

6. A: 너무 처지고 졸리네.
   B: 잠깐 쉬자.

   I feel so sluggish and sleepy.
   Let's **take a short break**.

7. A: 일에 집중이 안돼.
   B: 자판기에서 커피 좀 뽑아 마시지 그래?

   I can't **concentrate on** my work
   Why don't you get coffee from the **vending machine**?

workload 업무(량)　sore 아픈 [따가운/화끈거리는]　quit 그만두다, 관두다　sluggish 둔한, 느린

coffee break를 더욱 즐겁게 해주는 다양한 커피 종류들을 알아보자.
마끼아또 (macchiato) : 에스프레소 위에 우유 거품을 올린 커피
에스프레소 꼰파냐 (espresso con panna) : 에스프레소 위에 생크림을 얹은 커피
카페라떼 (café latte) : 에스프레소와 스팀 우유 (steamed milk)를 1:4의 비율로 섞은 커피
카푸치노 (cappuccino) : 에스프레소 1/3, 스팀 우유 1/3, 우유 거품 (foamed milk) 1/3을 섞어서 위에 계피 또는
　　　　　　　　　　　코코아를 뿌린 커피
아메리카노 (americano) : 에스프레소에 뜨거운 물을 섞어서 약하게 만든 커피
카페모카 (café mocha) : 에스프레소와 생크림 (whipped cream)을 섞어서 위에 초콜릿을 올린 커피
카라멜 마끼아또 (caramel machiatto) : 바닐라 라떼 (vanilla latte) 위에 카라멜을 뿌린 커피

SECTION • 1　휴식시간 갖기

D　Office Talk "커피 한잔하는 게 어때?"

A　The days go by incredibly slow, and I can't get anything done.
　　시간이 너무 늦게 가고 일을 전혀 마무리 할 수가 없네.

B　Neither can I. I can't wake myself up at all. A lot of my motivation has left me.
　　나도 그래. 도저히 잠도 안 깨고. 일하고자 하는 동기도 많이 사라졌어.

A　Why don't we **go out for coffee**? 나가서 커피 한잔하는 게 어때?

B　Sounds perfect to me. Let's use the **vending machine** in the lobby.
　　내게 딱 맞는 생각이야. 복도에 있는 자판기를 이용하자.

E　Further Study 커피숍에서 커피 주문하기

I like to have one grande-sized café latte, please.
그란데 사이즈로 카페라떼 한 잔 주세요.

A single venti mocha, no whip, please.
에스프레소 샷 하나에 벤티 사이즈로 생크림 없이 모카 한 잔 주세요.

What can I get for you?
무엇을 드릴까요?

■ 커피 컵의 크기

What size do you want? 어떤 크기로 드릴까요?

short (8 oz): 숏　　tall (12 oz): 톨
grande (16 oz): 그란데　　venti (20 oz): 벤티

■ 커피 농도 (커피에 들어가는 에스프레소 shot의 개수)

How strong do you want your drink?
커피를 얼마나 진하게 드릴까요?

single: 에스프레소 shot 하나　　double: shot 두 개
triple: shot 세 개　　quad: shot 네 개(최대 개수)

■ 취향에 맞춘 커피 주문

extra hot: 더 뜨거운 커피를 요구할 때
no foam: 우유 거품 없이
no whip: 생크림 없이
room for cream: 크림을 추가할 수 있게 남겨 놓은 컵의 공간
extra dry: 우유 거품 아주 많이(dry: 우유 거품을 많이)
extra wet: 우유 거품 없이(wet: 우유 거품을 적게)

SECTION 2
점심 해결하기 Having Lunch

A Basic Expressions

have lunch 점심을 먹다 ⇨ '점심시간입니다'는 It's time to have lunch. '점심시간'은 lunchtime 또는 lunch break.
brown-bag lunch 점심 도시락 ⇨ 그밖에 lunchbox, lunch pail, lunch bucket도 '도시락'을 의미한다.
go out to eat 외식하다, 나가서 먹다 ⇨ '나가서 먹을 시간이 충분하지 않아요'는 I don't have enough time to go out to eat.
skip lunch 점심을 거르다 ⇨ miss lunch는 어떠한 사유로 점심을 못 먹은 뉘앙스를 풍긴다.
have [get] something delivered ~를 배달시키다 ⇨ '저는 피자를 배달시켰어요'는 I had a pizza delivered.
cafeteria 구내식당 ⇨ 회사나 학교 등의 건물 안에 별도로 마련된 식당을 말한다. 보통 직접 가져다 먹는 방식이다.
be packed 꽉 들어차다 ⇨ '그 식당은 점심시간에 꽉 찬다'는 The restaurant is packed at lunchtime. be crowded도 같은 뜻이다.

B Key Sentences 점심 해결하기

Let's go to the cafeteria.
구내식당에 갑시다.

★ Hey, guys, it's time to have lunch!
자 여러분, 점심시간이에요!

Let's order something delicious.
맛있는 것 주문합시다.

Let's go out to eat.
나가서 먹죠.

I'll pick something up from the Chinese restaurant.
제가 중국 식당에서 뭐 좀 사올게요.

Excuse me. I brought a brown-bag lunch today.
저기요, 저는 오늘 점심 도시락 싸왔어요.

SECTION 2 점심 해결하기

C Key Dialog TOP 7

1. A: 점심 걸렀어요?
   B: 네, 시간이 이렇게 됐는지 몰랐네요.
   Did you skip your lunch?
   Yes, I didn't realized that.

2. A: 식사하러 나갑시다.
   B: 저는 오늘 점심 도시락 싸왔어요.
   Let's **go out to eat**.
   I brought **a brown-bag lunch** today.

3. A: 점심시간이에요.
   B: 맛있는 것 주문합시다.
   It's time to **have lunch**.
   Let's order something delicious.

4. A: 최근에 단장한 구내식당 가봤어요?
   B: 네, 구내식당은 점심시간에 사람들로 꽉차요.
   Have you been to the newly renovated **cafeteria**?
   Yes. The cafeteria **is packed** at lunchtime.

5. A: 점심 뭐 먹을 거예요?
   B: 일이 넘쳐서 점심은 건너 뛰려고요.
   What are you going to have for lunch?
   I'm swamped with work, so I'm going to **skip lunch**.

6. A: 구내식당은 몇 시까지 열죠?
   B: 3시에 닫는 것 같아요.
   How late does the **cafeteria** stay open?
   I think it closes at 3:00.

7. A: 저희와 점심 같이 할래요?
   B: 미안해요. 저는 점심 배달시켰어요.
   Would you like to join us for lunch?
   Sorry. **I had my lunch delivered**.

realize 깨닫다 renovate 보수하다, 단장하다 be swamped with work 일이 밀어닥쳐 정신 못 차리다

팁(tip)문화가 정착되어 있는 미국에서도 종종 take-out을 할 때 팁을 남겨야 하나 말아야 하나 고민될 때가 있다. 팁은 좋은 서비스를 받은 것에 대한 감사 표시이니, take-out에 대해 팁을 남길 필요는 없지만 음식 포장 등의 서비스에 마음을 표시하고 싶으면 $1.00 정도의 부담스럽지 않은 금액을 tip box에 넣으면 된다.

SECTION 3
점심 주문하기 Ordering Lunch

A Basic Expressions

I'd like to order ~ ~을 주문하고 싶습니다 ⇨ 음식 주문은 보통 '개수 + 크기 + 음식 이름 + 그 밖의 주문 음식' 순서로 말한다. '라지 사이즈 콤비네이션 피자 두 개와 콜라 큰 걸로 주세요'는 I'd like to order two large combination pizzas and a large coke.

deliver 배달 ⇨ '배달하는 데 얼마나 걸리나요?'는 How long will it take to deliver? '배달'은 delivery.

total 총액 ⇨ '전부 얼마죠?'는 How much in total? 또는 How much altogether?

For here or to go? 여기서 드실 건가요, 가져가실 건가요? ⇨ 음식 포장을 원하는지 묻는 표현이다. 먹고갈 거면 For here, please. 가져갈 거면 To go, please.라고 답한다.

take-out 사서 가지고 가는 음식, 포장 음식 ⇨ take-away 또는 carry-out도 같은 뜻이다.

pick up ~을 가지러 가다 ⇨ '20분 후에 주문한 음식 가지러 가겠습니다'는 I'll pick it up in 20 minutes.

treat someone to lunch ~에게 점심을 사주다 ⇨ '오늘 점심 내가 살게'는 간단히 Lunch is my treat. 또는 Lunch is on me.

chip in 갹출하다 ⇨ '각자 3달러씩 냅시다'는 Let's chip in $3 each.

B Key Sentences 전화로 음식 주문하기

■ 주문받기
Thanks for calling Pizza K. How may I help you?
피자 K에 전화해 주셔서 감사합니다, 무엇을 도와 드릴까요?

■ 주소와 연락처
Can I have your address and phone number?
주소와 연락처가 어떻게 되죠?

■ 할인
Do you have any coupons?
쿠폰 있으세요?

■ 음식 주문
I'd like to order pizza.
피자를 주문하려고요.

■ 금액
What's the total [cost]?
전부 얼마죠?

■ 배달시간
How long will it take to deliver?
배달하는 데 얼마나 걸리나요?

SECTION 3 점심 주문하기

C Key Dialog  TOP 7

1. **A:** 피자 주문합시다. 가지러 가는 번거로운 일을 안 해도 되잖아요.
   B: 좋아요. 어떤 종류를 원해요?

   Let's order pizza. No one has to go through the hassle of **picking** it **up**.
   Okay. What kind of pizza do you want?

2. **A:** 배달하는 데 얼마나 걸리죠?
   B: 30분 정도 걸립니다.

   How long does **delivery** take?
   It takes about 30 minutes.

3. **A:** 전부 얼마죠?
   B: 총 21달러입니다.

   How much in **total**?
   The total comes to $21.

4. **A:** 마실 것도 같이 주문하시겠어요?
   B: 네, 콜라 한잔 주세요.

   Would you like something to drink with that?
   Yes, **I'd like to order** a cup of coke.

5. **A:** 여기서 드실 건가요, 가져 가실 건가요?
   B: 여기서 먹을 거예요.

   Is this **for here or to go**?
   For here, please.

6. **A:** 포장 음식 주문해요.
   B: 누가 가지러 갈 건데요?

   Let's order some **take-out** food.
   Who's going to **pick** it **up**?

7. **A:** 오늘 점심은 내가 살게요.
   B: 그냥 각자 5달러씩 냅시다.

   I'll **treat you to lunch** today.
   Let's just **chip in** $5 each.

go through the hassle 복잡한 과정을 겪다

피자 주문 시 받는 질문 중 하나는 "What kind of toppings would you like?(토핑은 어떤 종류로 하시겠어요?)"라는 질문이다. 각자 취향에 맞는 피자 주문을 위해 토핑의 종류도 알아두자.

pepperoni(페퍼로니)   beef(쇠고기)
bacon(베이컨)   green peppers(피망)   ham(햄)
mushroom(버섯)   spinach(시금치)   black olives(검은 올리브)
roasted red peppers(구운 빨간 고추)   tomatoes(토마토)
salami(살라미 - 향미가 강한 소시지)   Italian sausage(이탈리안 소시지)

D Office Talk "주문해도 되나요?"

A Sean, let me **treat you to lunch** today. 션, 오늘 점심은 내가 살게.
B Don't be silly. What's going on? 실없는 소리 마. 무슨 일 있어?
A Actually, I have a 'buy one, get one free' coupon. 사실, 하나 사면 하나 무료인 쿠폰이 있거든.
B Sounds cool. 그거 괜찮네.
A May I order fried rice and sweet and sour pork? And here's a coupon.
   볶음밥이랑 탕수육 주문해도 되나요? 쿠폰 여기 있어요.
C Okay. You'll pay for the more expensive food and get the less expensive one for free.
   알겠습니다. 좀 더 비싼 음식을 지불하시고 좀 더 싼 음식은 무료로 드실 수 있습니다.
A I got it. 알았어요.

E Further Study 그 밖의 음식 주문을 위한 Tips

- **Just two coffees, please.** 커피 두 잔 주세요.

coffee가 물질명사이므로 two cups of coffee가 정확한 표현이지만 음료를 주문하는 상황에서는 셀 수 있는 명사로 보고 two coffees, three teas, four beers와 같이 복수로 표현하는 경우가 많다.

With cream [sugar/milk], please. 크림[설탕/우유]을 넣어주세요.
No sugar, just cream, please. 설탕 빼고 크림만 넣어주세요.
Black, please. 아무것도 넣지 않은 블랙커피요.

- **Hold the onions, please.** 양파는 빼주세요.

특정 재료를 빼달라고 요청할 때는 동사 hold를 써서 말할 수 있다. 또는 No onions, please. 또는 Leave out the onions, please. 같이 말한다. 모든 재료를 그대로 다 넣어달라고 할 때에는 With the works.

- **How would you like your eggs?** 계란을 어떻게 요리해 드릴까요?

Scrambled, please. 스크램블로 해주세요.   **Sunny-side up, please.** 한쪽만 익혀 주세요.
Eggs over easy, please. 양쪽 다 익혀 주세요.   **Boiled, please.** 삶아주세요.

- **How would you like your steak?** 스테이크를 어떻게 요리해 드릴까요?

Rare, please. 덜 익혀 주세요.   **Medium, please.** 중간 정도로 익혀 주세요.
Well-done, please. 바짝 익혀 주세요.

- **How would you like your toast?** 토스트를 어떻게 요리해 드릴까요?

Light, please. 살짝 구워 주세요.   **Dark, please.** 바짝 구워 주세요.

Chapter 15

퇴근과 조퇴

Getting off Work and Leaving Work Early

Section 1   퇴근과 야근 Getting off Work & Working Overtime

Section 2   사무실 뒷정리 Office Organizing Tips

Section 3   조퇴와 결근 Leaving Work Early & Absences

SECTION 1

퇴근과 야근 Getting off Work & Working Overtime

A Basic Expressions

leave the office 퇴근하다 ⇒ leave work 또는 get off work도 같은 뜻이다. '저 퇴근합니다'를 간단히 표현하면 I'm off.

a bunch 다발/묶음, 많음 ⇒ '많은 일거리'는 a (whole) bunch of work. '질문이 아주 많아요. 오늘 오후에 시간 되세요?'는 I have a bunch of questions. Do you have time this afternoon?

work overtime 야근하다 ⇒ work late 또는 stay late at the office도 같은 뜻이다. '끝내야 할 업무가 있을 때는 야근해요'는 When there is work to be done, I stay late.

be swamped with (처리가 힘들 정도로 일등이) 쇄도하다 ⇒ '일이 쇄도하다'는 I'm swamped with work.

call it a day 하루 일과를 마치다, 끝내다 ⇒ '존이 1시에 업무를 남기고 퇴근해 버려서 상사가 완전 화났어'는 The boss was really mad because John called it a day at 1:00 and left work.

wrap up 마무리 짓다, 마치다 ⇒ finish 또는 complete도 쓸 수 있다. '1시간 안에 일을 마무리하고 전화할게요'는 I'll wrap up a job in an hour and call you back.

catch up on ~을 따라잡다, 만회하다 ⇒ '남은 일은 내일 하자'는 Let's catch up on the rest of our work tomorrow.

get things done 끝내다, 마치다 ⇒ '일을 효율적으로 마치기 위해 열심히 노력했다'는 I've tried hard to get things done.

B Key Sentences 퇴근 인사

• 수고하셨습니다.
Thanks for your trouble.
Thanks for a great effort.

• 업무 마치느라 애쓰셨어요.
You have a devil of job finishing work.
You strive hard for finishing work.
You hammer away at finishing work.

Are you getting off work now?
지금 퇴근하는 거예요?

See you tomorrow!
내일 봐요!

Good evening!
좋은 저녁 시간 보내세요!

Have a good weekend!
좋은 주말 보내세요!

C Key Dialog TOP 7

1. A: 전 퇴근합니다. 월요일에 봐요!
   B: 수고하셨습니다.

   I'm off. See you on Monday!
   Thanks for a great effort.

2. A: 지금 퇴근하는 거예요?
   B: 저도 지금 퇴근했으면 좋겠네요.

   Are you **leaving the office** now?
   I wish I could take off work now.

3. A: 신나는 금요일이다. 정시에 퇴근하고 싶다.
   B: 나도. 그렇지만 할 일이 너무 많아.

   Thank God it's Friday. I want to get off work on time.
   Me, too, but I've got **a bunch** of work.

4. A: 수고하셨습니다. 업무 마치시느라 애쓰셨어요.
   B: 고마워요. 좋은 주말 보내세요.

   Thanks for your trouble. **You strive hard for finishing work**.
   Thanks. Have a good weekend.

5. A: 또 야근할 거예요?
   B: 오래는 아니에요. 30분 더 일할 거예요.

   Are you going to **work overtime** again?
   Not too long. I'll just work for thirty more minutes.

6. A: 오늘 야근하기엔 너무 피곤하네요.
   B: 마무리하고 집에 갑시다.

   I'm too tired to work late today.
   Let's **wrap up** the work and go home.

7. A: 오늘은 이만 하고, 우리 남은 일은 내일 합시다.
   B: 마감기한이 닥쳐서 오늘까지 일을 마쳐야 할 것 같아요.

   Let's **call it a day** and **catch up on** the rest of our work tomorrow.
   Since the deadline is so close, I think we should **get things done** today.

the rest of 나머지   strive 분투하다

처음 입사하면 업무에 익숙하지 않아서 실수를 많이 하는 사람이 있는 반면, 입사하자마자 마치 이전에 일했던 사람처럼 업무를 척척 처리해 나가는 사람들도 간혹 있다. 그러한 사람을 가리켜서 '코드를 꼽자마자 나오는 음악'에 비유해서 plug-and-play라고 부른다. 즉, 처음 고용되었지만 바로 현장 투입 또는 실무를 맡겨도 되는 직원을 가리키는 말이다. '회계부의 신입직원, 바로 실무 맡겨도 되겠던데.'는 That new employee in the Accounting Department is totally plug-and-play.

SECTION • 1 ▦ 퇴근과 야근

D Office Talk "퇴근합시다."

A   It's almost 6 o'clock. Let's **wrap it up** and get ready to **get off from work**.
    6시가 다 됐네요. 일 마무리하고 퇴근 준비합시다.

B   I wish I could, but **I'm swamped with** work. I've got to **work overtime**.
    그러고 싶지만 일이 산더미에요. 전 야근해야 돼요.

A   Give it your best shot. It's a great opportunity to **move up** the corporate ladder.
    최선을 다해봐요. 승진할 수 있는 절호의 기회잖아요.

B   I know, but it's not easy to work alone when everyone **leaves the office**.
    저도 알지만, 모두 다 퇴근하는데 혼자 일하는 게 쉽지 않네요.

move up 승진하다   corporate ladder 기업의 계층적 서열

E Further Study 회사 생활의 필요악, 야근

God, I'm exhausted. I left the office yesterday at 11:00 p.m.
어휴, 피곤해. 어젯밤 11시에 퇴근했거든.

You work overtime too often.
너 야근 너무 자주 한다.

I've got to meet the deadline. That's the major disadvantage of being a salaried worker.
마감기한을 맞춰야 해. 직장인으로 살아가는데 가장 불리한 점이 바로 그거지.

Why don't you just quit your job?
그냥 일을 관두는 게 어때?

It's not that simple to decide because _____.
결정하기가 그렇게 간단하지 않아. 왜냐하면 ~때문이야.

- I'm passionate about my work 현재 업무에 열정을 갖고 있다.
- I don't have any other options 다른 대안이 없다
- I have a good relationship with colleagues 동료들과 좋은 관계를 맺고있다
- the company has a very bright future 회사가 비전이 있다
- it's very high-income job 연봉이 높은 직장이다
- the company offers great benefits and has a good work environment. 복리후생과 좋은 근무환경을 제공한다

SECTION 2
사무실 뒷정리 Office Organizing Tips

A Basic Expressions

lock the door 문을 잠그다 ⇒ lock은 명사로 '자물쇠'란 뜻도 있다. '잠겼는지 확인해 주세요'는 Please check the lock.

back up files 파일을 백업하다 ⇒ 원본이 손실되는 때를 대비하여 파일의 복사본을 만들어두는 것을 말한다. '우리는 밤마다 모든 파일들을 백업합니다'는 We back up all the files every night.

security alarm 보안 경보기 ⇒ 보안 경보기를 켜고 끄는 것은 turn on 또는 turn off로 표현한다.

check twice 재확인하다 ⇒ 또는 double-check을 동사로 써서 I'll double-check.

take extra caution 각별히 주의하다 ⇒ 형용사형은 extra coutious. '각별히 안전에 주의해 주세요'는 Be extra cautious about safety.

thumb drive 작은 드라이브, USB ⇒ 우리가 흔히 일컫는 USB drive를 말한다. 디지털 데이터를 저장하는 작은 드라이브 장치이다.

unplug 전기 플러그를 뽑다 ⇒ '모든 전자제품의 플러그를 뽑다'는 unplug all electronic appliances.

record daily (work) reports 업무 일지를 기록하다 ⇒ '퇴근하기 전에 업무 일지를 기록하다'는 I record daily reports before getting off work.

B Key Sentences 사무실 정리하기

Don't forget to _____ when you leave the office last.
마지막으로 퇴근할 때 ~하는 것 잊지 말아요.

Make sure to _____.
반드시 ~하세요.

lock the door 문을 잠그다
shut down the computer 컴퓨터 전원을 끄다
turn off all the lights 전등을 모두 끄다
shut all the windows 창문을 모두 닫다
turn on the security alarm 보안 경보기를 켜두다
tidy up the desk 책상 위를 깔끔히 정리하다
back up your files 파일들을 백업시키다
unplug all electronic devices 모든 전자기기의 플러그를 뽑다

SECTION 2 ■ 사무실 뒷정리

C Key Dialog TOP 7

1. A: 존, 문 확실히 잠가요!
   B: 상기시켜 줘서 고마워요.

   John, make sure to **lock the door**!
   Thanks for reminding me.

2. A: 퇴근 전에 업무 일지를 기록해 주세요.
   B: 오늘은 빠뜨리지 않을게요.

   Record the daily reports before you leave the office.
   I won't miss it today.

3. A: 파일들 백업해 놨지요?
   B: 물론이죠. USB에 저장해 놨어요.

   Did you **back up the files**?
   Sure. I saved them on **the thumb drive**.

4. A: 퇴근할 때 보안 경보기 켜는 것 잊지 마세요.
   B: 재차 확인하겠습니다.

   Don't forget to **turn on the security alarm** when you get off work.
   I'll **check** it **twice**.

5. A: 책상 좀 정리해야겠어요.
   B: 알았어요. 곧 책상을 정리할게요.

   You need to clean up the mess on your desk.
   Okay. I'll **tidy up** the desk soon.

6. A: 마지막으로 퇴근하는 분은 전기 스위치를 전부 내려주세요.
   B: 걱정 마세요. 재차 확인할게요.

   The last person who leaves the office should **turn off all power** switches.
   Don't worry. I'll double-check.

7. A: 건물 안전에 각별히 주의해 주세요.
   B: 그럼요. 사용 안 할 때는 모든 전자기기의 플러그를 뽑고 있어요.

   Take extra caution about building safety.
   Definitely. I **unplug** all electronic devices when not in use.

clean up 치우다   mess 엉망인 상태   definitely 분명히

사무실에서 종종 사용되는 컴퓨터 관련 슬랭(slang)을 살펴보자.
Cheap jewelry: 기본적으로 '싼 보석'을 뜻하지만, 처음에 비싸게 주고 샀으나 지금은 애물단지가 된 컴퓨터를 가리킨다.
 I paid two thousand dollars for this computer and now it's nothing but cheap jewelry.
 (2천 달러나 주고 이 컴퓨터 샀는데 지금은 완전 폐기 처분감이야.)
Chips and salsa: 칩 (chips)과 그 위에 뿌려 먹는 소스의 일종인 살사 (salsa)를 말하는데, 사무실에서는 chips를 hardware로, salsa를 software로 은유해서 표현하기도 한다.
 First you need to find out if the problem is in your chips or your salsa.
 (하드웨어에 문제가 있는지 소프트웨어에 문제가 있는지 먼저 알아봐야 해.)

D Office Talk "파일 좀 저장해 주세요."

A   John, are you still in the office? 존, 아직 사무실에 있어?

B   Yeah, what's going on? 응, 무슨 일인데?

A   I'm out of town now, so can I ask you for a personal favor?
    나 지금 지방에 있어서 그러는데, 개인적인 부탁 하나 해도 될까?

B   Stop being so nervous and just say it. 초조해 하지 말고 그냥 말해.

A   I forgot to back up my files today. You know that I lost all my files when my computer crashed. I feel awful when I think it could happen again. 오늘 내 파일을 백업하는 것을 잃어버렸네. 알다시피 내 컴퓨터가 고장 났을 때 모든 파일을 잃었잖아. 또 그런 일이 일어날 수 있다고 생각하니 끔찍해.

B   Okay, I get your point. I'll do it for you. 알았어. 무슨 말인지 알겠다. 내가 해줄게.

A   If you don't mind, can you put the thumb drive in the top drawer of my desk?
    괜찮다면 USB를 내 책상 맨 위 서랍에 넣어줄래?

out of town 도시 외곽의   crash 고장   get the [a person's] point ~의 요점을 이해하다

E Further Study 퇴근 후의 일과

What do you usually do after work?
일 마치고 보통 뭐해요?

Do Something 무언가를 하다

I'm taking a dance class. 댄스 수업 들어요.

I'm in a band on Thursday nights.
목요일 밤마다 밴드 활동을 해요.

I go to the gym.
운동하러 가요.

I have some dinner and drinks with my friends.
친구들이랑 저녁 먹고 술 마셔요.

Do Nothing 아무것도 안 하다

I'm burned out. So I just get some rest.
너무 피곤해서 그냥 쉬는데요.

I'm dining at home.
집에서 저녁 먹어요.

I go to bed.
바로 잠자리에 들어요.

SECTION 3
조퇴와 결근 Leaving Work Early & Absences

A Basic Expressions

call in sick 전화로 병결을 알리다 ⇨ '존이 오늘 아파서 못 온다고 전화 왔어요.'는 John called in sick today. 또는 '병가'란 뜻인 sick leave를 써서 John was out on sick leave.

see a doctor 진찰을 받다, 병원에 가다 ⇨ '진찰을 받아보는 게 어때?'는 Why don't you see a doctor?

take the rest of the day off 조퇴하다 ⇨ 정시에 퇴근하지 못하고 일찍 퇴근하는 것을 말한다. 참고로 '하루 쉬다'는 take a day off.

be absent 결근하다 ⇨ '그가 오늘 결근했습니다'는 He is absent from work today. 또는 He didn't come to work today. '무단 결근'은 absent without leave (AWOL).

look pale 안색이 나쁘다 ⇨ '안색이 안 좋아 보여요.'는 You don't look good [well].

fill in for someone ~대신 일을 봐주다 ⇨ '제가 자리를 비운 동안 업무를 대신 봐줄 수 있어요?'는 Can you fill in for me while I'm away?

B Key Sentences 아파서 조퇴하기

What's going on? 무슨 일이에요?
What's the matter? 뭐가 문제예요?
Is everything okay? 다 괜찮아요?
Are you doing all right? 괜찮은 거예요?

I caught a terrible cold. 감기가 심하게 걸렸어요.
I feel nauseous. 토할 것 같아요.
I have a fever. 열이 나요.
My head feels like it's going to explode. 머리가 터질 것 같아요.
My body aches all over. 온 몸이 욱신거려요.
I have a horrible headache [backache]. 두통 [요통]이 심해요.
I'd better take the rest of the day off. 조퇴하는 게 낫겠어요.
= have a half day / leave early / work a short day / take off early 조퇴하다

C Key Dialog TOP 7

1. A: 고열이 나요. 침대에서 일어나지도 못하겠어요. I **have a** high **fever.** I can't even get out of bed.
   B: 아파서 결근한다고 전화하는 게 좋겠어요. You'd better **call in sick**.

2. A: 감기가 심하게 걸렸어요. 퇴근하고 병원에 가야겠어요. I **caught a** horrible **cold.** I've got to **see a doctor** after work.
   B: 조퇴하는 편이 나을 것 같은데요. You'd better **leave early**.

3. A: 죄송하지만 오늘 출근 못하겠어요. I'm afraid to say this, but I can't come to work today.
   B: 괜찮은 거예요? **Are you doing all right?**

4. A: 멜리사가 전화로 병결을 알렸어요. Mellisa **called in sick** today.
   B: 그럼 누가 이 일을 처리하지? Then who's going to handle this job?

5. A: 오늘 존이 쉬는 날이에요? Did John **take the day off** today?
   B: 아뇨, 무단 결근입니다. No, he**'s absent** without leave.

6. A: 안색이 창백하네요. 괜찮아요? You **look pale**. Are you okay?
   B: 사실 몸이 좀 안 좋아요. Actually, I don't feel well.

7. A: 내일 하루 쉬어도 되나요? 온몸이 욱씬거리고 아프네요. May I **take the day off** tomorrow? My body is **aching all over.**
   B: 몸조심해요. 내가 내일 당신 일을 처리할게요. Take care. I**'ll fill in for you** tomorrow.

even …도 [조차]   handle 처리하다

TIP BOX

무단 결근 후에는 무단 결근 사유서 (an explanation of absence letter)를 제출해야 한다. 무단 결근 사유서에는 title (직책) / employee code(사원번호) / address(주소) / city(도시) / state(주) 등에 대한 정보를 기입하고 'I John Smith(이름), missed 2 days(기간) of work as I was suffering from severe food poisoning.(존 스미스 본인은 심한 식중독으로 이틀간 회사에 나갈 수 없었습니다.)', 'Kindly excuse me as I was unable to inform the office due to my condition.(개인적인 사정으로 회사에 알릴 수 없었던 것에 양해를 구합니다.)' 등의 이유를 적어야 한다.

SECTION 3 조퇴와 결근

D Office Talk "조퇴 신청서를 내야겠어요."

A   Are you okay? 당신 괜찮아요?
B   Well, I seem to **have a cold**. It's getting worse. 음, 감기에 걸린 것 같아요. 점점 심해지네요.
A   Go home and **take a rest**. Let me help you. 집에 가서 쉬어요. 내가 도와 줄게요.
B   Thanks, but I feel so sorry to ask you for a favor. 감사하지만 부탁 드리기 너무 미안해서요.
A   Don't be sorry. Just remember that you owe me one. 미안해하지 말아요. 그냥 나한테 한 번 신세 진다고 생각해요.
B   Thanks. Then I'll submit an **early leave** request form. 고마워요. 그럼 조퇴 신청서를 내야겠어요.

owe 빚을 지다, 신세 지다   ask a favor ~에게 부탁하다

E Further Study 1 Presenteeism 몸이 안 좋은데도 억지로 출근해서 장시간 근무하는 현상

I think presenteeism is becoming more and more serious. I believe it'll lead to lost productivity. What are the causes of presenteeism?
억지 출근 현상이 점점 심해지는 것 같아요. 그건 생산력 저하로 이어질 거라고 생각해요. 억지 출근의 원인은 무엇일까요?

We need to tell them they won't get into trouble for ____.
~때문에 문제가 생기지 않을 거라고 그들에게 말해줘야 해요.

staying home when they're sick
아파서 집에서 쉬다

using a sick day
병가를 쓰다

taking a day off
하루 쉬다

I think ____. 제 생각에는 ~해요.

workers don't admit they are sick
직원들이 자신들이 아픈 걸 받아들이지 않다

they're ill but brush it off as nothing serious
아프지만 심각하지 않다고 무시하다

employees are afraid that they'll get fired
직원들이 회사에서 해고될까 봐 두려워하다

F Further Study 2 Absenteeism 합당한 사유 없이 자주 결근하는 현상

Do you know how to reduce absenteeism?
잦은 결근을 줄일 수 있는 방법이 없을까요?

change your management style
관리 방식을 바꾸다

change the working conditions
근무 조건을 바꾸다

provide incentives
장려금을 지급하다

You'd better _____. ~하는 편이 좋겠어요.

Authoritarian managers tend to produce high absenteeism rates. 권위적인 관리자들의 직원들 결근률이 높은 편이에요.

A fun work environment should be an opportunity to boost morale. 즐겁게 일하는 환경은 사기를 올리는 기회가 되니까요.

Incentives help the employees decide to go to work.
장려금은 직원들이 일하러 가야겠다라고 마음먹게 하죠.

If employees enjoy coming to work, _____.
직원들이 즐겁게 일하러 온다면, ~하다.

turnover and stress should decrease
이직률과 스트레스가 줄어들다

training is easier and more effective
교육하기 더 쉽고 효과적이다

people can cope with their job responsibilities
일에 대한 책임감을 가질 수 있다

I have some personal business. So I can't go to the office.
개인적인 사정이 있어서 회사에 못 나가겠습니다.

This is not the first time this has happened. You are fired!
이번이 처음이 아니에요. 당신은 해고입니다!

Chapter 16

생각보다 쉬운
오피스 영어

퇴근 후의 회식

Having Staff Dinners

Section 1   식사 및 음주 제안 Asking Others out for Dinner or Drinks

Section 2   동료들과 저녁 식사하기 Having Dinner with Colleagues

Section 3   식사 후 계산하기 Paying for Meals

Section 4   동료들과 술자리 갖기 Having Drinks with Colleagues

SECTION 1
식사 및 음주 제안 Asking Others out for Dinner or Drinks

A Basic Expressions

go for a drink 술 마시러 가다 ⇨ '퇴근 후 한잔 어때?'는 How about going for a drink after work? 캐주얼한 표현으로는 Let's hit the bar [pub].

be a big fan of ~을 아주 좋아하다 ⇨ '나는 일본 음식을 아주 좋아한다'는 I'm a huge fan of Japanese food. 이처럼 인물뿐만 아니라 음식, 사물 등에 대한 선호를 fan으로 표현하기도 한다.

give a rain check 나중에 다시 초대할 것을 약속하다 ⇨ 옥외 경기가 비로 중지될 때 관람객에게 주는 rain check (우천 교환권)을 비유적으로 사용한 표현이다. '다음 기회로 미룰게요.'는 I'll take a rain check.

have a prior engagement 선약이 있다 ⇨ engagement는 개인적인 약속보다는 보통 공식적이거나 업무적인 약속을 말하고, appointment를 대신 쓸 수 있다.

Have you been to (장소)? ~에 가봤어요? ⇨ (장소)에 가본 경험에 대해 묻는 표현이다.

B Key Sentences 음주 및 식사 제안과 거절

How [What] about a drink [some Thai food] after work?
= Why don't we try a drink [some Thai food] after work?
= What if we try a drink [some Thai food] after work?
퇴근 후에 술 한잔 하러 / 태국 음식 먹으러 갈래요?

I'd love to go, but I _____.
가고 싶지만, 저는 ~해요.

- **feel exhausted after a busy day**
  바쁘게 하루를 보냈더니 지치다
- **am allergic to Thai food**
  태국 음식에 알레르기가 있다
- **have a doctor's appointment**
  병원 진료를 예약하다
- **have many things to do**
  할 일이 많다
- **have no money left**
  남은 돈이 없다
- **have a prior engagement**
  선약이 있다

C Key Dialog TOP 7

1. A: 오늘 퇴근 후에 뭐 할 거예요?
   B: 선약이 있어요.
   What are you going to do after work?
   I have a prior engagement.

2. A: 우리 태국 식당에 갈까요?
   B: 좋아요. 저 태국 음식 정말 좋아하거든요.
   What about going to the Thai restaurant?
   Sure. **I'm a big fan of** Thai food.

3. A: 퇴근하고 술 한잔 어때요?
   B: 가고 싶지만 선약이 있어요.
   How about **going for a drink** after work?
   I'd love to, but I **have a prior engagement**.

4. A: 죄송하지만 저녁 약속 취소해야겠어요.
   B: 괜찮아요. 다음 기회에 같이 하면 되죠.
   I'm sorry, but I need to cancel our dinner plans.
   That's okay. I'll **give** you **a rain check**.

5. A: 힘든 하루였어.
   B: 퇴근 후 술 한잔 어때?
   It's been a tough day.
   Why don't we try a drink after work?

6. A: 퇴근 후에 우리와 저녁 함께 할래요?
   B: 가고싶지만, 바쁜 하루를 보냈더니 지치네요.
   Would you like to join us for dinner after work?
   I'd love to go, but I **feel exhausted after a busy day**.

7. A: 새로 생긴 아일랜드 술집 가봤어요?
   B: 아뇨, 거기 가서 한잔할 시간 있어요?
   Have you been to the new Irish pub?
   No, not really. Do you have time to go there and have a drink?

tough 힘든, 강인한   Would you like to + 동사원형 (무엇을) ~하고 싶어?

'peer pressure(동료들에게 느끼는 부담)'이라는 말에서 변형된 'beer pressure'라는 재미있는 표현이 있다. 이는 술자리에서 동료나 친구가 맥주를 자꾸 권해서 배부른데도 계속 더 마셔야 할 것 같은 부담을 느끼는 것을 말한다.

A: Come on. Don't act like such a wussy. Have another beer.
   이봐, 바보처럼 굴지 말고 맥주 한잔 더해.
B: Man, stop it with all of this beer pressure.
   야, 맥주 좀 그만 먹여.

SECTION • 1 식사 및 음주 제안

D Office Talk "한잔 할래요?"

A   We've had a tough week at the office. **Why don't we have a drink**?
회사에서 너무 힘든 한 주였어. 우리 한잔하는 게 어때?

B   That's great. We need to unwind. Where should we go?
그거 좋지. 우리 긴장 좀 풀어야 해. 어디로 갈까?

A   **Have you been to** the new Irish pub down the street?
길 아래에 새로 생긴 아일랜드 술집 가봤어?

B   Yes, it has a cool vibe and an excellent beer selection.
응, 분위기도 좋고 맥주 종류도 훌륭하던데.

A   I have a grand opening coupon. We can drink all kinds of beer for 5 dollars.
나한테 개업 특별 쿠폰이 있어. 모든 종류의 맥주를 5달러에 마실 수 있지.

B   It's too good to throw away. Let's go there after work.
놓치기에는 너무 아깝다. 퇴근 후 거기 가자.

unwind 긴장을 풀다   vibe 분위기   throw away 버리다, 포기하다

E Further Study 회식 날짜와 장소 정하기

• 목적
Our sales hit a record high this quarter. Let's have a staff dinner to celebrate.
우리의 매출이 이번 분기에 최고 기록을 세웠습니다. 축하하는 회식을 합시다.

Today is our tenth anniversary of our establishment. Let's have a party to celebrate!
오늘은 우리 회사 창립 10주년 기념일입니다. 축하하는 파티를 엽시다!

• 날짜
When is going to be the best time? 날짜는 언제가 제일 좋을까요?
How about next Thursday? 다음 주 목요일 어때요?
Let's do it next Thursday for sure. 그럼 다음 주 목요일로 확정합시다.

• 장소
Where shall we go? 어디로 갈까요?
Why don't we go to the Rainbow Bar? 레인보우 바로 가는 건 어때요?
I think that place isn't big enough for eight. 거기는 8명이 있기엔 좀 좁을 것 같은데.
That's a perfect place. I'll make a reservation. 딱 좋은 장소네요. 제가 예약할게요.

SECTION 2
동료들과 저녁 식사하기 Having Dinner with Colleagues

A Basic Expressions

take an order 주문을 받다 ⇒ 식당에서 '주문하시겠습니까?'는 May I take your order? 또는 Are you ready to order?

take one's time 천천히 하다 ⇒ 음식을 주문할 때 '천천히 고르세요'는 Take your time.

come with ~이 딸려 나오다 ⇒ '오늘 점심 특선에 아이스 티가 같이 나옵니다'는 Today's lunch special comes with an iced tea.

appetizer 전채 요리 ⇒ 영국에서는 starter로 나타낸다. 참고로 '주 요리'는 main dish.

be familiar with ~에 친숙하다 ⇒ '전 이집트 요리에 익숙하지 않아요'는 I'm not familiar with Egyptian cuisine.

try + (음식) ~을 먹어보다 ⇒ '좀 더 드셔보세요'는 try some more.

refill 다시 채우다, 리필하다 ⇒ 명사형으로도 쓰인다. '리필 할 수 있나요?'는 Can I have a refill?

today's special 오늘의 특별 요리 ⇒ 요리사가 특별히 추천하는 메뉴이거나, 일반 메뉴를 그날만 저렴하게 내놓는 것을 말한다. today's chef special이라고 하기도 한다.

B Key Sentences 음식 주문하기

May I take your order?
주문하시겠어요?

I'll have (음식 이름).
(음식 이름)을 주세요.

Would you like to order?
= **Are you ready to order?**
주문하시겠어요?

What would you like to eat [have]?
무엇을 드시겠습니까?

What can I get for you?
어떤 걸로 가져다 드릴까요?

I want to have this one.
(메뉴판을 가리키며) 이걸로 주세요.

Let me have (음식 이름).
(음식 이름)로 할게요.

Can you bring us (음식 이름)?
(음식 이름)을 주실래요?

★ 식당에 와본 적이 없어서 메뉴가 낯선 경우에는 "I've never been here before. Can you suggest a nice meal?(전에 여기 와본 적이 없어요. 맛있는 음식을 권해 주실래요?)"라고 묻거나, "What's today's special?(오늘의 특별 요리가 뭐예요?)"라고 물어 실패 확률이 적은 특별 메뉴를 선택해 보는 것이 좋다.

C Key Dialog — TOP 7

1. A: 주문하시겠어요?
   B: 잠깐만요. 주문할 준비가 안 됐어요.

   Would you like to order?
   Just a minute. I'm not ready to order.

2. A: 뭘 주문할지 잘 모르겠네요.
   B: 천천히 고르세요.

   I'm not sure what to order.
   Take your time.

3. A: 음료 먼저 드시겠습니까?
   B: 네, 콜라 한잔 주시겠어요?

   Would you like to have a drink first?
   Yes. **Can you bring me** a cup of coke?

4. A: 오늘 점심 특선에 수프도 같이 나오나요?
   B: 아뇨, 따로 주문하셔야 합니다.

   Does **today's** lunch **special come with** soup?
   No, you need to order soup separately.

5. A: 전 채식에 익숙하지 않아요.
   B: 두부 샐러드는 어떠세요?

   I'm not familiar with vegetarian diets.
   Why don't you try the tofu salad?

6. A: 전채 요리로 무엇을 주문하시겠습니까?
   B: 전채 요리로 새우 튀김 주세요.

   What would you like to order for **appetizers**?
   I'll have the shrimp scampi for starters.

7. A: 커피 좀 리필해 주시겠어요?
   B: 죄송하지만, 탄산음료만 리필 해드립니다.

   Can I get free coffee **refills**?
   Sorry, but we only give free refills on soda.

seperately 따로   **vegetarian diets** 채식주의 식단   **tofu** 두부

채식주의자 (vegetarian)라고 하면 무조건 고기와 생선을 먹지 않는 것으로 생각하는데, 채식주의자는 채식 형태에 따라 다양하게 구분된다.

lacto-vegetarian: 유제품은 먹지만 달걀은 먹지 않는 채식주의자
ovo-vegetarian: 달걀은 먹지만 유제품은 먹지 않는 채식주의자
lacto-ovo vegetarian: 유제품과 달걀은 먹는 채식주의자
vegan: 유제품, 달걀, 심지어 벌꿀까지 모든 동물 관련 음식은 먹지 않는 채식주의자
semi-vegetarian: 중간 채식주의자로 생선과 가금류(닭이나 오리 종류), 유제품과 달걀을 먹는다. 이들 중에서도 가금류는 먹지 않고 유제품, 달걀, 생선을 먹는 사람들을 **pescetarian**이라고 한다.

D Office Talk "주문하시겠습니까?"

A **May I take your order**? 주문하시겠습니까?

B Can you give me a minute? My friend will arrive shortly. (The friend arrives a few minutes later.)
시간 좀 주실래요? 친구가 곧 올 거예요. (친구가 조금 뒤 도착한다.)

A What would you like for **appetizers**? 전채 요리로 무엇을 드시겠습니까?

B May I have the salad with goat cheese? And she'll have the broccoli soup and shrimp scampi. 샐러드에 염소 치즈 올려서 주실래요? 그리고 제 친구에게는 브로콜리 수프와 새우 튀김 주세요.

A Have you decided on your main dishes? 주 요리는 정하셨나요?

B Not yet. What's **today's special**? 아직이요. 오늘의 특별 메뉴는 무엇인가요?

E Further Study 문제 상황에 대처하기

- 주문한 음식이 오랫동안 안 나오는 경우

    A: Excuse me. Can you tell me why it is taking long?
    저기요, 왜 이렇게 오래 걸리는지 말해주세요.

    B: I'm sorry. The orders are backed up.
    죄송합니다. 주문이 밀려서요.

- 음식이 식었을 경우

    A: This food is too cold.
    음식이 너무 차가워요.

    B: It's our fault. We'll get you a new meal.
    저희 잘못입니다. 새 것으로 내오겠습니다.

- 포크나 숟가락을 떨어뜨린 경우

    A: I accidently dropped my fork. Can I have another?
    실수로 포크를 떨어뜨렸어요. 다른 것으로 주시겠어요?

    B: Sure. I'll bring one right away.
    물론이죠, 바로 가져다 드릴게요.

- 주문한 음식이 잘못 나온 경우

    A: This isn't what I ordered.
    이건 제가 주문한 게 아니에요.

    B: I'm sorry. I'll check your order right away.
    죄송합니다. 즉시 주문 확인해 드릴게요.

SECTION 3
식사 후 계산하기 Paying for Meals

A Basic Expressions

check 계산서 ⇒ bill 또는 tab도 같은 뜻이다. '제가 계산할게요'는 I'll pick up the check [tab].
include tax 세금을 포함하다 ⇒ '세금 포함해서 100달러입니다'는 It comes to $100 including tax.
total 총액 ⇒ '총액이 얼마죠'는 What's the total?
treat 대접하다 ⇒ 명사형 treat는 '대접, 한턱 내기'라는 의미이다. '당신이 낼 차례예요'는 It's your turn to treat.
be on me ~을 내가 감당하다, 지불하다 ⇒ '다음 저녁은 제가 살게요'는 Next time, dinner is on me.
owe someone ~에게 빚지다, 신세 지다 ⇒ '신세 졌습니다'는 I owe you one. 또는 I owe you very much.
go Dutch 비용을 각자 부담하다 ⇒ '반반씩 냅시다'는 Let's go fifty-fifty.
split the bill 나누어 지불하다 ⇒ '똑같은 금액으로 나누어내자'는 Let's split the bill evenly.

B Key Sentences 각자 내기 & 한턱 내기 & 나누어 내기

★ **The total comes to 200 bucks.**
전부 200달러가 나왔어요.

- 각자 냅시다.
Let's go Dutch.
Let me take care of mine.
Let's pay separately.
★ 본인 것만 내는 것.

- 제가 낼게요.
Let me treat you.
Let me pick up the tab.
It's on me.
It's my treat.

- 나누어 내죠.
Let's split the bill.
Let's share the check.
★ 총액을 인원수대로 나누어서 똑같은 금액을 내는 것.

C Key Dialog TOP 7

1. A: 계산서 주시겠어요?
   B: 잠시만요. 바로 가져다 드릴게요.

   May I have the **check**?
   Just a minute. I'll bring it right away.

2. A: 전부 얼마죠?
   B: 세금 포함해서 총 200달러입니다.

   What's the **total**?
   It comes to $200 altogether, **including tax**.

3. A: 제가 계산할게요.
   B: 그건 아니죠. 나눠서 내죠.

   I'll pick up the tab.
   Come on. Let's **split the bill**.

4. A: 계산서 받았어요? 얼마나 나왔죠?
   B: 신경 쓰지 마요. 제가 낼게요.

   Did you get the bill? What's the damage?
   Don't bother. Let me **treat** you.

5. A: 각자 냅시다.
   B: 아니에요. 제가 저녁 살 기회 좀 주세요.

   Let's **go Dutch**.
   No, let me have a chance to take you to dinner.

6. A: 제가 신세를 너무 많이 졌네요.
   B: 그런 말 마세요.

   I **owe** you for so many things.
   Don't mention it.

7. A: 전부 250달러가 나왔어요.
   B: 신용카드로 계산해도 되나요?

   The **total** comes to 250 bucks.
   Can I pay by credit card?

right away 즉시, 곧바로   altogether 총, 모두 합쳐

신용카드를 사용할 때의 다양한 표현을 살펴보자.

How many installments would you like to make?
(몇 개월 할부로 하시겠어요?)

I'd like to make that in 3-month payments.
(3개월 할부로 해주세요.)

I'm sorry. Your credit card is over the limit.
(죄송하지만, 이 카드는 한도가 초과되었습니다.)

This credit card doesn't work. It seems to have a magnetic strip problem.
(카드가 읽히지 않네요. 마그네틱에 문제가 있는 것 같아요.)

SECTION 3 식사 후 계산하기

D Office Talk "제가 계산할게요."

A John, what's the **total**? 존, 전부 얼마예요?
B It comes to about 200 dollars. 200달러 정도 나왔어요.
A **It's on me. I owe you** for so many things. 제가 낼게요. 제가 여러 가지로 신세를 많이 졌잖아요.
B Don't be silly. Let's **split the bill**. 말도 안 되는 소리 말아요. 나눠서 냅시다.
A I'm serious. Whenever we go out to eat, you always **pick up the tab**. Let me treat you this time. 농담 아니에요. 외식할 때마다 당신이 항상 계산하잖아요. 이번에는 제가 살게요.

silly 어리석은, 바보 같은   serious 진지한, 심각한   whenever …할 때는 언제나

E Further Study 비즈니스 식사 자리에서 지켜야 할 에티켓

Rule #1 – 포크, 나이프, 스푼 어느 것 먼저?
포크는 왼쪽에, 스푼과 나이프는 오른쪽에 있다. 여러 개가 있을 때 항상 바깥쪽에 있는 것부터 사용한다.

Rule #2 – 사용한 포크, 나이프, 스푼은 어디에?
사용한 나이프, 포크, 스푼은 다시 테이블에 올려놓지 않는다. 접시 중앙에 5시 방향으로 틀어서 놓는다.

Rule #3 – 한국식으로 수프 먹기는 금물
수프를 뜰 때는 스푼을 안에서 바깥쪽으로 밀어서 담고, 먹을 때는 입 안에 스푼을 다 넣지 않고 스푼 끝에 입을 대고 조금씩 먹는다.

Rule #4 – 냅킨은 어디에?
냅킨은 무릎 위에 펴놓고, 자리를 잠깐 비울 때는 테이블 위가 아닌 좌석 위에 올려놓는다.

Rule #5 – 유리잔도 많은데?
테이블 위치상 레드 와인은 왼쪽 위, 화이트 와인은 왼쪽 아래, 샴페인은 오른쪽 위, 물잔은 오른쪽 아래에 놓인다.

Rule #6 – 언제 일어서야 할까?
상대방이 식사가 끝날 때까지 앉아 있는다.

Rule #7 – 언제 음식을 먹기 시작하나?
모든 사람의 음식이 준비될 때까지 기다렸다가 다같이 식사를 시작한다.

Rule #8 – 입 안의 음식물 소리
입 안에 음식물을 넣고 이야기하지 않으며, 또한 소리 내서 음식물을 씹지 않는다.

Rule #9 – 나눠 먹는 음식은?
한 접시에 담아서 나오는 음식 또는 빵은 왼쪽에서 오른쪽으로 음식을 패스하며 나누어 먹는다.

SECTION 4
동료들과 술자리 갖기 Having Drinks with Colleagues

A Basic Expressions

make a toast 함께 건배하다 ⇒ drink a toast도 같은 뜻이다. '존의 승진을 축하하기 위해 건배합시다'는 Let's make a toast to John's promotion!

Cheers! 건배! ⇒ 술잔을 치켜 올리거나 부딪치며 축배를 들 때 외치는 말이다.

pour a drink 술을 따르다 ⇒ 참고로 '자신의 술잔에 스스로 술을 따르다'는 pour oneself a drink.

(술량) is one's limit …이 ~의 주량이다 ⇒ '소주 두 병이 내 주량이에요'는 Two bottles of soju is my limit. 주량을 물어볼 때는 How many shots can you drink? 또는 How much can you drink?

go bar-hopping 2차 가다 ⇒ 술집을 옮겨 다니는 것을 말한다. go for another round 또는 go to another bar도 같은 뜻이다.

be drunk 술에 취하다 ⇒ '취기가 오르지만 취하지는 않았어'는 I'm buzzed, but I'm not drunk.

sober 술 취하지 않은 ⇒ '술기운이 가시고 맑은 정신 상태가 되다'는 become sober, '나 아직 술 취하지 않았어'는 I still stay sober. '술을 깨다'는 get sober.

hangover 숙취 ⇒ '숙취에 시달리다'는 have a hangover, '숙취를 제거하다'는 get rid of [remove] a hangover.

B Key Sentences 건배하기

Your attention, please. 집중해 주세요.
= Give them time to focus on you.
Everybody, please pick up your glasses. 여러분, 모두 잔을 들어주세요.

Let's make a toast! (축배의 말) 건배합시다!
Cheers to good memories! 우리의 멋진 추억을 위하여 건배!
May our success continue! 계속되는 성공 가도를 위하여!
To happiness! 행복을 위하여!
To incredible lives! 믿을 수 없이 멋진 인생을 위하여!
Bottoms up! / Drink up! 원샷!

편한 사이의 캐주얼한 표현
- Let's get wild and crazy! 완전히 미치게 놀아보자!
- Let's drink till dawn. 해 뜰 때까지 마셔보자.
- Let's go all the way! 갈 때까지 마셔보자!

SECTION 4 동료들과 술자리 갖기

C Key Dialog

1. A: 제가 한잔 따라 줄게요.
   Let me **pour** you **a drink**.
   B: 고마워요. 원샷!
   Thanks. **Bottoms up**!

2. A: 주량이 얼마나 돼요?
   How much can you drink?
   B: 맥주 한 병이 한계예요.
   One bottle of beer **is my limit**.

3. A: 미란다를 위해 건배합시다.
   Let's **make a toast** to Miranda.
   B: 미란다의 건강을 위해!
   Cheers to Miranda's health!

4. A: 한잔 더 마실래요?
   Do you want to get one more drink?
   B: 좋죠. 아직 멀쩡합니다.
   Sure. I am still **sober**.

5. A: 당신 약간 취한 것 같아요.
   I think you**'re** a little **drunk**.
   B: 숙취로 고생하지 않으려면 그만 마십시다.
   Let's call it a day if we don't want to **have a hangover**.

6. A: 다른 술집으로 갑시다. 내가 낼게요.
   Let's **go bar-hopping**. It's on me.
   B: 좋아. 술집으로 달려가는 거야.
   Yeah. Let's run down to the pub.

7. A: 술 깨는 방법 알아요?
   Do you know how to get **sober** after drinking?
   B: 걱정 마. 취기도 오르지도 않았어.
   Don't worry. I don't even feel buzzed.

run down to …까지 넓히다   **buzz** 들뜨다, 취하다

서양의 음주 문화는 동양과 많이 다른데, 특히 술을 나누는 방법이 그렇다. 우리나라에서는 나이 많은 사람이 술을 권하면 두 손으로 술잔을 잡고 되도록 빨리 마시고 상대방에게 술잔을 돌리지만, 서양에서는 각자가 술을 따라 마시며, 자신의 술잔을 다른 사람에게 권하지 않고 술을 천천히 음미하면서 마신다. 술을 각자 따라 마시기 때문에 술을 권할 필요가 없으며 술잔을 거절한다고 해서 기분 나빠할 필요가 없다.

D Office Talk "술 취한 것 같아요."

A Your face has turned red. You look like you're **drunk**.
당신 얼굴이 빨개졌어요. 취한 것 같아 보여요.

B No, I'm **sober**. I can still have a couple of drinks.
아뇨. 멀쩡해요. 몇 잔 더 마실 수 있어요.

C Sorry to tell you this, but I've got to go. It's almost time for the last train.
말하기 미안한데요, 저 먼저 가야겠어요. 막차 시간이 다 됐거든요.

B Are you kidding me? Let's **go bar-hopping**!
농담해요? 다른 술집으로 갑시다!

D Let's call it a day. Listen up. Don't drink and drive.
오늘은 이만 합시다. 여러분, 음주운전은 안 돼요.

B Don't worry. My wife is coming to pick me up.
걱정 마요. 아내가 데리러 올 거예요.

E Further Study 술 마신 다음 날

be dead drunk / be loaded / be pickled 술에 떡이 되다
have a hangover 숙취에 시달리다
have a bad drinking habit 술버릇이 나쁘다
black out / pass out 필름이 끊기다

I have a terrible hangover.
나 숙취가 되게 심해.

And I can't remember what happened at the bar.
그리고 바에서 무슨 일이 있었는지 기억이 안나.

For real? I totally blacked out.
진짜? 나 완전히 필름 끊겼어.

Are you kidding me? You are pickled.
농담해? 너 완전히 술이 떡이 됐어.

And you know that? You have a really bad drinking habit.
그리고 그거 알아? 너 술버릇 정말 나쁜 거.

Chapter 17

생각보다 쉬운
오피스 영어

동료 초대하기
Inviting Co-Workers

Section 1   파티에 초대하기 Inviting Guests to a Party
Section 2   집들이 손님맞이 Having Housewarming Parties
Section 3   파티 마치기 Ending Parties

SECTION 1
파티에 초대하기 Inviting Guests to a Party

A Basic Expressions

throw a party 파티를 열다 ➡ hold [give / have] a party도 같은 뜻이다. '이번 토요일에 파티를 열 거예요.'는 I'm throwing a party this Saturday.

invite 초대하다 ➡ '당신을 파티에 초대하고 싶어요.'는 I'd like to invite you to a party.

inappropriate 부적절한 ➡ '청바지는 파티 의상으로 부적절해요.'는 Jeans are inappropriate for the party.

have a prior engagement 선약이 있다 ➡ '유감스럽게도 선약이 있습니다'는 Unfortunately, I have a prior engagement.

prepare for ~에 대비하다, ~의 준비를 하다 ➡ '파티 준비하느라 너무 바쁘다'는 I'm too busy to prepare for a party.

bring oneself 몸만 오다 ➡ '아무것도 가져올 필요 없이 그냥 오세요.'는 Don't bring anything. Just bring yourself.

dress up for the party 파티를 위해 차려 입다 ➡ dress up은 보통 때보다 격식 있게 차려 입는 것을 말한다.

B Key Sentences 초대하기 & 응답하기

I'm going to throw a party this coming Saturday. 오는 토요일에 파티를 열 거예요.
I'd like to invite you. 당신을 초대하고 싶어요.
Are you free? 시간 돼요?
Are you available to come? 오실 수 있어요?
Can you join us? 참석할 수 있어요?
Can you come? 올 수 있어요?

Sounds good to me. 좋죠.
I'd love to go there. 정말 가고 싶어요.
It's my pleasure. 기꺼이 그러죠.
It'll be fun. I'm in. 재미있겠네요. 갈 게요.

Sorry. I can't make it. 미안하지만 못 가겠어요.
I'd love to go, but I'll be out of town. 정말 가고 싶지만 지방에 가요.
I wish I could, but I have a prior engagement. 갔으면 좋겠는데 선약이 있어요.

C Key Dialog TOP 7

1. A: 금요일에 시간 괜찮아요?
   B: 아니요, 예비 신부 축하 파티에 참석할 거예요.
   Are you free on Friday?
   No, I plan to attend a bridal shower.

2. A: 당신을 파티에 초대하고 싶어요.
   B: 좋죠. 정말 가고 싶어요.
   I'd like to **invite** you to a party.
   Sounds good to me. **I'd love to go there.**

3. A: 제 생일 파티에 올 수 있어요?
   B: 미안해요, 선약이 있어요.
   Can you come to my birthday party?
   I'm sorry. I **have a prior engagement**.

4. A: 존의 집에서 파티가 열릴 거예요. 참석할 수 있어요?
   B: 재미있겠네요. 갈 게요.
   The party will be held at John's house. Can you join us?
   It'll be fun. I'm in.

5. A: 이번 토요일에 집들이를 하려고 해요. 오실 수 있어요?
   B: 몇 시에 파티 하는데요?
   I'm **throwing a** housewarming **party** this Saturday. **Can you come?**
   What time will you have the party?

6. A: 반바지와 샌들은 격식 있는 파티에 적절하지 않아요.
   B: 무슨 옷을 입어야 되죠?
   Shorts and sandals are **inappropriate** for a formal party.
   What should I wear?

7. A: 내가 와인 가지고 갈게.
   B: 아무것도 가져 오지 마. 그냥 몸만 와.
   I'll bring a bottle of wine.
   Don't bring anything. Just **bring yourself**.

칵테일 파티 (cocktail party)는 친목 도모나 사업적인 인맥을 형성하기 위해 열리는데, 남성은 굳이 나비 넥타이에 턱시도를 입지 않아도 되고, 대신 어두운 계열의 정장에 로퍼나 끈을 묶는 정장 구두를 신는 게 좋다. 여성은 칵테일 드레스를 입는데 너무 야한 옷은 피한다. 당연히 샌들과 반바지, 운동화는 부적절한 복장이다.

파티에는 친구들뿐 아니라, 현재 또는 미래의 사업 파트너들이 초대된다. 따라서 파티에 참석할 때 명함은 기본으로 준비하고 때로는 이력서와 자기 소개서를 준비하거나 본인을 어떻게 홍보할지 미리 준비하고, 관련된 비즈니스 뉴스를 기본 상식으로 챙기고 가서 대화를 나눌 때 동참할 수 있도록 한다. 이때 종교나 정치 등 민감한 주제의 대화는 피하는 게 좋다.

D Office Talk "그냥 몸만 오세요."

A Do you have any special plans for next Saturday? 다음 주 토요일에 특별한 계획 있어?
B Not really. What's up? 특별한 건 없어. 무슨 일인데?
A I'm planning to **throw a** housewarming **party. Can you come**? 집들이를 하려고 해. 올 수 있어?
B Thanks for inviting me. Do you want me to bring some food?
   초대해 줘서 고마워. 음식 좀 가지고 갈까?
A Don't bring anything. Just **bring yourself**. 아무것도 가져 오지 말고, 그냥 몸만 와.
B Okay. What foods are you going to **prepare for** the party? 그래. 파티에 무슨 음식 준비할 거야?
A I'll have steaks, hotdogs, and chicken. It's the season for outdoor grilling.
   스테이크랑 핫도그, 치킨을 준비할 거야. 야외에서 바비큐 하기 딱 좋은 계절이잖아.

E Further Study 1 파티 계획하기

> How can I throw a fabulous baby shower?
> 멋진 출산 준비 파티를 어떻게 열 수 있을까?

- **대상**
  Who would I invite to the party? 파티에 누구를 초대하는 것이 좋을까?

- **시기**
  When / What time / What day should I throw the party? On a weekday or weekend?
  언제 파티를 여는 게 좋을까? 평일이 좋을까, 주말이 좋을까?

- **장소**
  Where is a good place to have the party? At a house, a restaurant, or a bar?
  어디서 파티를 열까? 집, 레스토랑 아니면 바에서 열까?

- **분위기**
  What kind of music would the guests like?
  손님들이 어떤 종류의 음악을 좋아할까?

  What conversations should I start with my guests to lighten the atmosphere?
  무슨 대화로 분위기를 띄울까?

- **음식**
  What foods and drinks will be appropriate?
  어떤 음식과 음료가 적당할까?

F. Further Study 2 Bridal Showers 초대장 & 감사 노트 만들기

서양에서는 결혼하기 전의 한 코스로 예비 신부 축하 파티(bridal shower party)를 준비한다. 이 파티는 결혼 전에 예비 신부의 친한 친구들이나 직장 동료들을 초대하여 선물을 전해 받고 음식을 즐기며 결혼을 미리 축하하는 자리이다. 결혼식 약 한 달 전에 파티를 갖는다. 미국 문화에서 자주 접하게 되는 파티이므로, 초대장 보내는 법과 파티 후에 감사 노트를 보내는 양식도 알아두자.

니콜 피카드를 축하하는 예비신부 축하 파티 오찬에 참석해주세요. 시간은 2011년 3월 28일 정오이며 장소는 캘리포니아주 헤이워드시 폴가 1112번지 입니다. 샌디에게 (555)555-4411번으로 연락주세요. 니콜의 선물 목록 리스트는 Bed, Bath, & Beyond와 Target에 올려져 있습니다.

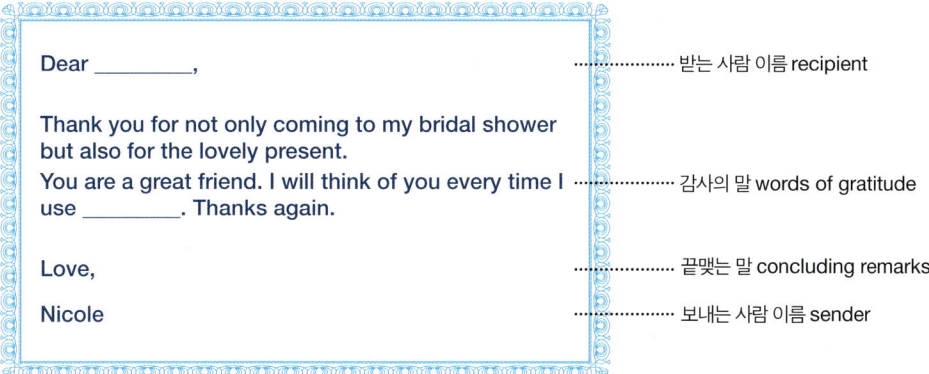

친애하는 ~에게. 예비 신부 축하 파티에 참석해주고, 멋진 선물도 줘서 고마워요. 당신은 정말 좋은 친구예요. ~을 사용할 때마다 당신을 생각할게요. 다시 한 번 고마워요. 사랑하는 니콜.

SECTION 2
집들이 손님맞이 Having Housewarming Parties

A Basic Expressions

Have a seat 앉으세요 ⇨ Take a seat도 같은 뜻이다.

would you like ~? ~하시겠습니까? ⇨ '제가 ~을 해드릴까요?'는 Would you like me to + 동사.

make oneself at home 편히 쉬다 ⇨ 손님이 자기 집에 있는 것처럼 편하게 시간을 보내도록 집주인이 배려하는 뜻에서 쓰는 표현이다.

help onerself 마음껏 먹다, 마음대로 먹다 ⇨ '음식 더 있어요. 마음껏 드세요.'는 There is more food available. Help yourself.

compliment 칭찬, 찬사 ⇨ '제가 받았던 칭찬 중에 최고네요.'는 It's the best compliment I've ever got.

I love your ~ 당신의 ~가 마음에 들어요 ⇨ 남의 집에 초대되어 방문했을 때 인사말로 집주인의 옷이나 집, 인테리어 등을 칭찬할 때 쓸 수 있는 표현이다. '당신 드레스가 마음에 들어요. 잘 어울려요.'는 I love your dress. It looks good on you.

stimulate 자극하다, 활발하게 하다 ⇨ '음식 냄새가 제 식욕을 자극하네요.'는 The smell of food stimulates my appetite.

B Key Sentences 손님 맞기

Thank you for inviting us. 초대해 주셔서 고마워요.
I love your ▭! 당신의 ~이 아주 마음에 드네요!

- cozy / wonderful / beautiful house 아늑한 / 근사한 / 멋진 집
- dress / shirt / hat 드레스 / 셔츠 / 모자
  It really suits you. 당신에게 잘 맞네요.
  It looks good on you. 잘 어울려요.
- table cloth / flowers 식탁보 / 꽃
  These decorations are wonderful. 장식들이 근사하네요.

Oh, come on in. ▭
아, 얼른 들어오세요.

Have a seat. 앉으세요.
Make yourself at home. 집처럼 편안히 계세요.
Make yourself comfortable. 편히 계세요.
Sit back and relax. 편히 앉아서 쉬세요.
Let me have your coat. 코트 주세요.
There are food and drinks over there. Help yourself. 저기 음식과 음료가 있어요. 마음껏 드세요.

C Key Dialog TOP 7

1. A: 초대해 주셔서 감사합니다.
   B: 환영합니다. 얼른 들어오세요.
   Thanks for inviting me.
   Welcome. **Come on in**.

2. A: 아늑하고 멋진 집이네요!
   B: 감사해요. 제가 꿈꾸던 집이에요.
   What a **cozy and beautiful house**!
   Thanks. It's my dream house.

3. A: 저녁 식사 전에 와인 한 잔씩 마실래요?
   B: 좋죠. 제가 좋아하는 와인이에요.
   Would you like to drink some wine before dinner?
   Sounds good. That's my favorite wine.

4. A: 저쪽에 음식과 음료가 있어요. 많이 드세요.
   B: 음식 냄새가 제 식욕을 자극하네요.
   There are food and drinks over there. Help yourself.
   The smell of food **stimulates** my appetite.

5. A: 제가 먹어본 것 중에 최고로 맛있는 음식입니다.
   B: 정말 근사한 칭찬이십니다.
   This is the best food I've ever eaten.
   That's really a great **compliment**.

6. A: 요리 솜씨가 정말 대단하시네요!
   B: 음식 더 있어요. 마음껏 드세요.
   You're an amazing cook!
   There is more food available. **Help yourself.**

7. A: 당신의 아름다운 집이 마음에 드네요.
   B: 고마워요. 편히 계세요.
   I love your beautiful house.
   Thanks. **Make yourself at home**.

appetite 식욕

외국인을 초대해서 음식을 대접할 때는 서양식으로 준비해야 할지 동양식으로 준비해야 할지 고민스러울 때가 있다. 대체로 동양과 서양이 조화를 이룬 퓨전 음식으로 준비하는 것도 좋다. 베트남 음식의 대중화로 젓갈 (fish source) 개념은 알지만 맛은 익숙하지 않으므로 젓갈이 들어간 음식은 모두 피하자. 또한 일본 음식의 영향과 건강식 선호로 예전보다는 생선을 많이 먹고 전채 요리에 calamari (오징어 튀김)가 있긴 하지만 아직 익숙하지 않다. 음식의 색상도 본인들의 경험에 벗어나지 않는 음식을 선호하는 편이다. 즉 파스타를 기준으로 면 종류를 이해하기 때문에 검은색의 자장면은 어색해 한다.

SECTION 2 집들이 손님맞이

D Office Talk "와인을 가져왔어요."

A Thanks for coming over. 방문해 줘서 고마워요.
B Thanks for inviting me. I brought your favorite wine.
   초대해 줘서 고마워요. 당신이 좋아하는 와인을 가져왔어요.
A How sweet! **Have a seat.** Tina and Tom will be here soon. Would you like something to drink? 자상하시네요. 티나와 톰은 곧 도착할 거예요. 마실것 좀 드실래요?
B Coffee is fine with me. 커피가 좋겠네요.
A Help yourself like you would at your own home. Do you need some cream?
   당신 집처럼 편하게 계세요. 커피에 크림 필요하세요?
B Yes, please. 네, 부탁해요.

E Further Study 음식 칭찬하기

This beef stew is so delicious. 이 쇠고기 스튜 정말 맛있어요.
It's melting in my mouth. 입에서 살살 녹네요.
It's just awesome [perfect]. 아주 끝내주네요.
This is the best stew I've ever eaten. 제가 먹어본 것 중 가장 맛있는 스튜예요.

'맛이 좋은'을 뜻하는 형용사
scrumptious   delectable
luscious   yummy

Are these your family recipes?
가족에게 전수되는 요리법들이에요?

No, I got some good ones from this cooking site.
아니요, 이 요리 사이트에서 좋은 요리법들을 알았어요.

Let me write it down for you.
싸드릴게요.

SECTION 3
파티 마치기 Ending Parties

A Basic Expressions

keep in touch 연락하고 지내다 ➭ get in touch 또는 stay in touch도 사용 가능하다. '종종 연락하고 지내요'는 Let's keep in touch every once in a while.

hospitality 환대 ➭ '환대해 주셔서 감사합니다'는 I really appreciate the hospitality.

appreciate 고마워하다 ➭ thank는 '사람'을 목적어로 하며 어감상 의례적인 감사의 표현인데 비해 appreciate는 '사실'을 목적어로 취하고 좀 더 진심에서 우러나온 고마움을 표시한다.

say hello to someone ~에게 안부를 전하다 ➭ '수잔에게 안부 좀 전해 주세요.'는 Say hello to Susan.

I've got to go. 가야 해요. ➭ 자리를 떠야 하는 상황에서 쓰는 말로, have got to는 have to 또는 must와 같이 '~해야만 한다'의 의미다. 전화 통화 상황에서는 '이만 끊어야겠어요.'라는 뜻으로 쓰인다.

can't thank one enough for ~에 대해 어떤 감사도 충분치 않다 ➭ '무척 고맙다'는 뜻을 강조한 표현이다.

B Key Sentences 손님 배웅하기

Thank you for this wonderful meal. 근사한 식사 감사합니다.
We really appreciate the hospitality. 환대해 주셔서 정말 감사합니다.
We just wish we saw you more often. 자주 뵈었으면 좋겠어요.
We should get together for drinks soon. 곧 만나서 술 한잔해요.
Say hello to Mike. 마이크에게 안부 전해 주세요.
Take care of yourself. 잘 지내세요.

We truly appreciate the time you spent with us. 저희와 함께 해주셔서 진심으로 감사합니다.
I hope you _____ . ~를 바라요.

- had a terrific [great / wonderful] time 멋진 시간을 보냈다
- had a pleasant evening 즐거운 저녁을 보냈다
- had lots of fun 즐겁게 보냈다

SECTION 3 파티 마치기

C Key Dialog TOP 7

1. A: 멋진 시간 보냈기를 바라요.
   I hope you **had a terrific time**.
   B: 그럼요. 아주 좋은 시간 보냈어요.
   Absolutely. I **had a wonderful time**.

2. A: 미안해요. 지금 일어나야겠어요.
   I'm sorry. **I've got to go** now.
   B: 당신이 와줘서 정말 고마워요.
   I'm so glad you could make it.

3. A: 즐거운 시간 보내셨나요?
   Did you have a good time?
   B: 네, 아주 즐거운 저녁 시간이었어요.
   Of course. I **had a pleasant evening**.

4. A: 저희 집에도 초대하고 싶어요.
   I'd also like to invite you to my home.
   B: 아무 때라도 좋아요. 곧 만나서 술 한잔 해요.
   Anytime is fine with me. We **should get together** for drinks soon.

5. A: 환대해 주셔서 정말 감사합니다.
   I really appreciate the hospitality.
   B: 그렇게 말씀해 주시니 좋은데요.
   I'm glad to hear that.

6. A: 자주 뵈었으면 좋겠어요.
   We just wish we saw you more often.
   B: 연락하고 지내요.
   Let's **keep in touch**.

7. A: 근사한 저녁 대접에 뭐라 감사 드려야 할지 모르겠어요.
   I can't thank you enough for such an incredible dinner.
   B: 저희와 함께 해주셔서 진심으로 감사합니다.
   We truly **appreciate** the time you spent with us.

TIP BOX

파티에 초대받으면 무엇을 가지고 가야 할지 고민스러울 때가 있다. 초대장에 'Don't bring anything. Just bring yourself.(아무것도 가지고 오지 말고 그냥 오세요.)'라고 써 있으면 정말 아무것도 가져가지 않아도 되는지, 준비해야 한다면 뭘 가지고 가야 되는지 고민스럽다. 초대장에 그렇게 써있어도 대부분 와인 한 병과 와인에 어울리는 치즈나 크래커를 가지고 간다. 파티를 개최하는 사람은 가지고 간 것을 바로 사용하거나 나중에 사용하기도 한다. 물론 꽃은 환영 받는 선물 중 하나이다.

D Office Talk "이만 가야겠어요."

A This is fun. I wish it could **go on all night** but, unfortunately, I have an early meeting tomorrow. 너무 재미 있어서 밤새 즐기고 싶습니다만, 애석하게도 내일 일찍 회의가 있어요.

B Okay. **I'll let you go**. Take this. It will come in handy when you're making a beef sandwich. 좋아요, 보내 드릴게요. 이거 가져가요. 쇠고기 샌드위치 만들 때 아주 간편할 거예요.

A You're so generous. Thank you for **the wonderful visit I had with you**. 정말 다정하시군요. 당신 덕에 오늘 와서 즐거운 시간 보냈어요.

B Don't mention it. **Thank you for coming** to my party. 별말씀을요. 이렇게 와줘서 고마워요.

A I just **wish** we **saw** you **more often**. 우리 더 자주 봤으면 좋겠어요.

B Why not? Anytime you are out our way, please don't hesitate to stop by my home. 좋죠. 우리 쪽으로 오실 일이 있으시면, 주저하지 말고 잠깐 우리집에 들리셨다 가세요.

come in handy 쓸모가 있다

E Further Study 식사 초대에 대한 감사 인사

음식에 대한 찬사나 파티 초대에 대한 감사 인사를 충분히 전하면 집주인 또는 파티 주최자 (host / hostess)는 파티 준비에 쏟은 노고에 어느 정도 보람을 느낄 수 있다. 파티는 사람과 사람과의 원만한 교류를 위한 수단인 만큼 친밀한 대화가 오갈 수 있도록 노력할 필요가 있다.

I can't thank enough for such an incredible dinner.
근사한 저녁 대접에 뭐라 감사 드려야 할지 모르겠습니다.

Thank you for treating us like royalty.
아주 융숭하게 대접해 주셔서 감사합니다.

I'm lucky enough to be your guest.
당신의 손님이 된 것은 참 행운입니다.

Thank you so much for the lovely meals you made for us.
우리를 위해 정말 맛있는 음식 만들어 주셔서 감사합니다.

We've had a wonderful time tonight. Thank you very much for having us.
오늘밤에 아주 즐거운 시간을 보냈습니다. 초대해 주셔서 감사합니다.